KB102289

고조선, 신화에서 역사로

고조선, 신화에서 역사로

초판 1쇄 인쇄: 2009 년 1월 10일
초판 4쇄 발행: 2014 년 12월 25일

지은이 | 이종호 · 이형석
대　　표 | 김남석
펴낸이 | 김정옥
디자인 | 윤용주
펴낸곳 | 도서출판 우리책

등록 | 2002년 10월 7일(제 2-36119호)
주소 | 서울특별시 강남구 일원동 642-11 302호
전화 | (02) 2236-5982
팩스 | (02) 2232-5982

ⓒ 고조선유적답사회
ISBN 978-89-90392-20-6　　03900

사진 및 자료는 이종호 · 이형석 · 김석규 · 윤명철 · 우실하 · 김남석 · 안동립 · 강서구 · 고조선역사문화재단 · 고조선역사
문화답사회 등이 제공해주셨습니다. 이 밖에도 출처가 확실하지 않은 자료 및 사진에 대해서는 추후 원작자가 밝혀지면 허
락을 받고자 합니다.

값 18,000원

고조선, 신화에서 역사로

고대 국가의 근원을 찾아가는 역사로의 여정

우리책

한민족의 근원지 고대 국가의 실체를 찾아서

중국이 오늘날의 다원적 중국을 이끌기 위해 과거의 역사관을 포기하고 55개 소수 민족을 포함한 다민족 역사관을 내세우고 있다는 것은 잘 알려져 있는 사실이다. 이것이 현재 한국과 마찰을 빚고 있는 소위 '동북변강역사여현상계열연구공정(東北邊疆歷史與現狀系列硏究工程, 줄여서 동북공정(東北工程)은 물론 '서북·서남공정'의 실체이다. 간단하게 말하여 현재 중국의 영토 내에서 일어난 역사는 모두 중국의 역사라는 것이다.

중국 학자들은 중국 동북방의 우하량 홍산 등의 유적을 근거로 '신비의 왕국(여왕국)'이라는 고국(古國)이 이 지역에 존재했음을 인정하며 그 연대를 무려 5500여 년 전으로 산정했다. 한마디로 기원전 3500~3000년경부터 우하량 홍산 지역에 국가가 존재했다는 것으로, 이것이 중국으로 하여금 '중화 5천 년'으로 중국 역사를 1000년 끌어올리게 한 배경이다.

한편 한국사는 이와는 반대의 주장을 견지했다. 재야 사학자들의 줄기찬 항의에도 불구하고 실증사학은 고대사일수록 과학과 사료를 기초로 해야 한다며 기원전 2333년에 건국되었다는 단군 조선을 신화로 보면서 그 역사적 실체를 부정하고 청동기 시대부터 국가가 성립되었다고 인정해야 한다고 주장했다.

『고조선, 신화에서 역사로』는 바로 그 동안 우리의 주위에서 벌어졌던 논란의 대상과 한민족의 근거지로 알려진 고대 국가의 근원을 설명하고자 하는 것이다.

한국의 상고사를 정확하게 기술한다는 것이 매우 어려운 일이라는 것을 모르는 사람이 없다. 그 동안 부단히 지적되어 온 사실이지만 한민

족의 역사가 단절된 적이 없음에도 불구하고 한국의 고대사를 정확히 다룰 수 있는 자료가 절대적으로 불충분한 데다, 고대 한국의 영토였던 만주 지방이 중국의 영토가 되어 있고 한반도도 남북으로 분단되어 더욱 그러하다.

당연히 민족적 자존심과 선입견 등으로 고대사를 포장하거나 과장 또는 폄하하는 데 주저하지 않았음을 부정할 수 없다. 그러므로 『고조선, 신화에서 역사로』는 그 동안 고대사를 다루는 데 결정적인 문제가 되었던 민족적 선입견을 갖지 않고 가능한 한 과학적인 자료와 옛 지도에 나와 있는 지명 연구와 그 현장 답사를 통해 이를 설명하려고 노력했다. 그 동안 간과하였던 많은 부분들이 과학 기술의 발달에 힘입은 고고학적 성과를 비롯하여 새로운 자료의 축적으로 새로운 내용들이 서서히 밝혀지고 있기 때문이다.

1부는 홍산문화와 고조선의 역사성에 대해 이종호 박사가, 2부는 고조선의 강역과 실제 답사를 중심으로 이형석 박사가 집필하였다.

『고조선, 신화에서 역사로』가 그 동안 한국인들을 울렸던 고대사를 찾는 데 조금이라도 도움이 되고, 한국인이 누구인가를 찾아가는 과거로의 여정을 필자와 함께 하기 바란다. 특히 이 책이 나오기까지 홍산문화 및 고조선 지역 답사를 함께 한 분들과 물심양면의 도움을 주신 〈백두문화연구회〉 김석규 회장께 감사를 드린다.

2009년 새해 첫날 이종호, 이형석

우리 나라 상고사의 뿌리를 심층 있게 다룬 역저

　　단군과 고조선에 대한 자료는 많지 않다. 특히 우리 사료에서 단군에 대한 최초의 기록은 일연 스님이 13세기 말에 작성한 『삼국유사』로 그 연대가 매우 늦어 기원전 2333년으로 거슬러 올라가는 단군의 고조선 건국은 역사적 사실이 아니라 신화에 지나지 않는다고 부단히 폄훼되어 왔다.

　　그러나 2007년 고교 『국사』는 고조선 건국에 대해 "『삼국유사』에 따르면 고조선은 단군 왕검(檀君王儉)이 건국하였다고 한다(기원전 2333년)" 라는 부분을 "『삼국유사』와 『동국통감』의 기록에 따르면 단군 왕검이 고조선을 건국하였다."로 수정하였고 청동기 시대를 특징짓는 유물로 고인돌이 비파형 동검과 함께 삽입되어 우리 역사에서 고인돌의 비중을 높였다. 또한 2008년 7월 10일, 124년의 우표 발행 역사에서 처음으로 단군 왕검 우표가 나왔다. 고조선이 신화에서 역사로 바뀐 것이다.

　　이와 같이 단군과 고조선에 대한 설명이 바뀌게 된 배경은 그 동안 부단히 발전해 온 과학 기술이 고고학과 발굴 등 고대사에 접목되었기

때문이다. 한국에서 발견되는 수많은 청동기 등 관련 유물들의 연대가 크게 높아진 것이다.

이러한 『국사』 교과서 내용의 변경은 북한과 중국에서 우리나라 상고사에 대한 새로운 서술이 큰 작용을 했다고 생각된다. 북한은 1993년 소위 단군릉 발견이후 단군 및 고조선에 대한 내용이 근본적으로 바뀌었으나 지나치게 정치적으로 과장했기 때문에 문제가 있다. 그러나 중국은 '중화5천년'으로 그들의 역사를 크게 올리게 만든 요하문명과 홍산문화를 강조함으로서 역사왜곡을 서슴치 않고 있어 문제의 심각성이 있게 되었다.

중국은 1980년경부터 대대적으로 '홍산문화' 지역을 발굴, 우하량에 '신비의 왕국(여왕국)'이 있었음을 확인했다. 그런데 이 신비의 제국은 그 동안 중국이 자신의 민족으로 간주했던 화하족이 아니라 동이족이 세운 국가이다. 물론 현재 중국은 자기의 영토에서 일어난 모든 역사는 자국의 역사라는 관점에서 이 홍산문화를 세운 국가 즉 '동이'가 세운 고

대 국가도 모두 중국의 역사라는 논리를 펴고 있는 것은 사실이다. 중국이 그토록 오랫동안 자부심으로 여겼던 황하 문명에서 시작된 중화민족의 역사를 과감히 버리고 동이의 역사를 차용한 것이지만 동이의 역사가 사라지는 것은 아니다.

『고조선, 신화에서 역사로』는 '우리 민족의 뿌리를 찾아 떠나는 역사 여정'이 담긴 책이다. 기록이 거의 없는 우리의 상고사를 과학의 잣대로 풀이하는 것이 간단한 일은 아니지만 이 책은 중국은 홍산문화 유적 발굴을 통해 상고사 분야에서 과학적 성과를 이룬 곳을 대상으로 지리학자 이형석 박사와 과학자 이종호 박사가 우리 민족의 뿌리가 어디인가라는 점에서 출발, 고조선의 도읍지로 거론되는 그 지역을 수십 차례 답사한 결과들을 다루고 있다. 특히 방대한 중국의 자료와 중국지도집에 나와 있는 지명 연구를 통해 '조선 상고사의 역사적 고찰'을 심층 있게 다루었다.

본인도 얼마 전에 저자들과 함께 홍산문화 지역을 답사하면서 그동안 알려지지 않은 한국의 상고사에 대한 증거들을 두 눈으로 직접 확인할 수 있었다. 동이족이 세운 것으로 추정되는 우하량의 제단, 여신묘, 적석총, 빗살무늬 토기, 비파형 동검 등을 보면서 엄청난 역사적 진실이 새로 밝혀질 수 있다는 사실에 솔직히 흥분을 감출 수가 없었는데, 이들을 토대로 한국 상고사에 대한 책을 저술하였다니 축하를 하지 않을 수가 없다. 동이족은 중국 동북지방은 물론 한반도로 남하하였지만 그 주류는 한민족의 선조가 되었으며 그 문화도 우리 문화의 기원이 된것은 사실이다.

이형석 박사는 지리교육학자로서 30여 차례나 고조선 지역을 답사하면서 '지리와 역사의 만남'을 통해 고조선 역사 찾기에 매달려왔다. 과거 김정호 선생은 한반도에 국한해서 대동여지도를 만들었지만, 이형석 박사는 우리 민족의 뿌리에 대한 실체를 입증하기 위해 직접 두 발로 '한국 상고사의 강역'을 그리며 어려운 답사를 주저하지 않았다. 그를 두고 '이 시대의 마지막 김정호 선생'이라고 부르는 이유는 바로 그가 상고사 연구에 남긴 선명한 족적 때문일 것이다.

이종호 박사는 한국과학기술연구원(KIST)에 봉직하는 과학자로, 검증되기 어려운 고대사를 과학적 진실로 증명하기 위해 어려운 작업에 매달리면서 이 책을 저술했다. 과학자답게 고대사를 보는 예리한 과학적 분석이야말로 이 책의 장점이기도 하다.

우리 나라 상고사의 뿌리를 심층 있게 다룬『고조선; 역사에서 신화로』를 통해 그 동안 간과하였던 우리의 고대사를 재음미하는 계기가 될 것이라 생각한다.

2009년 새해 첫날 신형식(백산학회장, 서울시사편찬위원회위원장)

제1부

요하 문명과 한민족

그 동안 중국 학자들은 황하의 앙소문화와 양자강의
양저문화를 중국 문명의 시원이라 생각하고 있었다.
그런데 만리장성 외곽인 요하 부근에서 시작하여 내몽골 적봉 부근에 이르는
넓은 지역에서 발견되고 있는 홍산문화 때문에 일시 혼란에 빠졌다.
왜냐하면 이 요하 문명이 중국 문명과는 전혀 이질적이고, 시기적으로 훨씬 앞서 있으며,
문화적으로도 황하 문명보다 발전된 형태를 띠고 있기 때문이다.
홍산문화를 '신비의 제국', '동이족의 문화'로 조심스레 이야기하다가
동북공정과 더불어 이 지역이 중국의 시원이라고 발표하며 중국의 역사를
1000~1500년 이상을 끌어 올려 중화 5천 년 시대를 표방하고 있다.

동북 공정 바람 앞에 비로소 깊은 잠에 빠져 있던
고조선의 찬란한 모습이 깨어나고 있다.

제1장

—

잃어버린 고조선

중화 5천 년 시대

중국 내몽골 적봉
홍산문화의 발상지이다. 동북공정 이전에 이 지역은 중국문화에 편입되지 않았었다. 홍산문화를 중국의 역사에 포함시키면서 1000~1500년을 끌어 올려 중화 5천 년 시대를 표방하고 나섰다.

중국에서 과거에 볼 수 없던 새로운 단어가 눈에 띈다.

'중화 5천 년' 이라는 단어이다. 이 말은 한마디로 중국이 5천 년의 역사를 갖고 있다는 뜻이다. 원래 중국은 황하 유역에서 발생한 선진 문화가 각지로 전파되었다는 황하 중심 문화를 기본 정설로 견지해 왔다. 이는 중국 문명이 오늘날 산서성(山西省) 남부 및 하남성(河南省) 서부인 이른바

중원 지역에서 발전했으며, 그것이 주변 지역으로 퍼져 나갔다는 것으로 설명된다.

그들은 이런 화이관(華夷觀)을 바탕으로 중국에서의 국가의 시작을 대체로 기원전 2000년에서 1500년으로 잡았다. 이것은 세계 4대 문명인 이집트·메소포타미아·인더스 문명 중에서 가장 낮은 연대이다.

그런데 '중화 5천 년'이란 단어는 중국이 과거와 달리 중국 역사의 기원을 1000~1500년을 올려 잡고 있음을 뜻한다. 그렇다면 중국이 이와 같이 역사를 올리게 된 근거가 무엇인가 하는 의문이 든다.

중국이 오늘날의 다원적 중국을 이끌기 위해 과거의 역사관을 포기하고 55개 소수 민족을 포함한 다민족 역사관을 내세우고 있다는 것은 잘 알려져 있는 사실이다. 이것이 현재 한국과 마찰을 빚고 있는 소위 '동북변강역사여현상계열연구공정(東北邊疆歷史與現狀系列研究工程, 줄여서 동북공정(東北工程)'은 물론 '서북·서남공정'의 실체이다. 간단하게 말하여 현재 중국의 영토 내에서 일어난 역사는 모두 중국의 역사라는 것이다.

그런데 한국에서는 동북공정을 중국에서 고구려의 역사를 빼앗아 가는 것으로 인식하여 한중 간에 첨예한 알력을 일으키고 있다. 중국 측에서 '고구려족은 중국 변방 소수 민족의 하나였으므로 고구려는 중국 역사의 일부분이다.'라는 것에 초점을 맞추었기 때문이다.[1] 그러나 중국의 동북공정은 한국의 일부 학자들이 주장하는 것처럼 고구려의 역사를 가져가기 위한 것이 아니다.

과거에 중국은 적어도 북방 민족들은 중국인이 아니라면서 이들을 중국의 적대 세력으로 간주했고, 따라서 이들의 역사를 자신들의 역사로 인정하지 않았다. 일반적으로 중국은 진 시황제가 흉노의 침입을 방어하기 위해 감숙성(甘肅省) 남부 옥문관으로부터 북으로 황하(黃河)의 대굴곡부(大屈曲部)의 북쪽을 따라 동으로 뻗어나가 발해만의 산해관까지 잇는 만리장성의 이남만 중국으로 인식했다.

그랬던 중국이 과거에 북방 민족들이 주로 할거했던 내몽고 지역이 중

*
1) 『중국은 왜 고구려를 삼키려 하는가?』, 이정훈, 신동아, 2003년 9월

국의 영토로 포함되자 중국과 혈투를 벌이던 흉노(匈奴)의 역사를 자동적으로 자기들 역사에 포함시키기 시작했다. 여기에서 흉노란 중국 북방에서 처음 유목민 국가를 건설한 제국(전성기에는 중국의 3배나 되는 영토를 확보)의 명칭이지, 결코 단일한 민족이나 부족의 명칭은 아니라는 점을 염두에 두어야 한다. 그런데 중국 역사에서 흉노라는 이름이 나타나기 전까지는 주로 '동이(동호)'가 살던 곳으로, 과거부터 한민족(韓民族)의 원류가 정착한 지역으로 소개되었던 곳이다.

그런데 이들 동이가 근거했던 요령성 조양(朝陽)시 부근의 우하량 홍산(牛河梁紅山) 지역에서 1980년대 초에 그야말로 세계를 놀라게 한 발견이 이루어졌다. 결론을 말한다면 중국의 역사를 1000~1500년 끌어 올릴 수 있는 결정적인 유물들이 발견되었다는 것이다.

이를 큰 틀에서 '요하 문명'이라고도 부르는데, 중국은 이들 유적을 근거로 '신비의 왕국(여왕국)'이라는 고대 국가가 이 지역에 존재했음을 인정하며 그 연대를 무려 5500여 년 전으로 산정했다. 한마디로 기원전 3500~3000년경부터 우하량 홍산 지역에 국가가 존재했다는 것이다. 이것이 중국으로 하여금 '중화 5천 년'으로 중국 역사를 1000년 끌어 올리게 한 배경인 동시에, 기원전 4700년경에 벌어졌다는 화하족의 황제와

조양시의 상징물 '해뜨는 땅'
옛 고조선 영토로서 고구려 때에는 영주라 불렸다. 고구려인, 거란인, 돌궐인 등이 함께 거주했던 동북아 최대의 무역 도시였다.

동이족의 치우가 탁록에서 싸웠다는 '탁록지전(涿鹿之戰)'이 신화가 아니라 역사적 사실이라고 주장하는 근거이다.

우하량 지역에서는 홍산문화에 이어 하가점 하층문화(夏家店下層文化, 기원전 2200~1500년)와 하가점 상층문화(夏家店上層文化, 기원전 1500년 ~)가 연이어 발견된 것으로도 유명하다. 하가점 하층문화 분포가 가장 밀집된 조양 지역에서 발견된 유적지만 해도 1300여 곳이나 되는데, 이 곳에서 빗살무늬 토기, 비파형 동검, 적석총 등이 발견된다. 이들 유물이 무엇을 의미하는가는 한국인이라면 모두 알 것이다. 한마디로 한민족의 근거지로 인식되는 장소라는 뜻이다. 놀라운 것은 중국에서 하가점 하층문화에서보다 확실한 고대 국가가 있었다며 아예 표지석에 국가가 성립된 장소라고 적고 있다는 점이다.

5000년 전으로 추정되는 '신비의 왕국'이 존재했다는 지역에서 이보다 약 700~800년 후대에 국가가 있었다고 단정하는 것이 그다지 무리한 일은 아니라고 볼 수 있는데, 이 연대는 바로 우리 민족의 첫번째 국가로 알려진 고조선의 건립 연대와 유사하다. 적어도 기원전 2300년 전 고조선이 건설되었다고 일부 학자들이 부단히 언급했던 지역에 국가가 존재했다는 것을 의심할 여지가 없다는 뜻이다.

이와 같은 중국 측의 놀라운 결론은 그 동안 간과하였던 많은 부분들이 과학 기술의 발달에 힘입었기 때문이다. 근래의 첨단 장비 능력은 놀라울 정도로 고고학적 성과를 비롯하여 새로운 자료를 제공하고 있다. 그런데 이들 결론은 한국이 부단히 역사 왜곡이라 공격하고 있는 '동북공정'과도 연계된다는 점이다.

'동북공정'으로 한국 고대사를 중국이 빼앗아 간다든지 또는 말살하려고 한다고 반박하는 중국의 공격이 바로 한국 고대사의 취약점인 고조선을 적나라하게 설명해 준다는 것은 한국 고대사의 아이러니라 아니할 수 없다.

우하량 유지
중국의 역사를 1000년 이상 끌어올리게 한 우하량 유적지에 세운 비

한국 고대사의 아킬레스건을 중국이 풀어 줄 수 있다는 내용에 다소 놀랍게 생각할지 모른다.

반만년 역사가 문제다

일제 강점기 이후 우리 나라의 역사학계에 깊게 뿌리내린 실증사학(實證史學)은 기록으로 남지 않은 역사는 기술할 수 없다는 역사 방법론을 따르고 있다.

학계의 통설에 의하면 실증주의(positivism)를 특징짓는 명제는 과학만이 가장 타당한 지식이며 사실만이 인식 가능한 대상이 된다는 것이다. 따라서 실증주의는 사실과 과학에 의해 확인된 법칙을 넘어서는 어떠한 힘이나 실체의 존재 및 그에 대한 인식을 거부하며, 과학적 방법으로 환원

우하량 유적 전경
고대 국가 형태가 남아 있는 우하량 유적지 입구. 석관을 비롯한 많은 돌무덤들이 그대로 노면에 드러나 있다. 〈고조선 유적답사회〉의 답사 장면.

되지 않는 연구 방법을 배격한다. 이는 역사학을 하나의 과학으로 보려는 학문적 연구 태도와 관점, 다시 말하면 역사의 과정과 자연의 과정을 동일한 종류의 것으로 보고 자연 과학의 방법을 역사의 해석에 적용하려는 입장을 지칭한다.[2]

실증사학자들은 최종 자료를 문헌 자료에 의존한다. 자의적인 해석이 가능한 고고학 자료는 아무리 많이 있다 해도 그것이 갖는 의미를 규정하기 위해서는 최종적으로 문헌 자료에 근거해야 한다는 것이다. 물론 문헌 자료를 근거로 한다는 것 자체도 문제점이 있음을 자인한다. 문헌 자료란 글자가 생긴 후에 만들어진 것이기도 하지만, 당시의 사회 모습을 체계적으로 설명해 줄 정도로 자세한 문헌 자료가 내려오지 않기 때문이다.[3]

그런데 실증사학은 영국·프랑스·독일·미국·일본 등 제국주의 국가들이 식민지 지배 수단으로 이용하던 학문이라는 문제점이 있다. 원래 실증사학은 독일의 역사학자 랑케(Leopold von Ranke, 1795~1886)의 '역사는 주관적인 판단 없이 역사적 사실을 실증 그대로 기술해야 한다.'는 주장을 기본으로 한다. 즉 과거의 사실을 현재의 입장에 따라 가감하거나 평가하는 것을 버리고, 과거의 사료를 발굴하고 그 사료에 대한 고증과 비판을 통해 최대한 과거의 역사적 사실을 그대로 기술하는 것이 역사가의 몫이라는 설명이다.

옥 부장품
능원 우하량 유지 제16지점 1호
묘 출토, 신석기 시대

이를 위해 유적과 유물도 과학으로 실증된 사실을 인정해야 하며 사료의 경우 주관적 판단이 들어 있을 가능성이 있다고 판단되면 배제해야 한다는 것이다. 실증사학의 관점에서 보면 당연히 민족사학 등은 비판의 대상인데, 일반적으로 실증사학은 짧은 역사를 가진 서양 사회가 오랜 역사를 가진 동양 사회를 지배하기 위한 수단으로 사용한 학문이라는 데 문제점이 있다.

우리 나라 역사학계에서는 두계 이병도(李丙燾) 박사와 그를 잇는 학파를 실증주의 학파라고 부른다. 문제는 이병도 박사가 일제 강점기에 이

*
2) 『한국사 새로 보기』, 신복룡, 풀빛, 2001
3) 『한국 고대사 속의 고조선 사』, 송호정, 푸른역사, 2002

삼국유사 영인본

완용이 고문으로 있던 〈조선사편수회(朝鮮史編修會)〉의 일원으로 일본이 조선의 병합을 합리화하기 위한 『조선사』 편찬 작업에 참여하였다는 점이다. 해방 이후 한국 사학계를 주도했던 진단학회(震檀學會)를 이끌었고 해방 이후에도 1950~1960년대에 『한국사』 전 6권을 발간하는 등 한국 사학계에서 중추적인 역할을 했다.

실증사학을 표방하는 측은 서기 1281~1283년경에 쓰여진 것으로 추정되는 일연의 『삼국유사』에 단군이 비로소 적혀 있다는 것을 문제로 삼는다. 한마디로 단군에 대한 기록이 너무나 후대이므로 실존 인물로 대접하기에는 문제가 있다는 설명이다. 이런 주장은 결국 기원전 2333년에 단군이 고조선을 건국한 것은 역사적 사실이 아니라는 것과 다름 아니다.[4]

사실상 고조선을 건국했다는 단군의 신상명세서에 쓸 수 있는 내용은 다음과 같은 몇 가지에 불과하다. 『삼국유사』 「고조선(古朝鮮)조」에 쓰여 있는 것들이 그것이다.

『위서(魏書)』에 이르기를 "지나간 2천 년 전에 단군(檀君) 왕검(王儉)이라는 사람이 도읍을 아사달에 정하고 나라를 창건하여 이름을 조선(朝鮮)이라 하니 요(遼)와 같은 시대이다."라고 했다(魏書云 乃往二千載有檀君王儉 立都阿斯達 開國 號朝鮮 與高同時). (중략) 단군 왕검이 당요(唐堯)가 제위에 오른 지 50년인 경인(庚寅 : 당요가 즉위한 50년은 정사(丁巳)년으로 이를 두고 이론이 많이 있다.)에 평양성에 도읍하고 비로소 조선(朝鮮)이라 불렀다. 다시 도읍을 백악산 아사달로 옮겼는데 그곳을 궁홀산 또는 금미달이라 부르기도 하니 나라를 다스린 지 1500년이었다. 주나라 무왕이 즉위한 기묘년에 기자(箕子)를 조선에 봉하니 단군은 곧 장당경(藏唐京)으로 옮겼다가 뒤에 아사달로 돌아와 은거하며 산신이 되었다. 나이 1908세였다.

고조선과 단군 왕검이 예전부터 끊임 없는 논란의 대상이 된 것은 단

*
4) 『한국사 새로 보기』, 신복룡, 풀빛, 2001

군의 고조선 건국 기원부터 논란의 여지가 있기 때문이다. 우리 나라의 공식적인 단군 조선의 건국 연대는 기원전 2333년이다. 이 고조선의 건국 연도는 원래 '고조선 건국 시기는 중국의 요(堯)임금 시대와 같다.' 는 앞의 글을 근거로 요임금 즉위 25년을 무진년으로 보고 기원전 2333년으로 정한 것이다.

우리 민족의 시조인 단군존영

위의 문구에 의하면 『위서』가 편찬된 시점에서 2천 년 전에 단군이 아사달에 도읍을 정하고 나라를 세운 뒤에 국호를 조선으로 하였다는 것과 그 시기가 요임금 때와 같다는 내용이다. 문제는 현존하는 수많은 『위서』 중에는 위의 기사가 적힌 것이 없다는 점인데, 학계에서는 멸실된 사서 가운데 이들 기사가 언급된 내용이 있다고 본다.[5]

물론 『삼국유사』에 기록된 것이 단군의 추정 연대로서 최고의 기록은 아니라는 반론도 있다. 고려 공민왕(1361) 때의 학자인 백문보는 당시의 시대를 기준으로 하여 "우리 동방이 단군으로부터 3600년이 지났다." 는 글을 왕에게 올린 것을 보면 단군의 고조선 건국 연대가 한민족이 설명하고 있는 5000년이 되기 때문이다.[6]

일부 학자들은 단군의 즉위 연대는 그 절대 연대에 집착할 것이 아니라 당시 사람들이 내세우고자 했던 의식 세계를 이해하는 데 초점을 맞추어야 한다고 주장한다. 이러한 견해는 『삼국유사』에 기록된 내용을 그대로 인정할 경우에 생기는 단군의 건국 연대에 따른 모순을 다소 제거해 주지만 기원전 2333년을 고집해야 할 근거가 사라진다는 문제가 제기된다.

단군은 역사가 아니다?

단군을 역사적 사실로 받아들이지 않는 학자들의 주장은 다음 네 가지로 정리할 수 있다.

*
5) 『남북학자들이 함께 쓴 단군과 고조선 연구』, 단군학회, 지식산업사, 2005
6) 『한국 고대사를 생각한다』, 최태영, 눈빛, 2002

1) 고조선이 문헌상에 처음 나타난 것은 기원전 7세기부터다(중국 춘추전국 시대의 『관자(管子)』에 등장).

2) 단군은 역사적인 실존 인물이 아니라 신화, 즉 가공의 인물이다.

3) 단군 신화는 고조선이라는 국가가 세워지고 난 이후 만들어진 건국 신화가 구전되다가 고려 시대에 정리된 것이다.

4) 세계적으로 청동기 시대에 와서야 비로소 국가가 성립되는데, 우리 나라의 청동기 문화는 기원전 1000년경부터 시작된다.[7] 만주에서 건국했다고 해도 빨라야 15세기경이다.[8]

그러나 청동기 시대에 와서야 국가가 세워진다는 논리는 사실상 한국이 갖고 있는 독특한 관점이라고도 볼 수 있다. 이덕일은 이런 이론은 일제 강점기 때의 식민사학자들이 단군 조선을 부인하기 위해 창조한 이론이라고 혹평했다.[9]

일반적으로 청동기 시대로 들어선 경우에 비로소 그 민족이 국가라는 틀을 구성할 수 있다고 인정하는 것은 사실이다. 그러나 청동기가 고대 국가의 절대적인 필요 조건은 아니다. 중남미의 경우 석기만 갖고도 고대 국가를 건설했고 바퀴를 사용하지도 않았다. 중남미 국가에게 청동기가 나타나야만 고대 국가가 성립할 수 있다고 말한다면 어리석은 설명이 될 수밖에 없다.

세계 4대 문명지로 알려진 이집트의 경우도 그 곳에서 발견된 도끼, 단검, 나이프, 침 등의 고대 청동 제품이 이집트의 토착 제품이 아니라 북방으로부터 전해진 교역품일 가능성이 높다고 분석된다. 인도 문명도 청동기의 직접적인 영향을 받아 왕조가 성립됐거나 번성한 것이 아닌 것으로 알려져 있다. 그러므로 청동기가 나타나야만 고대 국가가 성립한다는 학설은 적어도 국제적으로 오래 전에 사라졌다고 볼 수 있다.

이와 같은 사실은 청동기 시대라고 해서 모든 기구가 동제품으로 제작된 것이 아님을 안다면 쉽게 이해할 수 있다. 청동의 나라로 알려진 상(은)

*
7) 『고조선 사라진 역사』, 성삼제, 동아일보사, 2006
8) 『고조선은 대륙의 지배자였다』, 이덕일 외, 역사의아침, 2006
9) 『고조선은 대륙의 지배자였다』, 이덕일 외, 역사의아침, 2006

나라의 경우, 최전성기에도 농경 기구는 주로 석기였다. 가격이 비싼 청동으로는 주로 중요한 무기나 제기를 만드는 것이 기본이었다.

이는 청동기 문화를 성립시킨 생산 기반은 신석기 시대의 그것과 동일하지만 청동 무기 소지자들은 당대의 실권자들이었다는 사실로 설명될 수 있다. 김철준은 청동기 문화는 그 생산 기술을 본질적으로 개혁함에서 성립된 것이 아니라 청동기라는 신무기의 위력으로 정복과 약탈의 범위를 확대시킨 것이라고 설명한다.[10]

청동기에 들어서야 비로소 국가가 성립될 수 있든 없든 위의 설명에 의하면, 단군의 경우 신화적인 인물이므로 이를 근거로 국가를 인정한다는 것이 문제가 있다는 지적은 사실 이해가 가는 일이다. 신화는 어디까지나 신성한 또는 신기한 내용을 담은 이야기임에 틀림없기 때문이다.

그렇다고 신화를 모두 허구로 보는 시각도 이분법적인 단순 논리라는 지적을 피할 수는 없다. 신화와 역사는 상반되는 개념이 아니라는 것이다. 신화는 이야기이되, 그 신화가 생성될 당시에 살고 있던 사람들의 집단적인 경험과 의식이 반영되어 있기 때문이다.

그런데 소장학자들은 단군과 고조선에 대한 납득할 수 있는 어떤 근거가 제시되지 않는 한 고조선에 대한 긍정적 설명을 그대로 인정해서는 안 된다고 주장한다.

단군은 한국인에게 가장 중요한 주제이기는 하지만 한국의 청동기 시대가 기원전 1000년경에 시작되었다고 하면 기원전 2333년에 단군의 고조선 건국을 역사적 사실로 믿는 것은 상식 밖의 일이 된다. 그러므로 기원전 2333년의 문제 등 고조선과 관련된 문제는 어떠한 방식으로든 합리적으로 이해할 수 있는 설명으로 제시해야 한다는 것이다.

물론 열린 시각을 갖고 단군의 문제를 해결하자고 주장하는 학자들도 있다. 자신들이 고조선 건국 연대의 문제점을 지적하는 것은 정확하게 기원전 2333년에 고조선이 성립되었음을 증명하라는 게 아니라는 것이다. 이들 주장의 요지는 큰 틀에서 고조선의 건국 개연성이 명확하게 설

청동검
고대 국가라고 해서 반드시 청동기가 발굴되어야만 하는 것은 아니다. 중남미의 경우 석기만 갖고도 고대 국가를 건설했다.

*
10) 『한국 고대사 연구』, 김철준, 서울대학교 출판부, 2001, 5~9쪽

정되고 그것을 토대로 건국 연대를 도출해야 한다는 것이다. 적어도 기원전 2333년경 또는 그 이전에 국가가 건립될 수 있는 개연성이 정말 있느냐는 것이다. 이 말은 기원전 2333년경에 정말로 우리 조상들이 국가를 세울 수 있는 능력을 갖고 있었는가 하는 물음으로 볼 수 있다.

국립중앙박물관 전시 연표에 나타나지 않는 고조선

고조선 연표가 빠져 있다.

국립중앙박물관의 전시 연표에는 고조선이 빠져 있다.

연표를 보면 한국의 역사는 70만 년 전의 구석기 시대, 기원전 8000년의 신석기 시대를 거쳐 기원전 1000년부터 청동기 · 초기 철기 시대로 들어간 후 원삼국 시대 그리고 삼국 시대로 넘어간다. 그런데 교육인적자원부(현 교육과학부)의 제7차 교육과정 고등학교 『국사』에 '고조선의 세력 범위를 나타낸 지도'가 실려 있는 것을 볼 때, 국립중앙박물관의 전시 연표에 고조선이 빠져 있다는 것은 의아한 일이 아닐 수 없다.

이 문제에 대한 해석은 구구할 수 있지만 정부가 학생들에게 고조선을 가르치도록 하더라도 문화재관리국(국립중앙박물관)으로서는 현 학계의 주류 의견을 반영하여 고조선을 연표에서 제외했다고 생각할 수 있다.

이것이 그 동안 강단 사학계와 소위 재야 사학자들 간의 한 치의 양보도 없는 논란의 대상이 된 핵심이다. 강단 사학계는 고대 역사일수록 문헌과 발굴 자료 등을 통해 철저하게 연구되지 않은 것은 역사가 아니라는 관점에서 접근한 반면, 재야 사학자들은 단군 조선은 결코 신화가 아니라고 주장한다. 양측의 팽팽한 주장에 대해 〈고인돌사학회〉의 이형석 회장은 다음과 같이 양쪽을 모두 비판했다.

일제 식민사관의 범주를 완전히 벗어나지 못한 강단 사학계의 실증 위주의 주장과 재야 사학계의 통일되고 정리되지 못한 다종, 다양한 주장들도 모두 장단점은 있다. 문제는 '잃어버린 역사 상고사 — 고조선' 인데, 이를 정확하게 파악하지 못하고 상고 시대의 철학을 중심으로 역사를 범벅으로 만들어 설명하려는 시도나 글자 설명 또는 훈독 위주의 논쟁은 관심 있는 사람들의 눈살을 찌푸리게 한다.

덧띠새김무늬 토기

강단 사학계와 재야 사학자들이 우리의 고대사에 대해 팽팽하게 맞서는 상황에서 2007년은 일대 변혁의 해라고 볼 수 있다. 그야말로 어느 누구도 예측하지 못한 돌발 사건이 터진 것이다. 사건의 진원지는 한국의 역사 교육을 책임지고 있는 교육인적자원부(현 교육과학부)이다.

2002년도 『국사』에 다음과 같이 적혀 있었다.

신석기 시대를 이어 한반도에서는 기원전 10세기경에, 만주 지역에서는 이보다 앞서는 기원전 15~13세기경에 청동기 시대가 전개되었다. 청동기 시대에는 생산 경제가 그전보다 발달하고, 청동기 제작과 관련된 전문 장인이 출현하였으며, 사유 재산 제도와 계급이 나타나게 되었다. 이에 따라 사회 전반에 걸쳐 큰 변화가 일어나게 되었다.

그런데 2007년도 『국사』는 다음과 같이 바뀌었다.

신석기 시대 말인 기원전 2000년경에 중국의 요령(랴오닝), 러시아의 아무르 강과 연해주 지역에서 들어온 덧띠새김무늬 토기 문화가 앞선 빗살무늬 토기 문화와 약 500년간 공존하다가 점차 청동기 시대로 넘어간다. 이때가 기원전 2000년경에서 기원전 1500년경으로, 한반도 청동기 시대가 본격화된다. 고인돌도 이 무렵 나타나 한반도의 토착 사회를 이루게 된다. 청동기 시대에는 생산 경제가 그전보다 발달하고, 청동기 제작과 관련된 전문 장인이 출현하였으며, 사유 재산 제도와 계급이 나타나게 되었다. 이에 따라 사회 전반에 걸쳐 큰 변화가 일어나게 되었다.

강화 하점면 부근리 고인돌
청동기 시대의 대표적인 상징물
이다. 우리 나라는 세계에서 가
장 많은 고인돌이 남아 있다.

이와 같은 수정에 대해 〈국사편찬위원회〉의 설명은 당당하다. 장득진은 "그 동안 사서에는 나오지만 고고학적 증거가 불충분했던 고조선 건국 시기가 최근 연구 성과로 근거가 뚜렷해짐에 따라 서술 방식을 변경했다."고 설명했다.

이에 대한 증거로 고고학적 유물의 발굴과 과학적 연대 측정 결과를 제시했다. 한반도 청동기 시대는 기원전 10세기쯤부터라고 주장했으나 그 동안 발견된 유적과 유물에 대한 연대 측정으로 이를 수정하지 않으면 안 되게 되었다는 것이다.

진주 남강 수몰 지구에서 확인된 각종 청동기 시대 유적과 유물은 연대가 기원전 10세기를 뛰어넘어 기원전 15세기 무렵으로 조사됐고 옥방 유적의 집자리터에서 나온 목탄 2점에 대한 〈국립문화재연구소〉의 방사성 탄소 연대 측정 결과는 각각 기원전 1590~ 기원전1310년과 기원전 1620~ 기원전 1400년이라는 충격적인 결과가 나왔다. 이형구 교수는 탄소 연대 측정 전까지 학계에서는 대체로 남강 지역의 유적 연대를 기원전 5세기~ 기원전 4세기라고 설명했다고 지적했다.

기원전 1500년을 상회하는 유물도 계속 발견됐다. 강원 지역의 경우 청동기 시대는 남강 유역보다 연대가 더욱 올라간다. 최몽룡 교수는 강원도 춘천시 신매리에서 출토된 청동기는 기원전 1510년경으로 추정된다.'고 설명했다.[11] 강릉 교동 주거지 1호의 경우, 그 연대가 무려 기원전 1878~ 기원전 1521년으로 나왔고 다른 두 곳의 주거지도 중심 연대가 기원전 15세기 무렵인 것으로 나타났다. 〈조선대박물관〉이 발굴한 전남 순천 죽내리 청동기 시대 주거지도 탄소 연대 측정을 한 결과 기원전 16세기~ 기원전 15세기라는 결과가 나왔다는 발표이다.[12]

더욱 놀라운 것은 〈한국원자력연구원〉에서 측정한 양평 양수리의 두물머리 고인돌의 덮개돌 밑 15㎝ 되는 무덤방 안에서 발견된 숯의 연대는 3900 ± 200B.P(MASCA 계산법으로는 4,140~4,240B.P)라는 절대 연대를 보였다.[13]

이에 따라 서강대의 이종욱 교수는 "중국이 고조선 건국 장소인 중국 요동 지역 청동기 도입 시기를 앞당기고 있는데, 한반도 청동기 도입 시기를 앞당기는 것은 당연하다."고 주장했다.

『국사』 교과서의 수정, 즉 한국의 청동기를 기존 학계의 정설보다도 최소한 1000년 앞당기면서 단군을 실체로 간주했다는 사실은 각계에 커다란 충격을 주었다. 당연한 이야기이지만 그 동안 부단히 단군 조선의 실존을 주장해 온 재야 사학계에서는 즉각적으로 정부의 정책 변경에 찬성을 표명하고 일부 강단 사학계에서도 '고조선 건국 기사 개선과 국사교육 강화'를 지지하는 성명서를 발표했다. 고조선의 역사와 문화를 연구, 답사하고 정립하기 위해 강단과 재야를 아우른 〈고조선유적답사회〉 등이 발족되기도 하였다.

이 사건이 큰 반향을 일으킨 것은 한국 고대사의 해석을 두고 첨예하게 대립하고 있던 강단 사학회와 소위 재야 사학회의 갈등 구조에서 그 동안 일방적으로 참패를 당하던 재야 사학회의 주장이 정책적으로 반영되었다는 점이다. 앞에 설명한 것처럼 재야 사학회에서 한국사의 연대를

＊
11) 『동북아 청동기 시대 문화 연구』, 최몽룡 외, 주류성, 2004
12) 「고조선, '역사'의 발자취를 찾았다」, 박종진, 주간한국, 2007. 3. 6
13) 〈고인돌사랑회〉의 이형석 박사 자료 제공

양수리 두물머리 고인돌
고인돌의 덮개돌 및 15cm 되는 무덤방 안에서 발견된 숯의 연대를 측정한 결과 고조선 시대가 1000년 이상 앞당겨졌다. 이로써 단군의 실체를 인정하는 학자들이 나타났다.

부단히 상향 조정해야 한다고 강변했음에도 강단에서는 이들 주장을 종합적인 한국사 관점이 아니라 민족성을 앞세우는 단편적인 선전에 지나지 않는다고 일축해 왔는데, 결론적으로『국사』교과서를 수정함으로써 강단 측이 아니라 재야 측의 손을 들어준 모양새가 된 것이다.

물론 정부의 급작스러운 발표에 많은 학자들이 이의를 제기했다.

송호정 교수는 "기원전 15세기에 한반도 청동기 시대가 본격화된다는 이야기는 학계에서 합의된 내용은 아니다. 이 시기에 나타나는 청동기 유물은 극소수 장신구에 불과하다."라고 주장했다.

송 교수는 한국 측의 급작스러운 교과서 개정은 "중국 동북공정에 대항해 이런 논리가 나오는 것 같은데 좀 더 진지한 논의가 필요하고 합의가 있어야 한다."고 지적했다. 적어도 한국의 고대사를 바꿀 정도의 내용이라면 수많은 공청회 등을 거쳐 공감대를 형성했어야 했다는 것이다.

그런데 이런 한국인들의 우려에 대한 해답은 그야말로 전혀 예기치 않은 곳에서부터 나오기 시작했다. 놀라운 것은 그 진원지가 한국의 역사 왜곡을 주도하고 있다고 부단히 비난받던 바로 그 중국이고 그것도 '동북공정'과 연계된다는 점이다.

제2장

동북공정의 실체

중국의 삼조 시대

중국의 역사관 변화는 그야말로 놀랍다.

그 동안 중국의 시조로 황제(黃帝)만 인정하다가 1980년대부터는 염제(炎帝)를 포함해 중국인은 염·황(炎黃)의 자손이라고 선전해 왔다. 그것은 20년 전부터 설계를 시작하여 2007년 4월, 하남(河南)성 정주(鄭州)시 황하 풍경 명승지의 산 정상에서 제막식을 가진 염·황제 석상으로도 알 수 있다. 산 정상에 콘크리트로 쌓아 석재를 붙여 얼굴 모습만을 올린 이 조각상은 미국 자유의 여신상보다 8m 높으며, 구소련이 제2차 세계대전 승전을 기념해 세운 이른바 '어머니 러시아상' 가운데 가장 높은 것과 비교해도 2m가 더 높은 106m(아파트 12층 정도)로 세계 최고 높이의 조각상이다. 눈 길이 3m, 코 길이 8m에 얼굴 면적만 1000㎡에 이른다. 이 석상을 계획하면서 시공할 때만 해도 중국인들은 염·황 자손이라고 생각했다는 것을 알 수 있다.

그런데 1990년대 말에 와서는 탁록현 반산진의 황제성과 황제천이 인접한 평원에 '중화삼조당(中華三祖堂)' 을 건립하면서부터 황제·염제·치우제의 삼시조 시대(三始祖時代)를 선언했다.

중국이 치우(蚩尤)를 자신들의 시조로 거론하기 시작한 것은 '신비의 왕국' 이 있었다는 우하량 홍산문화 지역을 치우천황의 근거지라고 인식했기 때문이다. 이것은 동이(東夷)족의 치우가 기원전 2700년경 중국인들

염황제 조각상
황하 명승지 산 정상에 세운 세계 최고 높이의 조각상

중화 삼조당
중국 탁록의 중화 삼조당. 황제, 신농, 치우를 모셨다.

무씨 사당 치우 추정 석각

무씨 사당 대문의 치우상

우하량 제2지점 21호 무덤
흔히 오랑캐라 부르던 북방 민족(동이)이 살던 지역에서 매우 수준 높은 문화 유적이 발견됨으로써 중국은 다민족 역사를 주장하기에 이르렀다.

이 자신들의 시조로 간주했던 황제와 싸웠다는 것을 결코 전설이 아닌 역사적 사실로 인정한다는 것을 뜻한다.

여하튼 이와 같은 변화는 1970년대 후반기에 들어 중국의 정국이 점차 안정되면서 소수 민족 정책에 변화를 주지 않을 수 없었기 때문이다. 또한 고고학적 조사가 급증하고 이용 가능한 자료가 증가했다. 아울러 본격적으로 도입되기 시작한 과학적 연대 측정이 도입되면서 중국 각지의 유적과 유물이 갖고 있는 편년적(編年的) 위치도 점차 명확해지게 되었다.

그런데 '뜻밖에도' 문명의 변방 지대로 인식되었던 중국 동북방의 선사문화, 즉 요하 유역에서 그 동안 중국의 주류라 인정했던 문화보다 연대가 훨씬 거슬러 올라간다는 것을 발견했다. 이것은 당연히 중국 학계에서 그 동안 주류적 지위를 점해 왔던 중원 중심론에 타격을 주었다는 것을 의미한다.[14]

우하량
석실 고분에서 발견된 다양한 옥기

즉 중국이 황하 문명보다 빠른 요하 문명을 주장하면 그 동안 중국인이 아니라고 강조하던 동이를 인정해야 하는 모순점이 생긴다. 오히려 황하 문명이 요하 문명의 지류나 방계 문명으로 전락하는 것이다. 한마디로 중국의 화하족에게 뒤떨어지는 야만족이라고 비하하던 동이가 전통적인 중화 민족보다 앞선 문명을 지닌 집단이 되는 것이다.

이러한 모순점을 해결하기 위해서 중국은 절묘한 방안을 도출했다.

과거의 역사관을 포기하고 다민족 역사관을 내세운 것이다. 이는 중국이 세계의 중심이라는 중화사상에서 유래한 중국 문명의 이미지에 변화를 갖고 왔다는 것을 뜻한다. 이 변화가 '하상주단대공정(夏商周斷代工程)'에 이어 2001년에 기획된 '중화고대문명탐원공정(中華古代文明探源工程)'의 일환으로 추진되어 현재 한국과 마찰을 빚고 있는 소위 동북공정이다.[15] 이 부분은 뒤에서 다시 설명한다.

물론 이와 같은 변화는 고고학 분야에서 시작된 것이 아니라 중국의 문화대혁명의 종료와 함께 각 민족의 특수성과 다양성을 인정하지 않을 수 없었기 때문이다. 중국이 이와 같이 다민족을 생각하는 정책으로의 변화는 그 동안 소수 민족을 배제하고 중화 민족 위주로 설정한 정책이 큰 문제점에 봉착했기 때문이다.

일반적으로 중국이 소수 민족 우대 정책으로 방향을 틀지 않을 수 없었던 것은 현 중국의 영토에 속한 상당한 면적이 중화인에 비해 상대적으로 인원이 적은 소수 민족의 영역으로 알려지고 있는데, 이들을 배제하고 계

﹡
14) 『동북문화와 유연 문명』, 곽대순 외, 동북아역사재단, 2008
15) 신형식·최규성(편), "고구려는 중국사인가", 백산자료원, 2004

속 중화인 우대로 나갈 경우 결국 현 중국 체제가 와해되면서 구소련과 같이 분열될 것을 우려했기 때문이라고 알려진다. 즉 중국이 분열되어 수 많은 독립 국가가 탄생할 수 있다는 것을 사전에 방지하기 위해 다민족 국가의 기치 아래 소수 민족을 챙기지 않을 수 없다는 설명이다.

2000년 11월에 실시된 제5차 인구 조사에 의하면 중국의 총 인구는 12억 6583만 명으로 여기에는 홍콩 특별 행정구의 678만 명, 마카오 특별 행정구의 44만 명이 제외되어 있다. 이 가운데 소수 민족은 1억 643만 명으로 전체 인구의 8.41%이다. 주요 소수 민족의 인구 현황은 장족(壯族, 1617.9만 명), 만족(滿族, 1068.2만 명), 회족(回族, 981.7만 명), 묘족(苗族, 894만 명), 위구르족(839.9만 명), 동가족(802.8만 명), 이족(彝族, 776.2만 명), 몽골족(581.4만 명), 티베트 족(541.6만 명), 동족(296만 명), 요족(搖族, 263.7만 명), 조선족(192.4만 명), 백족(白族, 185.8만 명), 합니족(哈尼族, 144만 명), 하사크 족(哈薩克族, 125만 명) 등이다.[16]

이를 동북공정에 한정하여 보다 구체적으로 설명하면 중국이, 한국과 미국이 조선족이 많이 살고 있는 연변 조선족 자치주 등을 북한의 김정일 정권을 무너뜨리기 위한 교두보로 이용할 것을 사전 차단하기 위한 사전 조처는 물론 김정일 정권 붕괴 이후의 상황에 대비하고 있다는 설명도 있다. 북한 정권이 붕괴되고 한반도에 '통일'이라는 새로운 질서가 건설되면, 한반도의 4분의 1 크기(4만 3547㎢)에 200만 인구를 가진 연변이 동요할 가능성이 있다는 것도 우려의 대상이다. 조선족 자치주가 동요하면 서장(西藏) 자치구에 있는 티베트 인과 신강(新疆, 위구르) 지구에 있는 회교도들도 술렁거릴 가능성이 있다는 것도 한 요인이다.[17]

여하튼 중국의 이런 정책 변화는 곧바로 자치주 등 소수 민족의 자치를 허용한 행정 단위가 설치되면서 시작되었다. 그런데 다원주의에 입각한 점진적 융합 정책은 사회 통합의 당위성을 입증할 새로운 이론적 모델이 필연적으로 요구된다. 즉 중국이 내·외적 변화에 민감하게 반응하면서 새로운 아이디어를 만들지 않을 수 없었다는 설명이다. 요컨대 현재 중국의 영토 안에 다양한 문화적 전통이 존재하는 것은 인정하되,

*
16) 『중국의 동북변강 연구 동향 분석』, 고구려연구재단, 고구려연구재단, 2004
17) 「중국은 왜 고구려를 삼키려 하는가?」, 이정훈, 신동아, 2003년 9월

그들이 분열적으로 존재했던 것이 아니라 일정한 상호 관계 하에서 정합적인 일체를 형성했다는 것이 필요해진 것이다. 이것이 통일적 다민족 국가의 기본 명제이다.[18]

이를 구체적으로 설명한다면 현재 중화인민공화국의 영토 안에 존재했거나 존재하는 민족은 중국이라는 통일적 다민족 국가를 형성하는 데 일정한 공헌을 했으므로 그들은 모두 중국 민족이고, 그들의 역사적 활동은 모두 중국 역사의 범주에 속하며, 그들이 세운 왕조의 관할 범위의 총합이 중국의 강역에 해당한다는 것이다. 이들 주장에 따른다면 현재의 중화인민공화국 영토 안에 존재했던 고구려나 발해는 모두 중국 민족에 속하게 되고 그들의 역사적 활동(고구려 및 발해 왕조)도 중국 역사에 속하게 된다. 바로 이 점이 우리의 역사와 마찰을 불러온 것이다.[19]

초미의 관심사인 동북공정의 핵심은 '동북변강역사(東北邊疆歷史)' 라고 볼 수 있는데, 중국은 크게 지리적 개념과 역사적 개념으로 변강을 구분하고 있다. 지리적 개념의 변강은 육강(陸疆, 육지의 변강)과 해강(海疆, 바다의 변강)

＊

18) 『동북문화와 유연 문명』, 곽대순 외, 동북아역사재단, 2008

19) 『중국의 동북변강 연구 동향 분석』, 고구려연구재단, 고구려연구재단, 2004

장군총 전경
동북공정에 의해 고구려도 중국의 역사 속에 편입된다.

으로 나뉘어진다.

'육강'이란 '국계(國界) 내에 있는 일정 넓이의 지구'로서 인접국과 맞닿은 국경선뿐만 아니라 자연·역사·문화 등 다방면의 특성을 지니고 있는데, 우리와 주로 관련되는 지역은 동북 지구(滿洲)의 흑룡강(남부 할빈시 및 그 주변 지구 제외)·길림(주로 연변 조선족 자치주·장백 조선족 자치현, 집안시 해당)·요령(주로 단동 지구)의 3성이다.

역사적 개념으로서 변강은 '통일적 다민족 국가' 개념에 따라 역사를 재해석하는 것이므로 현대 중국의 역사관과 밀접하게 맞물려 있다.

중국변강사지 연구 중심의 해석에 따르면 중국은 진 시황이 중앙 집권 국가를 수립한 이후 여러 차례의 대통일 국면을 출현시켰다. 특히 수·당 왕조는 중원 중심의 정치·경제·문화뿐만 아니라 변강 지구와 연계를 확대시켜 '화융동궤(華戎同軌)', 즉 오랑캐와도 함께 중국을 구성했다는 설명이다. 이후 송·요·금 왕조 때에는 한족과 변강의 각 소수 민족 사이에 중화 의식이 고조되었고 중원과 변강 지구(즉, 邊地) 사이에 개발과 교류가 진척되었다. 몽골족이 중국을 통치했던 원나라 때에는 소수 민족이 중국 전역을 통일한 선례를 만들어 중원과 변강 지구 사이의 독특한 대융합을 가져와 통일된 다민족 국가로서 종래의 전통 체제의 관념을 바꾸었다. 청조 때에는 전국의 대통일을 실현시켜 역사적으로 볼 때 중국에서 전란과 분열이 자주 있었지만 그것은 매번 다음 시기에 더 큰 범위의 통일과 발전을 위한 조건으로 작용했다고 윤휘탁 박사는 설명했다.[20]

또한 중국의 동북공정은 지역적 성격의 문제일 뿐만 아니라 중국 국가의 안전 및 안정과도 관련된 전국적 성격으로도 인식한다. 즉 동북공정은 학술적·정치적 문제뿐만 아니라 애국주의 전통을 드높이고 국가의 통일과 안전, 영토 주권의 완결, 강역의 안정, 민족 단결을 유지하기 위한 측면에서 추진되었다는 것이다.

그러므로 오강원은 중국에서 동북공정을 발족시킨 이유로 중국 동북 지역이 주변 여러 나라의 각축장이 될 수도 있다는 위기 의식, 주변국과

＊
20) 『중국의 동북변강 연구 동향 분석』, 고구려연구재단, 고구려연구재단, 2004

의 국경 분쟁과 그로 인한 혼란에 대비한다는 안전 의식, 중국 동북 지역을 내지화(內地化)함으로써 그에 수반하는 국가 이익을 극대화한다는 거시적인 목표를 갖고 있다고 지적했다.[21]

동북공정의 핵심 인물로 중국 공산당 중앙위원회 위원 및 중국 사회과학원 부원장인 왕락림(王洛林)이 동북공정을 어떻게 보고 있는지 다음으로 알 수 있다.

동북 지구는 중국의 중요한 변강 지구로서 토지가 광활하고 자원이 풍부한데도 구중국(청나라)의 국력이 쇠퇴하고 통치자가 연약하고 무능해서 동북 지구는 열강의 침략 확장과 패권 쟁탈의 중요한 지구가 되었다. 이

* 21) 「중국 학계의 고조선·부여 인식」, 시노하라 히로카타, 『동북공정 전후 중국의 한국고대사 인식』, 제43회국사편찬위원회한국사학술회의, 2008

상경용천부 전경
발해는 오래 전 중국의 변방 속국으로 편입되었다. 발해의 수도였던 상경 용천부는 촬영 금지구역이다.

때 몇몇 제국주의 어용학자들이 중국 동북을 분열시키려고 해괴한 논리를 만들어 열강들의 동북 지구 침략을 위한 역사적 근거를 제공했다.

왕락림은 동북공정에 대한 남북한 학자들에 대해서도 강하게 비판했다. 이들이 한·중 관계사를 연구하면서 사실을 왜곡하고 혼란을 부추기고 있으며 일부 남북한 정치가들도 정치적 목적으로 공공연히 여러 가지 허황된 논리를 퍼뜨리고 있다는 것이다.

그의 설명에 첫째, 일부 남북한 사람들이 특별한 의도를 가지고 고구려·발해 등이 고대 중국 동북 지방의 속국(屬國)이었음에도 불구하고 고대 조선족의 독립 국가라는 것을 논증하기 위해 오늘날 중국 동북 변강을 역사적으로 고대 조선의 영토였다고 주장한다. 둘째, 역사상의 민족 분포와 천도(遷徙) 문제를 왜곡하여 청동 단검이 출토된 지방은 모두 고대 조선의 지역이며 심지어 고대 중국 동북 변강 원주민족인 부여 등이 고조선으로부터 분열되어 나온 하나의 후국(侯國)이자 고조선의 일부분이라 주장한다고 지적했다.

따라서 동북 변강 문제는 역사학 문제인 동시에 정치·민족·문화·사회·국제 관계 등 제반 학과 영역에 걸쳐 있으므로 사상의 해방, 관념의 혁신 등을 통해 앞 사람들의 잘못되고 시대에 어긋난 결론을 과감하게 바로잡아야 한다고 주장했다. 여기서 말하는 '앞 사람의 잘못된 결론'이란 고구려를 한반도의 삼국 시대로 기술하고 고구려사를 한국사 혹은 세계사(외국사)로 규정한 기존의 중국 역사 교과서나 구시대의 학자들의 내용이나 견해도 잘못되었다는 설명이다.

중국 측이 오류라고 지적하는 남북한 학자들의 주장을 보다 구체적으로 설명하면 다음과 같다.

1) 남북 학자들은 '조선고유형인(朝鮮古類形人)'이 현대 조선인(한국인)의 직접 조상이고 그들은 한반도를 중심으로 중국 동북 대부분 지역

과 러시아 연해주를 포함한 광활한 지구에 분포되어 있었는데, 이
들 지역이 고대부터 조선의 강역이다.

2) 고조선, 부여, 고구려는 모두 '조선고유형인' 의 후예로서 그 조상
   들이 활동한 범위 내에 세워진 국가는 모두 조선 역사상의 시대이
   며 강역은 역사상의 조선이다. 그러므로 고구려의 옛 관할 경내의
   모든 역사 유산도 모두 조선의 것이므로 중국은 그것들을 현재 잠
   시 점유하고 대신 관리하는 것에 불과하다.

3) 전국 시대부터 수·당 시기까지 중국은 조선을 침략했는데, 이는
   모두 조선의 국토를 침략해서 패권적으로 점령한 것이다.

4) 발해는 고구려의 직접적인 계승국이므로 신라와 더불어 하나의 국
   가인 '남북국' 또는 '남북조(南北朝)'를 형성했다. 따라서 남쪽으로는
   한반도의 북부, 북쪽으로는 흑룡강 유역, 동쪽으로는 동해, 서쪽으
   로는 송화강과 요하 일대의 광활한 지역이 역사상 조선의 영토이다.

5) 당나라는 발해의 침략자이고 거란도 발해를 멸망시켰으므로 침략
   자이다. 즉 청나라까지의 역대 중국 왕조는 모두 조선 역사에서 침
   략자이다.

　중국 측은 동북공정의 추진 배경과 더불어 동북 지구는 중국 강토와
분리될 수 없는 부분이며 동북의 각 민족은 모두 중화 민족 대가정의 일
원이며 동북의 역사 역시 중국의 정사(正史)와 유기적으로 연계되어 있다
고 주장했다. 특히 고조선, 부여, 고구려, 발해를 역사상의 조선 국가로
파악하고 있는 것에 대해 중국 측이 반드시 반박해야 한다고 강조했다.

　한국에서 동북공정의 부당성을 촉발시킨 장본인으로도 설명되는 변
중(邊重, 실존 인물인지는 확인되지 않았음.)은 2003년 6월, 중국의 학술 이론과 문
화·예술을 주로 다루는《광명일보(光明日報)》에서 「고구려 역사 연구의
몇 가지 문제에 대한 시론(試論高句麗歷史研究的幾個問題)」에 고구려가 중국 역사
로 포함되어야 하는 이유를 다음과 같이 제시하기도 했다. 이 중에서 한

국과 가장 논란의 여지가 있는 것은 다음과 같은 설명이다.

1) 중국과 고구려는 원래 한 나라로, 고구려는 중국 안에 있던 지방 정권이다. 그것은 고구려가 중국으로부터 책봉 받고 조공 바친 것으로도 알 수 있다. 그러므로 수나라와 당나라가 고구려와 벌인 전쟁은 '이민족 정복전쟁'이 아닌 '통일전쟁'이다.

2) 왕건이 세운 고려는 고주몽이 건국한 고구려와 전혀 상관이 없는데도 왕건이 고려를 세움으로써 고구려사를 빼앗아 갔다. 이는 당나라가 통일전쟁으로 고구려를 흡수했는데, 한반도에서 고구려의 후손임을 주장한 왕건이 고려를 세웠지만 그는 고구려의 후손이 아닌 것으로도 알 수 있다. '왕씨 고려'의 고려가 진짜 '고씨 고려'를 이으려면 왕건은 왕씨가 아닌 고씨여야 한다.

　　또한 왕씨 고려의 주민은 대부분 신라와 백제인이다. 고씨 고려 멸망 후 일부 고구려인이 신라로 유입되기는 했으나 그들은 신라의 주력을 이루지 못했다. 중국 학자가 고증한 바에 의하면 왕건은 전한 시절 낙랑군에 있었던 중국 한인(漢人)의 후예일 가능성도 매우 높다.

3) 명나라 황제는 이성계를 조선왕에 책봉함으로써 조선이라는 국호를 하사했다. 그런데 조선이라는 이름 때문에 고려의 후예인 이씨 왕조는 중국인이 건국한 '기자 조선 — 위만 조선 — 한사군 — 고구려'에 그 맥을 대게 되었다. 여기에 왕씨 고려가 고씨 고려를 도용해 감으로써 중국이 기자 조선을 통해 동북 지역에 만들어 놓은 역사가 몽땅 한국사로 넘어가게 되었다.

위의 설명이 억지라는 것은 한국의 여러 학자들이 구체적으로 제시했다. 우선 1)번의 경우, 같은 민족이라면 즉 고구려·백제·신라가 상대를 흡수하려고 벌리는 전쟁이야말로 통일전쟁이고 이민족을 흡수하는 전쟁을 정복전쟁이라고 하는데, 중국은 이를 의도적으로 혼동시켰다는 점이다.

　2)번의 중국 주장은 국가를 왕족 관계로만 볼 수는 없다는 점에서 모순이 있다. 국가는 왕실의 성이 같아야만 이어지는 것은 아니다. 수나라 황제는 양(楊)씨 성을 썼고, 당나라는 이(李)씨 왕조였다. 그런데 중국은 수와 당이 모두 중국의 법통을 이었다고 주장한다.

　3)번은 뒤에서 다시 설명하지만 『한서 지리지』에 "은나라가 쇠하자 기자가 조선에 가서 예의와 농사·양잠·베짜기 기술을 가르쳤다."라는 기록이 있었다는 것을 고의적으로 누락시켰다는 점이다. 이는 기자가 오기 전 이미 중국 동쪽에 조선이라는 나라가 있었다는 뜻인데, 시론에서는 중국에 유리한 자료만 인용하고 불리한 사료를 배제했다는 것을 의미한다.[22]

중국의 역사 찾기

　국내에서 중국이 동북공정을 착수했다고 알려지자 곧바로 중국이 한국의 역사, 그 중에서도 고구려 역사를 빼앗아 가는 것이라고 반발하고 있는 것은 잘 알려진 사실이다. 그러나 중국의 동북공정은 고구려의 역사만 중국 역사에 포함시키는 것이 아님을 인식할 필요가 있다. 즉 중국이 근본적으로 동북공정으로부터 얻고자 하는 것은 현 중국 영토 안에서 일어난 역사 모두를 중국 역사로 대치함으로써 중국 나름대로의 역사 찾기에 나섰다는 점이다.

　중국 측은 동북의 각 민족이 5000여 년간 빈번한 이주와 유동 과정을 거치면서 중국의 강역을 개척하여 상호 교류가 촉진되었으며, 이를 통해 자연적으로 각 민족의 융합이 가속화되었고, 중국 북방 민족의 문명사를 창조했다고 강조한다. 특히 거란족이 세운 요나라, 여진족이 세운 금나라, 몽골족이 세운 원나라, 만주족이 세운 청나라 등도 중국이라는

*
22) 「중국은 왜 고구려를 삼키려하는가?」, 이정훈, 신동아, 2003년 9월

**만주족이 세운 청나라 수도
심양 고궁**

신해혁명은 당시 청나라를 배격
하고 한족 중심의 공화정을 건설
하자며 쑨원이 중심이 되어 일으
킨 혁명이다. 청나라도 중국이라
는 다민족 국가형성에 공헌을 했
다고 주장한다.

통일적 다민족 국가 형성에 중요한 공헌을 했다고 설명한다. 요컨대 동
북 지구의 유구한 역사와 문화는 모든 중화 민족의 발전 과정에서 중요
한 역사적 작용을 했다는 것이다.

초윤명(焦潤明)은 남북한의 황당한 주장에 대해, 중국 측이 역사적 사실
을 가지고 반박하는 것 이외에 세계 각국이 공인하는 국제법 및 국제 관
례를 무기로 삼아 비판을 가해야 한다고 주장했다.

인류의 문명은 과거 각 종족 사이의 상호 융합·상호 영향·상호 경쟁
속에서 발전해 왔다. 각 민족은 장기간의 각축과 경쟁 속에서 사라지거
나 다른 민족에게 융합되어 새로운 민족을 형성하기도 한다. 어떤 민족
은 강대해졌음에도 과거의 명칭을 그대로 사용했지만 그것은 이미 많은
이민족의 혈통을 흡수해서 너 안에 내가 있고 내 안에 네가 있는 국면을
형성했다. 민족의 강역도 고정불변이 아니다. 만일 남북한 학자들의 주

장처럼 과거 선민(先民)의 거주지나 활동 범위를 현대 국가·역사·강역의 귀속 원칙으로 삼는다면 각국 사이에 중대한 혼란이 일어나며 국제법적으로도 인정받을 수 없다.

여하튼 중국 측은 동북공정의 중요 임무 가운데 하나는 과거의 연구 성과를 모두 종합해서 의구심이 들거나 해결하기 어려운 문제를 적극적으로 분석하여 이것을 바탕으로 중국의 국가 이익뿐만 아니라 외교 정책·민족 정책·경제 정책 등 민감한 문제들을 한꺼번에 해결해야 한다는 것이다.[23]

이러한 맥락에서 개발된 것이 그 동안 중국인이 아니라고 강조하던 동이, 서융, 남만, 북적 등을 모두 중화 민족에 포함시키는 예상치 못하던 논리인데, 이 중에서도 가장 중요한 것이 바로 중국의 시원에 관한 문제이다. 즉 오제 시대의 3대 집단, 즉 앙소(仰韶)문화를 바탕으로 조(粟) 농사가 중심인 중원의 염제·신농씨 화(華)족 집단, 벼농사를 주로 하는 동남 연해안 이(夷 또는 虞) 등 하(夏)족 집단, 그리고 동북 연산 남북의 홍산문화(수렵·어로 생활)로 대표되는 황제족(黃帝族) 집단으로 설정한 것이다.[24] 여기에서 황제가 그 동안 동이로 비하하던 동북 지역을 통치했다는 점을 주목할 필요가 있다.

중국의 전통적인 화이관은 중원을 중심으로 한 화하족, 산동반도와 발해만 그리고 장강 하류에 이르는 동이족, 장강(양자강) 유역의 묘(苗)·만(灣)족과 서쪽의 서융(西戎), 북쪽의 북적(北狄)으로 나누었다. 황제는 북경 부근, 고양씨 전욱은 황하 중류의 위쪽, 고신씨 제곡은 황하 중류의 아래쪽이 세력권이라고 보았다.

그런데 근래 중국이 개발한 논리에 의하면 신화 시대부터 황제족이 요하 일대를 지배했는데, 그 손자인 고양씨 전욱(顓頊)과 고신씨 제곡(帝嚳) 두 씨족 부락이 지금의 하북성과 요령성이 교차하는 유연(幽燕) 지역에 살면서 모든 북방 민족들의 씨족이 되었다는 것이다.

고구려 역사가 중국 문화 유산으로 변질된 책

*
23) 『중국의 동북변강 연구 동향 분석』, 고구려연구재단, 고구려연구재단, 2004
24) 서길수, 「중국 동북공정 5년의 성과와 전망」, 「중국의 동북공정 5년, 그 성과와 한국의 대응」, 2007, 43쪽

상나라 때의 칼과 숟가락

이것은 요하 문명의 핵심인 홍산문화가 고양씨 전욱 계통의 문명이며 만주 일대도 황제족의 영역이라는 설명과 다름 아니다. 한마디로 그 동안 중국인이 아니라고 강력하게 주장하던 동이족의 근거지가 모두 중화 민족의 근거지라는 뜻으로, 화하(華夏)에 동이족이 포함된다는 내용이다.[25][26] 즉 홍산문화는 중국 문명의 본원적인 근원이라는 주장이다.[27]

이를 바탕으로 만주 지역 '요하 문명권'의 핵심인 홍산문화는 고양씨 전욱 계통의 문명이며 고주몽의 '고'씨 성도 고양씨의 후예이기 때문에 붙었다는 설명도 있다. 이것은 홍산문화를 주도한 황제족의 후예들인 예맥족들이 부여, 고구려, 발해 등을 세웠다는 논리로도 이용된다.

그런데 중국에서 이런 논리를 개발하는 과정에서 동북공정에 선행한 국가적인 작업이 있었다는 것을 인식할 필요가 있다. 중국은 21세기 '대중화주의 건설'을 위해 1996년 5월 '95 중점하상주단대공정(夏商周斷代工程)'이라는 명목으로 대대적인 유적 발굴과 연구를 추진했다. '95'란 9차 5개년 계획을 의미한다. 구체적으로는 총 9개의 대형 과제에 44개의 전문 과제가 도출되어 2000년 9월에 종료되었다.

'하상주단대공정'은 간단하게 말하여 중국 고대사에 공백으로 남아 있는 하(夏)·상(商)·주(周)의 연대를 확정하는 사업이다. 공식적으로 중국은 기원전 841년 이후의 일들만 정확한 연대를 갖고 있기 때문에 세계 4대 문명이라는 영예를 갖고 있지만 중화 문명이 세계 최고 문명의 하나라는 설명에는 문제가 있었다.[28]

중국은 하상주단대공정이 진행되는 동안 고대 유적지 17곳에 대한 새로운 발굴 조사를 추진했고, 기존의 유물도 C14 연대 측정을 새롭게 했다. 이를 토대로 하상주단대공정이 끝나자마자 하나라의 연대를 기원전 2070년에서 기원전 1600년으로 확정짓고, 상나라는 기원전 1600년에

*
25) 耿鐵華, 「고구려민족의 기원」, 『中國高句麗史』, 길림인민출판사, 2002, 48쪽
26) 「코리안루트를 찾아서(12) 홍산 곰의 정체」, 이기환, 경향신문, 2007.12.22
27) 『동북문화와 유연 문명』, 곽대순 외, 동북아역사재단, 2008
28) 『중국사의 수수께끼』, 김영수, 랜덤하우스, 2007

서 기원전 1046년(19대 반강왕(盤庚王)이 기원전 1300년 도읍을 은(殷)으로 옮겼으므로 이후 은이라고 하지만 상(은)으로도 설명함.), 주나라를 기원전 1046년에서 기원전 771년으로 다시 설정했다.

중국은 하상주단대공정을 성공적으로 마쳤다고 자부하면서 10·5계획(2001~2006년)의 일환으로 2003년부터 '중화고대문명탐원공정'이라는 새로운 역사 작업을 진행했다. 하왕조의 건국이 기원전 2070년으로 거슬러 올라감으로써 그 이전 시대를 설정하는 것이 무리한 일은 아니라는 뜻으로 '중화 문명의 근원을 탐구한다.'는 의미를 갖고 있다.

중화고대문명탐원공정은 신화와 전설의 시대로 알려진 '3황 5제'의 시대까지를 중국의 역사에 편입하여 중국의 역사를 1만 년 전으로 끌어 올리고, 이를 통해 중화 문명이 이집트나 수메르 문명보다도 오래된 '세계 최고의 문명'임을 밝힌다는 것이다. 이것이 요하(遼河) 일대를 기존의 세계 4대 문명보다 앞서는 1만 년 역사의 새로운 문명권으로 부각시키려는 '요하 문명론(遼河文明論)'이다.

중국의 야심적인 중화고대문명탐원공정에 의한 요하 일대에서 흥기했던 각종 문화들의 현재까지 정리된 시대 구분과 특징은 다음과 같다.

소하서문화 (기원전 7000~6500년)

붉은 산으로 유명한 내몽고 적봉시(赤峰市) 인근의 오한기(敖漢旗) 소하서촌(小河西村), 우고토향(牛古吐鄉), 천근영자촌(千斤營子村) 등 10여 곳에서 발견된 소하서문화는 동북아시아 최초의 신석기 문화 유적으로 알려져 있다. 이 곳에서 반지하로 파내려간 반지혈(半地穴)식 주거지 3곳이 발굴되었는데, 동북 지역에서 가장 이른 시기에 흙으로 만든 사람의 얼굴(陶塑人物像)이 이 곳에서 발견되었다. 이 인면상은 손바닥 크기보다 다소 크고 두께는 5cm 정도인데, 고대인들이 제사나 종교적인 의례에 사용되었을 것으로 추정한다.

사람 얼굴 흙으로 만듦.

사해문화 유지
돌로 만든 용, 석소룡이 발굴되었
다.

흥륭와문화 (기원전 6200~5500년)

적봉시 오한기 보국토향(宝國吐郷) 인근의 흥륭와촌(興隆洼村)에서 발견된 흥륭와문화는 기원전 6200년까지 올라가는 신석기 문화 유적으로, 현재 중국 국경 내에서 가장 규모가 크고 오래된 신석기 집단 주거지이다. 약간 후대인 사해 유적에서 서북 방향 약 150㎞ 지점으로 유적은 마을의 동남쪽 지면보다 20m 높은 언덕에 있다. 유적의 서남쪽 경사 아래에 샘물이 있으며 망우하(牤牛河) 서쪽 1.5㎞ 지점이다.

학자들이 특히 주목한 것은 같은 열에 살았던 가정끼리 밀접한 관계를 맺었다는 점이다. 이것은 1개 마을의 최소 단위인 가정과 같은 열에 사는 혈연 관계로 맺은 가까운 친척, 그리고 마을 안에서 함께 살았던 먼 친척까지 하나의 씨족 마을을 이뤘음을 말해 준다.[29] 중국은 이 곳을 중화원고제일촌(中華遠古第一村) 또는 화하제일촌(華夏第一村)이라 부른다.

*
29) 「코리안루트를 찾아서(4) 싱룽와 신석기 유적—동이의 발상」, 이기환, 경향신문, 2007. 11. 9

사해문화 (기원전 5600년 이후)

사해문화는 요령성 부신(阜新)시의 동북 약 20㎞의 구릉에 있는 몽고족 자치현 사해 유적에서 발견되었다. 사해 유적의 주체 부분은 남북, 동서 모두 100m로 면적은 1만㎡이다. 유적의 문화 퇴적은 비교적 단순하며 이후에 교란된 바 없으며 유적의 중앙 부분과 주거지 내에 무덤이 발견되는 것이 특징이다.

흥륭와 출토 결상이식

상택문화 (기원전 5400~4300년)

동북 지역 신석기 시대 문화는 연산(燕山) 이북 요하 지역을 중심으로 하지만 연산 이남 지역에도 분포하고 있는데 상택문화가 대표적이다. 평곡현(平谷懸) 현성 동북 17㎞ 지점에 위치하는데, 북쪽으로는 연산의 지맥인 금산(金山)에, 남쪽으로는 순하(洵河)에 인접한다. 지층 퇴적은 8층으로 구분되는데 탄소 연대 측정에 의하면 1000여 년이나 지속했다.

부하문화 (기원전 5200~5000년)

부하문화도 중국에서 매우 중요하게 생각하는 유적으로, 전형적인 유적은 시라무룬(西拉木倫) 강 이북에서 발견된다. 이 중 구문(溝文) 유적지는 남북 200m, 동서 300m의 대규모 취락지로, 주거지는 모두 150여 기에 달한다. 주거지는 단단하게 다져졌으며 커다란 모닥불의 흔적도 있다. 중앙에는 방형의 화덕이 있는데, 토갱을 판 다음 사방은 석판으로 막았다. 이 곳에서 발견된 유물은 주로 석기로, 무려 2700여 점이나 된다.

이 곳의 특징은 중국에서 가장 연대가 올라가는 복골(卜骨)이 발견되었다는 점이다. 소나 사슴 등의 견갑골로 만든 것으로 특별히 수리한 흔적은 보이지 않고 불로 지진 흔적만 발견된다. 학자들은 이것이 후대에 상(商)대의 갑골점으로 이어진다고 생각한다.

부하문화 유적 복골

새 모양 토기

조보구문화(기원전 5000~4400년)

1982년 오한기 문화재 조사 때 몇몇 유적에서 압인기하문을 주요 문양으로 한 유물들이 발견되었는데, 그 문양과 기형 모두 당시 알려져 있던 홍산문화와 부하문화의 것과 달랐다. 이후 선명한 특징을 가진 토기군과 석질의 생산 공구 및 반지하식 주거지가 발견되었다.

중국 학자들은 요하 일대의 신석기 문화를 모두 광의의 홍산문화라고 부른다. 홍산문화는 협의와 광의로 나뉜다. 광의의 홍산문화는 앞에서 설명한 소하서문화부터 조보구문화를 거쳐 홍산문화(기원전 4500~기원전 3000년), 이후 소하연문화(小河沿文化, 기원전 3000~2000년), 하가점 하층문화, 하가점 상층 문화등을 포괄한다. 물론 소하서 이전에 있었던 신석기 문화도 포함된다.[30]

협의의 홍산문화는 국가 단계로 진입했다고 판단하는 홍산문화를 의미하며 이 곳에서 다루는 홍산문화는 특별한 설명이 없는 한 협의의 홍산문화를 뜻한다.[31]

2001년부터 기획되어 2003년 본격적으로 연구에 착수한 중화고대문명탐원공정은 21세기 중국의 '대중화주의 건설'을 위한 국가적인 기획이다. 이런 거대한 기획을 진행하는 와중에 그 일부분으로 동북 지역의 민족 문제와 역사 문제를 정리하기 위해 만들어진 것이 2002년부터 시작된 '동북공정'임을 인식할 필요가 있다. 즉 동북공정은 중국의 거대한 국가 전략의 작은 일부분에 불과하다는 점이다.

여하튼 중국의 동북 지역에 위치한 요하 문명론이 한국과 다툼을 벌이게 되는 근본 요인은 앞에서 설명한 것처럼 이 지역에서 일어난 모든 역사가 중국의 역사로 간주되므로 고조선, 부여, 고구려 등의 역사가 중국의 역사로 변한다는 것이다.

✽

30) 「고조선 심장부를 가다」, 이정훈, 신동아, 2008년 4월

31) 『中國考古謎案』, 耿建軍, 山東畵報出版社, 2006년

제3장

요하 문명 발상지에 건설된
'신비의 왕국(여왕국)'

중국 역사를 끌어 올린 홍산 문명

紅山文明

　중국은 그 동안 황하 유역에서 태어난 선진 문화가 각지로 전파되었다는 황하 중심 문화를 기본 정설로 견지해 왔다. 따라서 문명화된 세계로서의 중국의 이상형은 통일된 '하나의 천하 대국 중국'이다. 황하의 풍부한 물을 이용해 문명을 이룩해 가면서 점차 주변의 야만국들을 흡수했기 때문에 중원(中原)은 중국의 중심지라는 견해이다.

　그러한 중국이 갑자기 '중화 5천 년'으로 역사를 올려 잡는 이유는 그 동안 3600~4000년 전으로 추정되는 하(夏) 이전에 등장하는 '삼황 오제'가 전설의 인물이 아니라 실재 인물이라는 확실한 증거를 찾았다고 믿기 때문이다.

　바로 홍산의 우하량 유적, 즉 요령 지역에서 결정적인 증거를 찾았는데 그 연대가 기원전 3000~3500년경으로 거슬러 올라간다는 것이다. 중국 학자들은 이들 유적을 근거로 '신비의 왕국 또는 여왕국'이라는 고대 국가가 이 지역에 존재했다고 발표했다. 한마디로 기원전 3500년경부터 우하량 홍산 지역, 즉 요령 지역에 국가가 존재했다는 것이다.

　과거에 중국은, 적어도 북방 민족들은 중국인이 아니라면서 이들을 중국의 적대 세력으로 간주했고, 따라서 이들의 역사를 자신들의 역사로 인정하지 않았다는 것을 앞에서 설명했다.

　그런데 중국은 과거에 북방 기마 민족들이 주로 할거했던 내몽고 지역

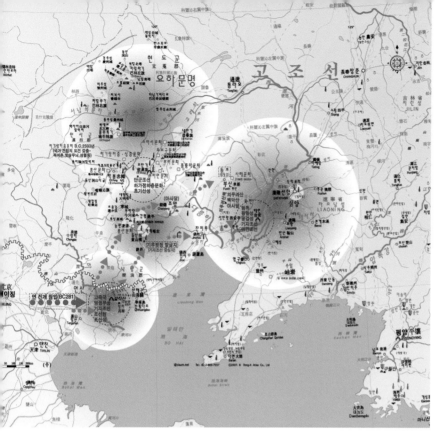

홍산문화 지도

이 중국의 영토로 포함되자 중국과 혈투를 벌이던 흉노의 역사도 자기들 역사에 포함시키기 시작했다. 여기에서 흉노란, 중국 북방에서 처음 유목민 국가를 건설한 제국(전성기에는 중국의 3배나 되는 영토를 확보)의 명칭이지 결코 단일한 민족이나 부족의 명칭은 아니라는 점을 염두에 두어야 한다.[32]

한국 측 학자들이 주목하는 것은 중국 역사에서 흉노라는 이름이 나타나기 전까지 만리장성 이북 지역은 주로 '동이'가 살던 곳으로, 과거부터 한민족의 원류가 정착한 지역으로 소개되었던 곳이라는 점이다.

홍산문화와 동이와의 관련성에 대해서는 일찍부터 제시되었으며,[33] 동이가 근거했던 홍산문화권은 15만 년 전의 구석기 시대인(객좌현 수천향 대릉하 구좌동)이 발견됐을 정도로 오래 전부터 사람이 살던 지역이다. 북쪽으로는 내몽골의 적봉시, 동쪽으로는 요령성의 요하, 남쪽으로는 발해만에 이르는 비옥한 지역을 포함하고 있으며, 총 면적은 22만 ㎢에 달하며 핵심 지역도 12만 ㎢에 달한다.

내몽고 자치구의 적봉시와 건평현 사이에 '노노아호산(努魯兒虎山)'이라

＊
32)「게르만 민족 대이동을 촉발시킨 훈족과 한민족의 친연성에 관한 연구」, 이종호, 백산학보, 제66호, 2003
33) '遼寧省喀左縣東山嘴紅山文化遺址群發掘簡報' "文物" 郭大順·張克擧,1984-11, 1~11쪽

내몽고 지역의 피라미드 전경

는 산맥이 있다. 노노아호산을 경계로 요령성 조양시와 적봉시의 수계(水系)는 완전히 갈린다. 노노아호산 남쪽에 형성된 수계는 동북쪽으로 흐르다 기역(ㄱ) 자로 꺾여 남쪽의 발해로 빠지는 '대릉하(大凌河)'를 이루고, 노노아호산 북쪽의 수계는 적봉을 지나는 '영금하(英金河)'를 구성한다.

노노아호산 북쪽은 거대한 평원인데, 이 평원을 흐르는 영금하는 더 남쪽에서 흘러온 '노합하(老哈河)'와 합류한다. 영금하를 품은 노합하는 북쪽으로 흐르다 서쪽의 내몽고 고원에서 흘러온 더욱 큰 강인 서랍목륜하(西拉沐淪河, 시라무룬하)를 만나 '서요하(西遼河)'가 된다. 서요하는 시곗바늘 방향으로 굽이쳐 내몽고 자치구와 요령성 접경 지점에서 동요하(東遼河)를 만나 '요하'가 된다.

전통적으로 요하의 동쪽을 '요동(遼東)', 요하의 서쪽을 '요서(遼西)' 지방으로 부른다. 노노아호산의 서쪽에는 발해로 흘러드는 '난하(灤河)'라는 수계가 만들어지는데, 난하를 건너자마자 멀지 않은 곳에 중국의 수도인 북경이 있다. 난하는 여름철에만 물이 흐르는 건천(乾川)으로, 비가 오면 강폭이 넓어지나 우기가 끝나면 누구나 건널 수 있는 하천이 된다.

한국 고대사를 설명하려면 난하의 동쪽을 뜻하는 요서 지역을 반드시 거론해야 한다. 일반적으로 난하는 중국인이 자랑하는 황하 문명과 오랑캐로 부단히 비하하던 요하 문명의 접경선으로 인식한다. 후대의 일이지만 고구려의 광개토 태왕을 비롯해 여러 차례 지금의 북경까지 진격했는데, 이때 고구려와 중국의 국경선으로 삼은 곳도 난하였다.

특히 요령 지역은 만주와 한반도로 전래된 고인돌과 비파형 동검 등이 처음 만들어진 곳인데, 이 곳에서 만들어진 청동기는 중원 지역으로 불리는 황하 중하류에서 출토되는 청동기와 전혀 다른 모양을 하고 있다.[34] 한마디로 한국의 고대사는 요령 지방을 제대로 이해하는 것으로부터 시작된다고 해도 과언이 아니다.

*
34) 「고조선 심장부를 가다」, 이정훈, 신동아, 2008년 4월

홍산문화의 유물들이 대량으로 발견된 조양(朝陽, 옛 이름은 영주(營州))시는 요령의 서쪽에 위치하고 있으며, 하북·몽골·요령성이 만나는 지점으로 총 2만 ㎢의 면적을 갖고 있다. 총인구는 2005년을 기준 334만 명이고 한족, 몽골족, 회족, 만족, 조선족 등이 거주하고 있다. 이 곳의 광물 자원은 중국에서도 단연 최고로, 금 생산량은 전 중국 1위이며 망간은 동북 지역 1위, 규석·석회석·고령토 등의 질이 좋은 것으로도 유명하다.

특히 조양 지역 인근에 있는 북표시 사합촌은 1996년 새의 공룡 진화설을 뒷받침하는 '장모공룡중화용조(長毛恐龍中華龍鳥)'가 발견되어 세계 최초의 시조새(始祖鳥)가 날아오른 지역이라는 명칭을 갖고 있다. 이후 계속하여 시조새 화석들이 발견되어 '세계 고생물 화석 보고'로도 알려져 있으며 현재 '사합촌 고생물 화석관'에 수많은 시조새 화석들이 전시되어 있다.[35]

시조새 그림

여하튼 홍산문화에 있었다는 신비 왕국은 한국인에게 매우 놀라운 결론을 끌어내게 한다. 간단하게 말해 단군 조선보다 1000여 년 전에 과거부터 한국인의 고향으로 알려진 장소에서 국가가 존재하고 있었다면 그보다 1000여 년이나 후대로 추정되는 고조선이 존재했느냐, 아니냐 하는 문제에 대한 설전은 더 이상 의미가 없게 된다는 점이다.

세계를 놀라게 한 홍산 유적

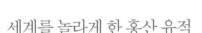

중국이 중화 민족의 문명사를 1000~1500여 년 앞당긴 것은 그 동안 중국이 아니라고 부단히 비하하던 동이가 거주하던 홍산 문명 때문이라는 것은 아이러니하지 않을 수 없다. 더욱 놀라운 것은 근래 중국은 이들 지역에 중화 문명의 '사전성지(史前聖地)'라는 칭호를 부여하고 있다는 점이다.

1908년에 발견되기 시작한 요동의 신석기 유적에 대해 중국이 1981년

*
35) 『朝陽之旅』, 朝陽市旅游局, 中國旅游出版社, 2005, 15쪽

우하량 유적지 전경

부터 시작하여 1983~1985년에 주요 발굴을 진행하면서 중국을 놀라게 하는 일들이 줄을 이었다. 이들 유적은 중국 최초의 원시 종교 유적이 발견된 동산취(東山嘴)에서 약 50km 떨어진 건평(建平)과 릉원(凌源) 중간에 있다. 산등성이 사이로 대릉하 지류인 우아하(牛兒河)가 있어서 이런 지명을 얻게 되었는데, 노로이호산(努魯爾虎山)의 산골짜기 사이에서 10여 km 뻗어 나온 황토로 되어 있다.

인근의 다른 지역과는 달리 울창한 소나무로 둘러싸인 이 곳에서 제단, 여신묘(사당), 적석총과 이집트와 유사한 피라미드 그리고 성으로 둘러싸인 도시 형태와 돌로 쌓은 방형(方形, 사각형) 모양의 광장이 발견되었다. 이것이 바로 중국을 온통 열광으로 몰아가게 만든 진원지이다.[36]

이들 유적들은 방사성 탄소 연대 측정에 의해 기원전 4000년 전에서 3000년 전으로 거슬러 올라간다. 이어서 북방 초기 청동기 시대인 하가점 하층문화가 기원전 2200년 전부터 발달했고 기원전 1500년경부터 하가점 상층문화, 기원전 14세기부터 조양시의 위영자문화(魏營子文化)가 등장했다고 발표했다. 위영자문화와 하가점 하층문화의 경우, 두 문화 유형 사이에 차이점도 많이 있지만 계승되는 맥락을 찾아볼 수 있으므로 연속성이 있다고 간주한다.[37] 여기에서 하가점 하층문화는 단군이 설립한 고조선의 기원전 2333년과 유사하다는 것을 주목할 필요가 있다.

바른스는 하가점 상층문화 발생을 전후로 유목 문화가 등장하여 하가점 하층문화를 상층문화 형태로 전환시키는 계기가 되었다고 적었다. 그는 하가점 상층 유적지에서 발견된, 말을 탄 사람과 달리는 토끼를 그린 동제품이(공식적으로 기마 전투가 기록된 것은 기원전 484년) 동아시아에서의 기마 풍습의 출현을 증명하는 최초의 물증이라고 적었다.[38]

중국인들은 근래 북방 초기 청동기 시대를 '초원 청동기 시대'라고 부르며, 유목 민족이 근거했던 기원전 1500년에서 기원전 300년 전의 하가점 상층문화를 동호(東胡) 지역의 문화라고 부른다. 단군 조선의 출발을 기원전 2333년으로 간주하는 것도 문제점이 있다고 하는 판에 기원전

*

36) 『紅山文化』, 赤峰市紅山區文化局(편), 중국문사출판사, 1993, 40~164쪽
37) 『한국 고대사 속의 고조선사』, 송호정, 푸른역사, 2002
38) 『牛河梁遺址』, 朝陽市文化局, 學苑出版社, 2004

*

39) 『中華5000年軍事故事』, 段
軍龍, 광명일보출판사,
2005, 10~12쪽
『朝陽之旅』, 朝陽市旅游局,
中國旅遊出版社, 2005,
29~39쪽
『紅山玉器』, 陳逸民, 상해대
학출판사, 2004, 3~14쪽
『紅山文化』, 柳東青, 內蒙古
大學出版社, 2002.
『中國考古謎案』, 耿建軍, 山
東畵報出版社, 2006, 40~50
쪽
『中華5000年科學故事』, 鄭
土波 외, 광명일보출판사,
2005, 13~15쪽
『紅山文化』, 赤峰市紅山區
文化局, 중국문사출판사,
1993, 165~187쪽
「첫조선(고조선)관련 땅이름
과 홍산문화 고찰」 땅이름
제31호, 이형석 외, 땅이름학
회, 2006.
『적봉고대예술』, 함준송, 내
몽고대학출판사, 1999
『동북문화와 유연문명』, 곽
대순 외, 동북아역사재단,
2008

3500년에서 3000년, 즉 단군 조선보다 1000년 정도 앞선 우하량 홍산 유적에 국가가 있었고 이어서 발달한 하가점 하층문화가 고조선과 연계된다는 설명에 많은 사람들이 의아하게 생각하는 모양이다. 독자들의 이해를 돕기 위해 우선 우하량 홍산 지역에서 발달했던 문화를 어떤 연유로 '신비의 왕국'이 존재했다고 인식하는지를 설명한다. 우하량 홍산 유적지에서 발견된 유적지는 모두 16개소인데, 주요 유적을 보다 구체적으로 적는다.[39]

종교의식이 행해진 제단 (祭壇)

제단은 원형과 방형 형태를 갖고 있는데, 전체적으로 정연한 배치로 남북 축을 갖는 대칭성을 보인다. 이 중 중심에 있는 제단은 넓은 대지에 돌로 울타리를 쌓았고, 울타리는 3중 원형 형태이다. 원형의 직경은 각각 22m, 15.6m, 11m이며 매층에 기초가 있는데 높이는 0.3~0.5m이다. 이 곳에서 채색 토기들도 발견되었다. 중국 학자들이 이들 제단을 높게 평가하는 것은 우하량에서 발견된 이들 제단 유적이야말로 '천원 지방(天元地方) 사상'의 원형이자 북경 천단 구조의 원형이라고 간주하기 때문이다.

우하량 유적지에서 약 50km 거리에 있는 객좌현 동산취촌(객나심좌익몽고족 자치현, 喀喇沁左翼蒙古族自治縣)에 있는 동산취(東山嘴) 유적은 중국 최초의 원시 종교 유적으로 간주한다. 이 곳은 남쪽으로 대릉하와 인접해 있고 동·서·북쪽으로는 황

우하량 유적지 제단

토로 된 언덕으로 둘러싸여 있는데, 길이 60m, 폭 40m, 총 면적은 2400 ㎡이다.[40]

이 유적이 중요하게 간주되는 것은 특정 정교예의(政敎禮儀)가 이 곳에서 시행되었다고 믿기 때문이다. 소병기는 유적지의 위치 및 출토된 여신상과 방형, 원형 제단 등을 근거로 고대 생육 숭배 · 농신 숭배 · 지모(地母) 숭배 · 산천 숭배의 장소라 보았고, 장박천 박사는 하늘에 제사를 지내는 원단과 땅에 제사를 지내는 방단(方壇)이라고 주장했다.

전광림은 이들의 주장을 보다 진전시켜 동산취 유적이 초기 사(社) 숭배 유적지라는 데 동의하면서 동시에 홍산문화인들이 몇 개 부락에서 공동으로 사용하던 천지, 조상, 산천 등 여러 신에게 제사를 지내던 곳이라고 주장했다. 그는 더불어 홍산문화인들의 옛 땅에서 발전한 오환, 거란, 몽골 등 북방 민족의 제천 풍속의 근원이 이것에 기원할 수 있다고 적으면서 그 중요성을 더욱 높게 평가했다. 동산취 유적이 실질적으로 예제(禮制) 전통에 있었으며 결코 무술(巫術)에만 있지 않았다는 것이다. 즉 중국

*
40) 『황하에서 한라까지』, 심백강 , 참좋은세상 , 2007, 135~136쪽

여신묘 발굴 유지

여신묘 보호각

고대의 제사 예의를 원시적 종교 이론과 동일시할 수 없다는 것이다.

이 중에 20여 개의 인물 조각상과 임신부 모습의 소조상이 유명하다. 나체며 체형은 비대하고 윤택하여 왼팔을 가슴 앞에 굽히고 있고 아랫배가 튀어나왔으며, 둔부는 비대하고 돌기되어 있고 뚜렷한 음부를 나타낸다.[41]

이 임신부 인형 외에 다른 인체 조각상도 확인되었는데, 인체의 상부와 대퇴부 등의 남아 있는 높이는 18㎝, 두께는 22㎝이다. 남은 조각들을 조립하자 실제 사람의 3분의 1 정도였다. 비록 목 부분은 없어졌지만 당대 조각예술의 높은 수준을 웅변해 준다. 조소 수법으로 볼 때 손과 발 등 세부의 처리가 간단하지만 형체의 동작이 매우 자연스럽고 인체 비례가 완벽하다. 이 입상은 걸터앉은 형태의 좌상으로 추정하는데 이를 '중국의 비너스(中國維納斯)'라고 부른다.

동산취의 탄소 연대 측정 결과는 지금부터 5485±110년이었다.[42] 특히 이 조상이 발견된 위치가 원형 제단 위임을 감안하여 이는 남부 원형 제단의 신주(神主)로 간주한다. 즉 동산취 제단이야말로 중국 요하 유역에서 가장 역사가 오랜 선사 시대에 천지에 제사를 지내던 사단(社壇)이라는 뜻이다.[43)44]

여신묘(女神廟, 신전)

중국이 자랑하는 우하량의 유적 중에서 가장 비중이 높은 것은 우하량 북쪽 구릉 꼭대기에 위치해 있는 여신묘(신전)로, 해발 고도 671.3m에 있다. 이 여신묘의 위치는 당대인들이 계획적으로 선정한 것으로 추정하는데, 그 이유는 여러 구릉 위에 산포되어 있는 적석총이 에워싸고 있는 지역의 중앙 부분에 해당되기 때문이다.

아(亞)자 형을 취하고 있는 신전은 본체와 부속 건물로 나뉘는데, 본체는 여신묘를 포함한 여러 개의 신전 용도의 건물로 구성되어 있고, 길이는 18.4m나 된다. 부속 건물에는 지하 공간이 있으며 탄소 연대 측정에

동산취에서 나온 임신한 소조상

여신묘 채색 벽화

*
41) 『中國考古謎案』, 耿建軍, 山東畵報出版社, 2006년
42) 「코리안루트를 찾아서(13) 홍산인의 어머니」, 이기환, 경향신문, 2007.12.29
43) 『中國考古謎案』, 耿建軍, 山東畵報出版社, 2006년
44) 서안 인근 반파(半坡) 유적지에서 선돌이 있는 제사 유적지가 발견되었는데 이들 유적은 기원전 4천 년경으로 올라간다.

소조 발굴 장면

의하면 여신묘의 조성 연대는 5575±80년이다.

학자들을 놀라게 하는 것은 주홍색과 흰색으로 채색된 삼각형의 기하 문양의 벽화도 그려져 있다는 점이다. 이 당시, 즉 역사 이전의 시대임에도 불구하고 이 건축물이 선조를 숭배하는 종교 의식이 벌어졌던 종묘로서의 성격을 갖추고 있다는 것을 의미한다.

반지혈식 부분에 쌓인 유물 중에서 인물 조각상, 동물 조각상, 도기가 있다. 진흙으로 빚은 동물은 용(2점)과 새(1점)이다. 용의 조각 중 하나는 머리와 앞으로 뻗친 손톱이 남아 있고 다른 하나는 채색 조각으로 아래턱 부분만 남아 있다. 새 모양 조각은 한 쌍의 발만 남아 있는데, 길이가 약 15㎝로 맹금류를 조각한 것으로 추정한다. 〈중국 고고학회〉 상임 이사 장인 곽대순(郭大順)은 이들 용이 돼지 형상의 저룡(猪龍)이 아니라 곰 형상의 웅룡(雄龍)으로 설명했다.

홍산문화의 곰 습속은 한민족과 직접 관련이 있기 때문에 많은 학자들의 주목을 받았다. 홍산문화 지역은 과거부터 한민족의 터전으로 알려졌고 또한 단군 신화의 무대가 되기 때문으로 우하량 여신묘에 모셔진 여신은 단군을 낳은 웅녀의 조상일지 모른다는 설명도 있음을 첨언한다. 이 문제는 뒤에서 다시 설명한다.

소조 등신 여신상(塑造等身女神像)

여신묘 안에서 인물을 묘사한 소상이 대략 7개체가 발견되었다.

학자들은 이들 여신상의 크기가 다른 것을 토대로 홍산문화인들이 다신(多神)을 숭배한 증거로 생각한다. 당시의 사회가 여성 주도의 매우 복잡한 구조를 가지고 있었음을 뜻하며 이 당시를 '신비의 왕국' 또는 '여왕국'이 존재했다고 추정하는 이유이다.[45]

물론 홍산문화에서 여신상은 우하량의 여신묘에서만 발견된 것은 아니다. 대형상은 여신묘에서 발견되었지만 소형상은 동산취 서수천(西水泉)과 우하량 등 유적지에 나타나며, 중형상은 동산취 유역에서 출토되었다.

*
45)『황하에서 한라까지』, 심백강, 참좋은세상, 2007, 136~138쪽
「코리안루트를 찾아서(14) 홍산인의 성지」, 이기환, 경향신문, 2008. 1 .4

흙으로 만든 여신상

우하량 대형 적석총 전경
기초 조사한 상태로 발굴을 기다
리고 있다.

여신묘에서 발견된 조상 중 가장 중요한 것은 세계를 놀라게 한 흙을 빚어서 사람 크기로 만들어 구운 소조 등신 여신상이다. '동방의 비너스'로 알려진 소조 등신 여신상에 학자들이 주목하는 것은, 여신 두상을 대표로 하는 소조상군의 규모가 크고, 사실에 가까우면서도 신격화된 형상을 가지고 있다는 점이다. 여기에 여러 종류의 조수신(鳥獸神)들이 곁들여져 있고, 공들여 제작된 토제 제기(祭器)도 진열되었으며, 이들 모두 화려한 신전 안에 모셔져 있었다.

여하튼 중국의 고고학자들은 몽골인의 얼굴을 갖고 있는 여신상을 홍산인의 여자 조상, 즉 중화 민족의 공동 조상이라고 강조할 정도로 중국 역사에서 가장 중요한 유물 가운데 하나로 평가하며, 중국 고대 전설 속의 여와라고 생각하기도 한다. 그러나 중국인들이 자신들의 조상으로 설명하는 우하량 홍산 유적에서 발견된 소조 등신 여신상에 대해 역사가 임창숙은 한민족의 조상임이 분명하므로 『부도지』에 기록되어 있는 '마고(麻姑)할머니'로 명명하자고 제안했다.

우하량 유적에 널려 있는 돌널무덤

적석총

돌을 쌓아 만든 적석총(돌무덤)도 우하량에서 발견된 무덤의 특징이다.

6개 지점에서 돌무지무덤 떼가 발견되었는데, 그 중 한 지점에서 15기의 돌널무덤(석관묘)도 발견되었다. 이들 돌널무덤은 여러 장의 판석으로 짠 상자 모양의 돌널과 깬 돌을 쌓아 올린 돌널이 함께 배치되었다. 큰 석관은 길이 2m, 높이 60㎝를 넘고, 작은 석관은 길이 55㎝ 정도인 것도 있다. 순장의 흔적도 보이는데, 순장은 상(은)나라와 부여 등 동이족의 풍습으로 이어지는 장례 풍습이다.[46] 돌널무덤은 땅 속에 널찍한 돌로 상자 모양의 널(관)을 만들었는데, 돌널무덤이 집중적으로 나오는 곳은 고대에 일정한 정치 집단이 있었던 곳으로 인정한다.

큰 틀에서 보면 홍산문화 유적에서 발굴된 무덤의 형태와 동일하지 않은데, 무덤들이 만들어진 연대가 서로 다르기 때문이다. 대형 무덤과 작은 무덤에서 발견되는 특징은 부장품이 현저하게 차이난다는 점이다. 어떤 무덤은 부장품이 전혀 없거나 소량이 발견되는데, 어떤 무덤은 호화로운 말발굽 모양의 머리꾸미개, 구운형 옥패, 옥저저령, 옥조효조(玉雕鴞鳥) 등이 발견된다. 부장품은 모두 옥기뿐으로 대형 묘실에 토기가 수장된 경우는 아직 발견되지 않았다. 이것도 우하량 유적의 특징 가운데 하나이다.[47]

우하량 돌무덤 유적이 세계 고고학자들을 놀라게 한 것은 이집트에 결코 뒤떨어지지 않는 피라미드도 발견되었다는 점이다. 피라미드 유적은 우하량 남쪽인 해발 564.8m의 전산자산(轉山子山) 정상에 있는데, 남향으로 하천과 광활한 평지가 보이며 북쪽으로 멀리 여신 신전이 보인다. 피라미드의 내부는 흙으로 단단히 다지고 원형으로 돌을 쌓았는데, 지름은 약 100m나 되고 총면적이 1만㎡나 되며 언덕과 일체로 되어 있다.

피라미드 정상 부분에서는 청동기를 제조할 때 청동 주물을 떠서 옮기는 그릇과 청동 찌꺼기(슬래그)가 발견됐다. 이를 두고 중국 학자들은 기존 중국의 청동기 시작 연대(기원전 2000년 설)보다 1000년 이상 앞선 기원전

*
46) 「코리안루트를 찾아서(9) 뉴허량의 적석총들」, 이기환, 경향신문, 2007. 11. 30
47) 「牛河梁女神廟與積石塚的發掘」『紅山文化』, 赤峰市 紅山區文化局(편), 124~139쪽

3500~3000년 사이에 이미 청동기 시대가 시작되었다고 주장한다. 아직은 이 주장이 세계 학계에서 공인되지 않고 있지만, 만약 공인된다면 우하량 지역에서 동방 최초로 청동기가 제조되었다는 설명이 된다.[48]

돌무덤(적석총)에는 돌무지무덤(積石塚), 돌널무덤(石棺墓), 돌덧널무덤(石槨墓), 돌방무덤(石室墓) 등이 있으며 고인돌무덤(支石墓)도 돌무덤에 포함시킨다. 그 중에서도 대표적인 무덤 형식의 하나가 돌널무덤(석관묘)이다. 돌널무덤도 크게 두 종류로 분류하는데, 하나는 땅을 파고 지하에 판자와 같은 넓은 돌(板石)을 마치 상자 모양으로 널(棺)을 만든 무덤이고, 다른 하나는 깬돌(割石)이나 냇돌(江石)로 네 벽을 쌓고 뚜껑을 덮은 무덤이다.

돌무덤은 고대 중국과 전혀 다른 묘제라는 데 중요성이 있다. 돌무덤은 요하 일대에서 한민족의 터전으로 이동하지만 중원 지역으로는 내려가지 않기 때문이다. 중국은 땅을 파서 묘실을 만들고 시신과 유물을 안장하는 토광묘가 주류를 이루었고 주나라 때(周代)에 들어와서야 비로소 나무로 곽을 짜서 묘실을 만드는 목관묘가 유행했다.

무덤은 지역 집단의 공통된 참여를 통해서 축조되므로 무덤의 성격에 따라 무덤을 만든 민족의 유사성을 구분하는데, 중국과 동이족의 무덤이 원천적으로 다르다는 것은 이들 문명이 근원적으로 다르다는 것을 의미한다. 그러므로 어떤 민족이 타 민족을 정복했을 경우 선주민의 묘를 파괴하는 분묘파괴 행위가 나타난다. 이것은 분묘가 제사 행위의 장소로 자신과 선조와의 계승 관계를 확인하는 행위로 간주되기 때문이다. 한편 '고고학'에서 완벽한 구조를 갖춘 제도화된 무덤의 존재는 그에 상응하는 일정한 수준의 정치체의 존재를 입증하는 것이라고 한림대의 노혁진 박사는 말했다.

우하량 석실묘

구운형 옥패

옥기

홍산문화의 무덤 중에서 독특한 점은 부장품으로 옥기가 발견된다는 점이다. 옥기가 발견되지 않고 도기만 발견되기도 하는데, 이는 등급이

*
48) 『中國考古謎案』, 耿建軍, 山東畵報出版社, 2006년
「코리안루트를 찾아서(9) 뉴허량의 적석총들」, 이기환, 경향신문, 2007. 11. 30

우하량 지역에서
부장품으로 발굴된 옥기

낮은 사람의 무덤으로 추정한다.

옥기를 중요하게 생각하는 것은 석기와 토기 같은 것들은 생활 용품들이지만 옥기는 관념 형태의 창작물이라고 보기 때문이다. 그런데 홍산문화의 무덤에서는 토기와 석기를 수장한 경우는 매우 적고 대부분 옥기만 수장했다. 우하량에서 발견된 홍산문화의 무덤 61기의 경우 부장품이 있는 무덤은 31기인데, 그 가운데 옥기만 수장한 것이 26기이다. 전체 부장품 무덤의 80%를 상회한다.

특히 주목되는 것은 중심 대묘 및 기타 비교적 큰 무덤은 옥기만 수장하였고 토기와 석기를 수장한 무덤은 소형 무덤이라는 점이다. 원래 홍산문화는 상당히 발달한 토기, 석기 제작 공예를 가지고 있었다. 대형 뗀석기, 간석기, 좀돌날석기 등 석기의 3대 종류를 병용할 정도로 같은 시기의 다른 선사 문화가 따르지 못하는 문화적 우위성을 갖고 있었는데도 이들 토기나 석기보다는 옥기만 수장한 것이다.

주목할 만한 현상은 홍산문화 무덤에 수장된 부장품은 옥기가 대부분이지만 부장된 옥기의 개체가 매우 적다는 점이다. 우하량 적석총군의 무덤에서 발견된 옥기의 경우 대묘는 10개를 넘지 않으며 보통의 무덤의 경우도 3~5개 정도이다. 이와 같은 '숫자는 적으나 정밀한' 형상은 홍산문화에서 옥기가 가진 비중이 매우 무겁고 함축성이 깊다는 것을 알려 준다.[49]

*
49) 『동북문화와 유연 문명』, 곽대순 외, 동북아역사재단, 2008

홍산 지역에서 발견되는 옥기의 상당 부분은 소위 옥룡이다. 용이라 하여 실제 용은 아니다. 이들 옥룡은 옥저룡, 대흑룡, 대청룡, 옥조룡, 대홍룡, 소청룡, 황색포장룡(黃色包漿龍)과 변색룡 등 20여 종으로 구분된 다. 다양한 형상의 '패옥형 옥룡' 들도 발견되는데, 이는 돼지가 아닌 곰 으로 추정한다. 이들은 동그랗게 말린 몸체와 뭉툭한 주둥이를 갖고 있 으며 갈기가 없고 아래위로 교차된 송곳니를 표현하고 있다. 커다란 눈 과 가운데 뚫린 구멍이 인상적인 이 작은 옥은 일반적으로 시신의 가슴 에 놓여 있다.

옥으로 만든 칼

홍산문화에서 출토된 옥기 가운데 동물의 머리를 양쪽 끝에 조각한 쌍 수수삼공기(雙獸首三孔器)가 있는데, 여기에 조각된 동물 머리도 곰으로 추 정한다. 이들 다양한 옥들은 홍산문화의 특징으로 장식 또는 상징적이거 나 제례적인 가치를 지녔던 것으로 추정한다.[50][51]

우하량에서 가장 많은 옥이 매장된 제2지점 1호 돌무덤은 학자들의 주 목을 받았다. 이 무덤의 주인공은 신과 통하는 독점자로서 교주이면서 왕의 신분임을 보여 주고 있다는 것이다. 소위 제정일치 시대의 전형적 인 모습의 일편을 보여 준다는 설명이다. 이것이 바로 중국 고고학계에 서 '홍산문화 시대에 이미 고국(古國), 즉 원시 국가 단계에 돌입했다.'고 결론을 내린 이유 중에 하나이다.

중국 학자들이 홍산문화의 옥기에 대해 중요성을 부여하는 것은 옥을 생산 공구로 취급하지 않았을 뿐더러 단지 등급을 나누는 데 필요한 도 구, 혹은 신과의 교류에 있어 독점적 권리를 장악하는 '신물(神物)'로서의 역할에 한정시키지 않았다고 인식하기 때문이다.

놀라운 것은 옥으로 만든 비파형 검도 발견되었다는 점이다. 그 동안 학자들은 중국의 청동검과는 전혀 다른 비파형 동검의 비파 형태가 어떤 연유로 동이의 동검에 나타나는가를 의아해했는데, 홍산문화의 옥기에 서 비파 형태가 발견됨으로써 비파 형태는 갑자기 생긴 것이 아니라 홍 산문화 시기에도 홍산인들에게 상당히 각인되어 있었다는 것을 알 수 있

*
50) 「內蒙古翁牛特旗三星他拉村發現玉龍」, 『文物』, 翁牛特旗文化館, 1984~6
「三星他拉紅山文化玉龍考」, 『文物』, 孫守道, 1984~6
『龍與中國文化』, 劉志雄 · 楊靜榮, 인민출판사, 1992
「紅山文化와 原始龍에 대한 재검토」, 복기대, 백산학보, 77, 2007
51) 「첫조선(고조선)관련 땅이름과 홍산문화 고찰」, 이형석 외, 땅이름 제31호, 땅이름학회, 2006

우하량 무덤

다.[52] 이 중에서 가장 큰 주목거리인 옥룡(玉龍)과 결상이식(옥귀고리)에 대해서만 설명한다.

옥룡(玉龍)

홍산 지역에서 발견되는 옥기의 상당 부분, 소위 옥룡이라는 것은 앞에서 설명했다. 그런데 1971년 8월, 내몽고 자치구 옹우특기(翁牛特旗) 삼성타라촌(三星他拉村)의 농민 장봉상(張鳳祥)에 의해 발견된 옥룡은 학자들을 놀라게 했다. 중국에서 최초로 발견된 용의 시원으로 거론되었는데, 연대는 5000년 전으로 거슬러 올라가며 '중화제일옥조룡(中華第一玉雕龍)'으로 명명되었다.

중국인들을 깜짝 놀라게 한 이 옥저룡(玉猪龍으로도 적음.)은 묵록색을 띠며 길이 26㎝, 무게는 1㎏으로 완벽한 형태를 갖추고 있었다. 추후에 굽어진 형태가 마치 영어 문자 C와 같아 C형 옥저룡이라고도 불렸다.

학자들은 '용은 구름이다.' 또는 '용은 물이다.' 라는 기록이야말로 용이 물과 동일시되는데, 물 없이는 농사를 지을 수 없다는 데 주목한다. 그런데 고대인들은 일반적으로 물, 즉 비를 내리게 해달라고 제사지낼 때 제물로 돼지를 사용했다고 추측한다. 이런 점은 우하량 지역의 동산취에서 발견된 한 무더기의 돼지 뼈로도 증명된다. 비를 내리게 하는 데 돼지가 사용되었으므로 결국 용과 돼지는 같은 의미로 볼 수 있다는 논리이다.

중국인들이 옥룡을 특별히 중요시하는 것은 옥룡을 홍산인들이 숭배하던 신의 형상으로 추정하기 때문이다. 이는 중국인들의 생각에 큰 영향을 미치는 용이 홍산에서 출발했다는 것을 의미한다. 즉 중국인들은 홍산인이 중국에서 최초로 용을 신령으로 숭배한 민족이며, 이후 용이 신격화되어 중원 지역으로 전파되어 현재 중국인들이 용을 생활화하고 있다는 것이다.

이와 같이 홍산의 용이 중국 용의 시조로 확정되기까지는 약간의 우

*
52) 「홍산문화와 고조선문화의 연계성」, 고조선 — 홍산문화답사 보고 및 학술발표회, 우실하, 고인돌사랑회, 2006. 11. 3

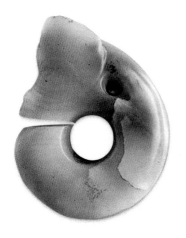

다양한 형태의 옥저룡
학자들에 따라 용이나 곰, 돼지
모양으로 추정하고 있다.

여곡절이 있었다. 1987년, 하남성(河南省) 복양시(?陽市) 서수파(西水坡) 앙소
문화 유적지 1호 묘에서 놀라운 유물이 발견되었기 때문이다. 이것은 흰
색의 조개껍데기로 정성스럽게 형상을 만들어 놓은 원용문의 용 형상물
로, 이를 방소룡(蚌塑龍)이라고도 부른다. 전체적으로 보아 이 용은 힘차게
앞으로 기어가는 느낌을 준다. 특히 무덤 주인의 좌측에는 용의 형상이
있고, 우측에는 호랑이 형상이 있어서 보다 큰 주목을 받았다. 그것은 음
양오행론과 풍수지리에 입각한 좌청룡 우백호로 해석될 수 있기 때문이
다. 이학근은 이 발굴을 근거로 사신도(四神圖)의 기원이 서수파에서 기원
한다는 논문을 발표하기도 했다.

　한편 이 용의 모델은 추상적인 용이 아니라 당대의 가장 강력한 동물
인 악어로 보는 견해도 있다. 학자들이 이들 용 형태의 신체 각 부분의
비례 관계를 측정해 본 결과 악어류 신체의 비례 관계와 기본적으로 일
치한다는 것을 발견했다. 수중에서 생활하는 악어는 그 환경에서 가장
사납고 힘이 센 동물로, 선사 시대인들의 맹수 숭배 관념에 깊게 각인되
었다는 것이다. 한마디로 서수파 용은 용 형상이 아니라 악어이며, 서수
파인들이 조개껍데기 조형 예술로 악어를 표현할 때 무의식적으로 변형
시켰다는 설명이다.[53]

53)『손에 잡히는 중국 역사의
　수수께끼』, 王巍 외, 대산인
　문과학총서(4), 2001

서수파 용이 용을 의미하든 악어를 의미하든 용이라는 명성은 계속 유지되었는데, 탄소 연대 측정에 의해 적봉시 옹우특기 삼성타라촌의 홍산문화 유적보다 빠른 기원전 4460±135년으로 확인되자 '중화제일룡'의 자리가 바뀌었다. 그러나 혼동을 피하기 위해 이를 '천하제일룡'으로 부르기도 한다. 복양시에서는 재빨리 천하제일룡 발굴을 기념하여 '중국 용의 고향'이라는 '중화룡향(中華龍鄉)'이란 기념비를 세우기도 했다.

서수파에서 용의 형상물이 발견되었다는 것은 홍산문화에서 발견된 용이 중국이 자랑하는 용의 시원이라고 주장하는 데 문제가 있음을 의미한다. 일부 학자들은 용의 시원을 북방 지역에서만 찾을 것이 아니라 하

사해 유적에서 발견된
C자 형 석소룡

남성 등 중남부 지역에서 찾자고 주장하기도 했다.

그러나 이러한 혼란도 잠시, 1994년에 놀라운 용 형상물이 또 사해문화에서 발견되었다. 사해문화는 요령성 서부 의무려산 동쪽 부신(阜新) 몽고족 자치현에서 발달된 문화로, 흥륭와에서 세계 최초의 옥귀고리가 발견되기 전까지 세계에서 가장 오래된 '세계 제일 옥'이 발견된 지역이며, 역시 흥륭와에서 '중화제일촌'이 발견되기 전까지 '요하제일촌'으로 불리던 집단 주거지가 발견된 곳이다.

사해 유적지에서 발견된 용 형상물을 석소룡(石塑龍)이라고 부르는데 길이가 19.7m, 넓이가 1~2㎡에 이르는 엄청난 크기를 자랑한다. 그런데 학자들을 놀라게 하는 것은 석소룡이 서수파에서 발견된 '중화제일룡'보다 무려 1200년이나 앞선 기원전 5600년경으로 거슬러 올라간다는 점이다.

그럼에도 불구하고 중국 학자들은 서수파의 것이 중원의 앙소문화에서 발견되었음을 우대하여 서수파의 방소룡을 '중화제일룡'으로 계속 고집했다. 그러나 사해 유적에서 발견된 빗살무늬 토기 위에 부조로 장식된 용의 문양이 발견되자 2004년, 중국 학자들은 사해 유적에서 발굴된 용형상물을 '중화제일룡'으로 확정했다.[54] '중화제일룡'의 영예가 홍산문화 쪽으로 다시 돌려진 것이다.

한반도와 연계되는 옥귀고리

홍산문화 지역에서 발견된 옥은 적봉시에서 동쪽으로 450㎞나 떨어져 있는 압록강에 인접한 요령성 수암(岫岩)에서 출토되는 '수암옥', 이것은 그야말로 중국 학계를 놀라게 했다. 흥륭와문화 시대인 기원전 6000년경에 이미 만주 벌판 서쪽과 동쪽이 교류하고 있었다는 것을 증명하기 때문이다.

그런데 이들 문화는 일찍부터 한반도에도 전파되었다는 것이 알려졌다.

*
54) 「코리안루트를 찾아서(4) 동이의 본향 차하이」, 이기환, 경향신문, 2007. 10. 26

안도패총 결상이식

안도패총 조가비 팔찌

강원도 고성군 문암리 선사 유적지(사적 426호)에서 '국내 최초의 신석기 시대 옥귀고리(한 쪽을 뚫은 결상이식)'가 발견된 것이다. 문암리 유적은 그 동안 국내에서 가장 오래된 신석기 유적으로 알려진 강원도 양양군 오산리 유적(기원전 6000~ 3000년)과 비슷하거나 보다 오래된 것으로 홍산문화와 시기가 엇물린다.

특히 이들 유적지에서 초기 신석기 문화의 대표적인 두 가지 토기로 인식하는 덧띠무늬 토기와 빗살무늬 토기가 함께 출토되었다. 신희권 〈국립문화재 연구소〉 연구관은 사해와 흥륭와에서 발견된 토기와 문양을 그려 넣은 기법은 물론 토기의 기형도 유사하다고 설명했다.[55]

2007년, 한국에서 보다 놀라운 발표가 있었다. 전라남도 여수시에서 추진하는 금오도에서 안도 간 연도교 가설 공사를 추진하던 중 안도 패총이 발견되어 2950㎡에 대한 긴급 구제 발굴 조사를 진행했다는 것이다.

안도 패총은 1992년, 국립광주박물관이 실시한 남해 도서 지표 조사에서 처음으로 알려졌다. 3개월에 걸친 긴급 구제 발굴 조사를 통해 안도 패각층 내부와 기원전 4천 년경으로 올라가는 신석기 시대 구지표면 상층에서 토기류, 석기류, 골각기류 등 약 500여 점의 유물과 함께 불 땐 자리 등이 출토되었다.

안도 패총에서 가장 주목을 받은 것은 신석기 시대의 대표적인 유물로 간주하는 옥으로 만든 결상이식이다. 외폭 기준 지름 3㎝이며 가운데 뚫린 구멍 지름 1.4㎝의 결상이식이 발견되었는데, 이는 중부 이남 지역에서 유일하게 출토된 결상이식이다.

우하량 지역에서 꽃피우고 있던 '신비의 왕국' 또는 '여왕국'을 대표하는 결상이식과 같은 형태의 것이 한반도 중부인 강원도를 비롯하여 한반도 남부에서 발견되었다는 것은 매우 중요한 의미를 갖는다. 당대의 홍산문화가 한반도 전 지역에까지 영향이 미쳤을 가능성을 단적으로 보여 주는 증거로 볼 수 있기 때문이다.[56] 특히 동이족이 중원으로 내려가 하나라를 점령하고 세운 상나라의 수도 안양(安陽) 은허(殷墟)에서도 홍산

＊
55) 「코리안루트를 찾아서(7) 빗살무늬 토기문화」, 이기환, 경향신문, 2007. 11. 16
56) 「금오도-안도 간 연도교 가설 구간 내 안도패총 발굴 조사」, 국립광주박물관 현장설명회 자료, 2007. 3. 27

문화와 유사한 결상이식이 확인된다. 이 귀고리는 상(殷)이 동이의 후예가 세운 국가라고 설명하는 데 매우 중요한 역할을 한다.

문암리 출토 결상이식

우하량에 세워진 신비의 국가

우하량 홍산문화 지역에서 제단, 적석총은 물론 신석기 시대로 간주되는 빗살무늬 토기, 청동 시대의 비파형 동검 등이 발견된다. 이들 문화의 주인이 누구인지 이제야 알 수 있을 것이다.

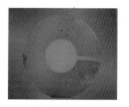

은허 출토 결상이식

우하량 유적이 주목받는 것은 인근에서 홍산인들이 살았던 주거지가 발견되지 않는다는 점이다. 우하량 유적군을 기준으로 무려 100㎢ 이내에서 어떤 주거지 유적도 확인되지 않았다. 학자들은 이와 같은 이유로, 우하량은 명실상부한 종묘의 원형이며 주거지에서 멀리 떨어진 제사의 중심지였다고 설명한다.

이는 한 씨족과 부락 단위를 넘어선 단계로 홍산문화 공동체가 함께 사용하면서 숭배한 선조들의 성지였다는 뜻이다. 즉 주거 지역을 멀리 벗어나 독립된 묘우(廟宇), 묘구(廟區) 및 능묘구(陵墓區)를 건설하여 거대한 규모의 제사 센터를 운용했다는 것이다.

세계 최초의 결상이식 귀고리

이를 중국 학자들은 우하량이야말로 홍산문화 시대에 이미 고국(古國)의 단계에 접어든 상태로, 후대 상나라와 마찬가지로 종묘가 중심이 된 성도(聖都)와 사람들이 살았던 속도(俗都)로 구별, 우하량은 홍산인들의 성도였다는 설명이다. 소병기는 다음과 같은 결론을 내렸다.

> 우하량 여신은 5500년 전 홍산인들이 진짜 사람을 토대로 만든 신상이지 후세 사람들이 상상해서 창조한 신이 아니다. 그리고 '그 여인'은 홍산인의 여자 조상이며, 중화 민족의 공동 조상이다.[57]

*
57) 「코리안루트를 찾아서」(14) 홍산인의 성지」, 이기환, 경향신문, 2008. 1. 4 《중국문물보》, 1989년 5월 12일자, 위 자료에서 인용

옥기와 함께 발굴된 유골

*
58) 「홍산문화의 사회적 성질」, 우건설, 2회 동북아평화정착을 위한 한중 국제학술회의, 국학학술원, 2007

우하량 유지 입구

홍산문화에서 거대한 여신 신전, 원형과 방형 제단, 거대한 돌무덤, 엄청난 양의 옥기들이 발견되는 것은 지금까지 청동기 시대에 들어서야만 국가가 성립될 수 있다는 상식을 여지없이 깨뜨렸다. 홍산문화에서 대량으로 출토되는 옥기는 조형이나 가공 솜씨를 볼 때, 모두 고도로 통일된 규범을 갖고 있다. 이는 옥기를 제조하면서 명확한 분류에 의해 생산했음을 보여 준다. 또한 홍산인들의 매장 풍속을 가늠할 수 있는 돌무덤이 통일성을 보이고 있다는 것은 어떤 힘에 의해 직간접적으로 영향을 받았다는 것을 알 수 있다.[58]

이것은 과거 신석기 시대로 간주하던 5000~ 6000년 전에도 국가가 성립할 수 있는 '국가 추형(雛形, 모델)'으로서의 모든 조건을 갖추고 있다는 것을 보여 준다. 중국에서 '신비의 왕국'이 존재했으며 '중화 문명 5천 년'을 들고 나온 근거이다. 우하량의 유적지를 방문하면 입구에서 제일 먼저 발견되는 홍산문화를 알리는 포스터에도 다음과 같은 글이 적혀 있다.

옛것에 비추어 우하량 홍산문화의 '신비의 왕국'이 있다(亘古神秘的王國 牛河梁紅山文化).

이와 같은 발굴 결과는 중국 학자들을 놀라게 했고, 결국 중국 대륙의 앙소·용산문화와 전혀 다른, 요령 지역의 홍산문화 전승자는 만주 대륙 － 한반도 － 일본 열도 전체를 포괄하는 '빗살무늬·민무늬 토기, 비파형 동검' 등을 공유하는 공동체라는 것을 인정하게 만드는 계기가 되었다.

중화 문명의 기원이 올라간다

홍산문화의 새로운 고고학적 발견으로 앞에 설명된 중국 문명의 기원에 대한 종합적인 결론은 다음과 같이 정리하여 설명된다.

1) 홍산문화의 새로운 유적과 유물은 그 연대가 5000년 전까지 올라가며 중원 지역의 양저문화 시기에 맞먹는다는 사실은 의심의 여지가 없다. 이 시기는 과거 채도(彩陶) 시기로 구분되었으며 오랫동안 원시 사회인 모계 씨족 공동체의 번영기로 간주되었다. 중화 문명의 기원은 종전의 4000년 이전의 하대(夏代)에서 일거에 1000년 더 위로 올라간다.

2) 홍산문화가 발견된 지역은 중원이나 중원에 인접한 지역이 아니고 중원에서 멀리 떨어진 산해관 밖, 연산 이북의 요서 지역이다. 이것은 중국 문명의 기원을 탐색하는 자들의 눈길을 중원 지역에서 장성 이북의 광활한 지역을 포함하는 북방까지 확대시켰다.

3) 문명 기원의 표지와 증거가 된 것은 문자 기록이 아니고 금속 동(銅)의 흔적이나 성벽 유적에 대한 단서도 아니다. 그것은 대규모 종교,

제사를 목적으로 한 의례용 건물군을 주요한 내용으로 한다. 그것은 중국 문명 기원의 표지를 문자의 출현, 도시의 형성, 금속의 발명 등 이른바 3요소에서 '예제'의 출현 등 더욱 중요한 문화 내용으로 확대시켰다. 그리고 이 후자가 한층 중국의 전통적 특색을 갖고 있을 뿐만 아니라 중국 선사 시대 고고학의 발견과 연구의 실제적 상황을 출발점으로 하고 있으며 충분한 증거 자료가 확보되어 있다.[59]

중국은 홍산문화에서 발견되는 유물과 유적으로 중국 문명의 중심지가 결코 한 곳이 아님을 강조하면서 이른바 중화문화(中華文化)의 다원화(多元化)로, 요하 문명론을 부각시키기 시작했다. 또한 우하량 유적에서 발견된 옥기와 제단이 그 후의 왕실 건축의 기원이 되었다는 논리를 전개했다.

중국이 강조하는 것은 요하 문명이 중화 문명의 한 부분으로 기능하면서 접목되어갔다는 것이다.[60] 즉 홍산문화는 앙소문화 계통의 원시 문화로서 결국은 앙소문화의 한 근원이 되기 때문에 요하 유역은 중국 문명 발상지의 하나가 된다는 설명이다.[61] 따라서 홍산문화는 황하 문명과는 특징이 다소 다르지만, 중국의 역사 속에 편입하여 중화문화의 일부로 간주할 수 있다고 주장한다.

이를 서자봉(徐子峰)은 황하 문명은 농업 중심의 문화였고, 요하 문명은 신권 중심의 복합 문화였지만, 요하 문명과 황하 문명이 서로 영향을 주고받았다고 설명한다. 그 단적인 예가 동이계의 대표인 치우와 중원의 황제가 싸웠다는 기록이라는 것이다.

다소 놀랍지만 중국 학계가 문명의 서곡을 연 주체로 동이족이라는 것을 인정했다는 것이다. 물론 이런 인정은 요하 문명이 통일적 다민족 국가를 형성할 때 중요한 역할을 한 중화 문명의 일부라는 테두리 안에서 이루어졌다고 인식하기 때문이다.

중국이 요하 문명으로 '전설상의 5제 시대'를 역사 시대로 끌어올리

*
59) 『동북문화와 유연 문명』, 곽대순 외, 동북아 역사재단, 2008
60) 「中華文明的石曙光」, 『華人龕紅的山傳人·中國人』, 蘇秉琦, 요령출판사, 1988
「中華民族的文多元一·局面」, 『北京大學學報』, 費孝通, 1989~4
『中國東北西遼河地區的文明起源』, 田廣林, 중화서국, 2004
61) 「紅山文化的起源」, 『紅山文化』, 赤峰市紅山地區文化局(편), 1993. 165쪽

고 있지만 이 지역은 고조선과 고구려, 부여 등 우리 민족은 물론 선비, 거란, 말갈 등 서로 피를 나눴거나 이웃으로 지냈던 이른바 동이족이 찬란한 문화를 꽃피웠던 무대였다. 특히 그 무대는 요하 유역뿐 아니라 중국의 하북성, 요령성, 내몽고(內蒙古) 자치주, 길림성, 흑룡강성은 물론 중국의 산동반도, 그리고 한반도까지를 포함한다. 이형구 교수는 이를 다음과 같이 설명했다.

지중해 문명이 서양 문명의 자양분을 공급했듯, 동이족이 발해 연안에서 여명을 연 문명은, 중국 문명은 물론 요동과 만주, 한반도, 일본의 문명을 일궈내는 젖줄이었다.[62]

부메랑 맞은 한국의 고대사

한국의 고대사관, 즉 한국의 고대사는 청동기 시대부터 시작되었으므로 단군은 신화라는 설명은 곧바로 부메랑이 되어 한국을 강타했다. 중국 동북공정의 중요 내용 중 하나가 '한민족의 뿌리인 단군 조선은 없다.'는 데서부터 시작되기 때문이다.

『삼국유사』는 단군이 1500년간 나라(고조선)를 다스리다 1908세에 산신령이 됐다고 기록하고 있다. 한국인들이 단군이 신화적 인물에 지나지 않는다고 지적할 때 항상 나오는 문제 중에 하나인데, 중국 측도 이에 편승한다. 중국 측은 '사람이 어찌 1908세를 살 수 있느냐. 그래서 한국도 단군을 신화 속 인물로 여기고 있지 않느냐'며 단군 조선의 실체를 부인하는 데 적극 활용한다.

더구나 한국은 단군 조선에 이어 중국 은(殷)나라 사람인 기자(箕子)가 고조선을 이끌고, 이어 연(燕)나라 사람 위만이 고조선을 다스렸다고 적고 있다. 이 역시 중국은 절호의 좋은 자료로 활용한다. 중국은 '은나라와

* 62) 「코리안루트를 찾아서(1) 중·한반도·일문명의 젖줄 '발해 문명'」, 이기환, 경향신문, 2007. 10. 7

연나라는 중국 역사에 등장하는 정통적인 나라이므로 기자와 위만이 세운 조선은 중국 역사에 포함되는 것은 당연하다.'고 설명한다.

전한 무제가 설치한 한사군은 문제를 더욱 복잡하게 만든다. 무제가 위만 조선을 멸망시키고 한사군을 설치했는데, 중국은 한사군 중 하나인 현도군의 고구려현에서 고구려가 태동했다고 보고 있다. 동북공정은 고구려가 중국 영토인 현도군에서 일어났으니 고구려 역시 중국 역사에 포함될 수밖에 없다는 주장이다.[63]

그러나 중국이 주장하는 '중화 5천 년' 이야말로 바로 한민족의 역사가 5천 년 전으로 올라간다는 것을 확실하게 인식할 필요가 있다.

고고학계의 한창균과 윤내현 이후 복기대는 홍산문화의 주인공은 조선 민족, 좀 더 구체적으로는 예맥족 문화라는 견해를 제시하고 있다. 홍산문화로 대표되는 요하 지역의 선대 문화가 고조선 문화와 연결될 수 있다는 가능성은 그 동안 한국에서 벌어지고 있는 단군 조선의 실체 여부를 확실하게 설명해 줄 수 있는 증거가 될 수도 있다는 설명이다.

중국이 통일적 다민족 국가론을 펼치면서 요하 문명을 이집트나 메소포타미아를 제치고 1만 년의 역사를 지닌 세계 최고의 문명으로 정립하고 있지만, 이들 주도 세력은 황하 문명을 이끈 사람들과는 전혀 다른 사람들이라는 것을 인식하는 것이 중요하다.

요서 · 요동을 포함한 만주 — 한반도를 이어 일본으로까지 이어지는 문화권은 세계적으로 신석기 문화권을 대표하는 거석 문화권, 채도 문화권, 빗살무늬 문화권이 수용되고 융합되는 유일한 지역이다. 이것은 채도 문화권만을 수용한 중원 지역과는 처음부터 이질적인 문명권임을 알 수 있다.[64]

문제는 중국이 어떤 연유로 그 동안 동이의 한국사로 인정하던 요하 문명을 화하족의 중국의 역사로 편입시킬 수 있었느냐이다. 사실 중국은 한국에 빼앗긴 역사를 되찾아오기 위해 한국을 비난하는 것부터 시작한 것은 아니다. 그들은 한국인들이 고조선을 비롯한 선조들에 대해 부정하

*
63) 「3년 전 중국 동북공정의 실체 최초 폭로한 신동아의 현장 취재」, 이정훈, 신동아, 2006년 9월
64) 「고조선의 성립배경과 발전단계시론」, 『국사관논총』 33, 한창균, 국편위, 1992. 22쪽
『고조선연구』, 윤내현, 일지사, 1994. 751쪽
「중국요서지역 청동기시대 문화의 역사적 이해」『단군학연구』5, 복기대, 2001

는 동안 이를 토대로 자신들의 논리를 개발하기 위해 사전에 부단한 작업을 진행했고, 대대적인 발굴을 통해 관련 자료들을 축적했다.

　홍산문명에서 발굴되는 것 중에 특히 눈에 띠는 것은 곰 형태의 각종 유물이다. 우하량 16지점 3호 무덤에서 발견된 쌍웅수삼공기(雙熊首三孔器)라고 불리는 짐승 머리형 옥기는 두 마리의 곰과 3개의 구멍이 뚫린 옥기이다. 중국에서는 원래 동물의 모습을 돼지라 했다가 곰으로 바꾸었다.

　웅룡은 우하량뿐 아니라 오한기, 시마무렌강 이북의 파림우기(巴林右旗)와 파림좌기(巴林左旗), 하북성(河北省)의 위장(圍場)현 등 폭넓은 지역에서 확인되고 있다. 또한 양저(良渚) 문화 옥기에서 보이는 신인(神人)의 발톱도 곰

여신묘에서 발견된 흙으로 만든 곰의 아래턱

곰 발 형상 출토

의 발톱으로 밝혀졌다. 특히 죽은 자의 가슴팍에 놓이는 옥기는 가장 등급이 높은데, 우하량 제2지점 1호 총에서 옥룡이 가슴에서 보인다. 이것은 옥룡이 단순한 장식이 아니라 일종의 신물(神物)이라는 것을 알려 준다.

그런데 홍산문화에서 곰 형상이 다량으로 나오자 중국 학자 이실(李實)은 그야말로 어느 누구도 예상치 못한 놀라운 가설을 제시했다. 그는 홍산문화 영역에서 확인되는 곰의 흔적을 근거로 홍산인들은 곰을 숭배했는데(중국인의 조상인) 황제(黃帝)가 중국 고대사에 기록된 '유웅씨(有熊氏)'라고 주장했다는 것을 떠올렸다.

중국 학자들을 고무시킨 이실의 주장은 홍산문화의 곰을 황제와 본격적으로 연결시키는 계기가 되었다. 한마디로 그 동안 부단히 한민족의 고향이라고 부르던 곳에서 단군과 긴밀히 연계될 수 있는 곰 등의 유물들이 다량으로 출토되자, 중국인들은 곰이 중국의 시조와 직접적으로 연계된다고 설명하기 시작한 것이다.

'황제가 곰(熊)족'이라는 기록은 사실 궁색하기 이를 데 없지만 약간의 자료가 있는 것도 사실이다. 사마천의 『사기』에 "황제를 유웅씨라 불렀다(又號有熊氏)."는 기록이 있고, 서진(西晉, 265~316년) 때 학자 황보밀이 쓴 『제왕세기(帝王世紀)』에도 "황제는 유웅이다(黃帝爲有熊)."라고 표현돼 있기 때문이다.

그러자 중국의 거물 고고학자 소병기(蘇秉琦)는 아예 '황제 시대의 활동 중심은 홍산문화의 시공과 상응한다.'고까지 주장했다. '황제가 홍산인의 왕이었다.'라는 소리다. 이 선언은 한국인에게 폭탄 선언을 한 것이나 마찬가지다. 적어도 거의 5천 년 전으로 거슬러 올라가는 중국인의 시조인 황제가 홍산인이라면 그보다 몇 백 년 후대인 한민족의 선조라는 단군(기원전 2333년)은 그의 후예가 되기 때문이다. 이 문제가 바로 중국이 그 동안 부단히 준비해 온 동북공정의 핵심이다.

곰 숭배가 동북 지역 종족이 갖고 있는 보편적인 신앙이라는 데는 부연할 필요가 없다. 그런데 그 동안 한국 측이 도외시한 곰을 중국 측이 자신의 선조족이라고 설명하는데도 한국에서 변변하게 반박조차 하지 못한 것은, 중국 측이 철저한 준비로 한국의 고대사를 공격했기 때문이다.

그러나 앞에서 설명한 것과 같이 중국인들이 우하량 홍산문화에 신비의 왕국이 있었다고 주장하는 지역이 과거부터 부단히 한민족의 근거지였다는 데는 이론의 여지가 없다. 그렇다고 과거 요하 일대에 살았던 사람들이 무조건 우리의 선조라고 단정하는 것도 우를 범하는 일이 아닐수 없다. 그 당대에는 민족이라는 개념이 없는 것처럼 한국 또는 중국도 없었고 이들의 이동이 민족이라는 개념으로 움직여지지 않았을 것이기때문이다.

그러나 황제가 홍산인이라는 설명은 그 동안 중국이 견지해 오던 주장과는 180도 완전히 다른, 소위 중국의 역사를 끌어 올리기 위한 작위적인 설명에 지나지 않는다는 것이다. 이를 역으로 설명하면 중국이 근래제기하고 있는 화하인의 요하 문명론에 대응할 수 있는 근거와 적절한 대처안이 될 수 있다는 뜻이다.[65]

중국이 그 동안 얻은 고고학적 성과를 토대로 신화가 아닌 실존했던 고대 국가 문명으로 인정하면서 이를 중국의 선조와 연결시킨다는 사실이 알려지자, 한국 일각에서는 한국의 고대사를 빼앗아 가는 폭거라고 항의하기도 했다. 그러나 이를 역으로 설명하면 홍산문화 지역에서 동이족의 국가, 즉 '신비의 왕국'이 존재했다는 것을 중국 학자들이 증명해준 것으로도 볼 수 있다. 즉 중국이 주장하는 '중화 5천 년'이야말로 바로 한민족의 역사가 5천 년 전으로 확실하게 올라간다는 것을 의미하기때문이다.

한국 학계에서는 적석총과 석관묘의 진원을 시베리아로 보지만 홍산문화 지역에서는 이보다 2000년 앞서 같은 유물이 나왔다. 이는 우리 문화에 중요한 의미를 부여한다. 묘제를 같이 썼다는 것은 문화 및 인류의 동질성까지 유추할 수 있다.[66]

*
65) 「고조선의 성립배경과 발전 단계시론」, 『국사관논총』 33, 한창균, 국편위, 1992. 22쪽
『고조선연구』, 윤내현, 일지사, 1994. 751쪽
「중국요서지역 청동기시대 문화의 역사적 이해」『단군학연구』5, 복기대, 2001
66) 『발해연안에서 찾은 한국고대문화의 비밀』, 이형구, 김영사, 2004, 95~102쪽

우하량 발굴지 전경

여하튼 앞에서 설명한 것과 같이 기원전 3000년경에 요하 지역에는 독자적인 문명권이 형성되어 있었는데, 이들 문명권이야말로 그 동안 줄기차게 한국 학계를 곤혹스럽게 만들었던 단군의 고조선과 연계시킬 수도 있다는 데 중요성이 있다. 또한 중국이 근래 제기하고 있는 화하인의 요하 문명론에 대응할 수 있는 근거도 될 수 있다는 뜻이다.[67]

현재로서는 고조선에 대한 찬반론이 격돌하는 것이 오히려 정상이라고 볼 수 있다. 그 동안 우리의 잘못이든 또는 고의적이든 과거에 대한 연구와 정리가 그만큼 부족했기 때문이다.

＊

67) 「고조선의 성립배경과 발전 단계시론」, 『국사관논총』 33, 한창균, 국편위, 1992. 22 쪽

『고조선연구』, 윤내현, 일지 사, 1994. 751쪽

「중국요서지역 청동기시대 문화의 역사적 이해」 『단군학연구』 5, 복기대, 2001

제4장

한민족은 동이의 적자
東夷   嫡子

한민족의 뿌리

중국은 그 동안 중국 역사에서 제외했던 이민족(동이족)의 역사를 중국 역사로 포함시켰는데, 이는 사실상 중국의 역사 인식의 파격적인 전환이라는 것을 전회에서 설명했다. 간단하게 말하여 현재 중국의 영토 내에서 일어난 역사는 모두 중국의 역사라는 것이다.[68]

그런 과정에서 도출된 것이 기원전 5500~ 5000년 전에 과거부터 한민족의 터전이라고 부단하게 거론되었던 우하량 지역에 존속했다고 추정하는 '신비의 왕국' 이다.

중국은 이를 근거로 하(夏) 이전에 등장하는 '삼황 오제' 가 전설의 인물이 아니라 실존했던 인물이라고 주장한다. 또한 황제 · 염제 · 치우제가 역사적 인물로 이들 모두 중국인의 시조라는 것이다. 내용은 단순하다. 우하량 지역에 '신비의 왕국' 이 5천 년 전에 존재했다면 이들과 유사한 시기에 살았다고 추정되는 황제 · 염제 · 치우제가 실존 인물임이 틀림없다는 설명이다(국내외에서 이들 연대를 대체로 기원전 4700년 전으로 추정).

사실 이 문제는 한민족에게 매우 첨예한 논쟁을 불러일으킨 것 중 하나이다. 한국 일각에서 단군의 기원전 2333년도 문제가 있는데 이보다 4,500년이 앞서는 치우 등을 역사적 인물로 볼 수 있느냐는 지적이다.

한국으로만 생각하면 사실 이들 지적도 어느 정도 일리가 있는 것은 사실이다. 한국인의 조상인 동이족의 수장이라는 치우는 한국에서 편찬

*
68) 신형식 「중국의 동북공정의 허실」, 『백산학보』 67, 2003. 5쪽

연도가 매우 늦은 『한단고기』나 『규원사화』 같은 책에서 발견되는데, 이 두 책은 사학계에서 위서(僞書)로 인정하는 추세이기 때문이다. 그런데 치우가 이들 책이 아니라 사마천의 『사기』와 후한 시대 반고(班固)가 쓴 『한서』에 등장한다면 이야기는 달라진다.

동이족의 수장 치우

과거 중국은 5천 년 전후, 중국에는 황제의 화하(華夏), 치우의 동이(東夷), 염제의 묘만(苗蠻) 등 3개 집단이 있었다고 설명했다. 황하 유역에는 황제의 화하 부족과 염제의 묘만 부족이 핵심이었는데, 이들이 연맹을 구성하여 동이의 치우를 격파했다는 것이다. 여기에서 한국인이라면 동이가 무엇을 뜻하는지 알 것이다.

동이족보다는 이족(夷族)이 더 적절하다는 설명도 있는데, 본래 '이(夷)'란 동이만의 호칭이 아니라 한족 이외의 '夷(동이·서이·남이·북이)', 즉 사방의 민족을 가리키는 총칭으로서, 방위에 따라 이족의 호칭에 구분이 생긴 것은 기원 전후에 비로소 생긴 말이기 때문이다. 그러나 이 곳에서는 동이라는 말이 중화인과 다른 중국 북방인을 포함한 대칭적인 의미로 사용되는 경우 등을 포함하여, 동이라는 말이 생기기 훨씬 전인 고대를 설명할 때에도 동이라는 말로 사용한다.[69]

그런데 바로 이 내용이 근래 중국 측에 의해 중국의 입맛대로 바뀌었다는 것이 바로 '중화고대문명탐원공정'과 '동북공정'의 핵심으로, 한국인들이 이를 역사의 왜곡이라고 주장하는 요인 중에 하나이다. 중국이 이 내용을 어떻게 바꾸었길래 한국 측에서 강력히 반발하는지 찾아간다.

우선 황제, 치우, 염제에 대해서는 사마천의 『사기』에 적혀 있는데, 염제·황제·치우에 관한 내용은 다음과 같다.[70]

황제(黃帝)는 유능국의 임금 소전의 아들이다. 성은 공손(公孫)이고 이름은 헌원(軒轅)이다. 헌원은 나면서부터 신령스러웠고 백 일이 못 되어 말을 할 수 있었으며 어릴 때부터 재지(才智)가 번뜩였다. 자라면서는 돈후·민첩했고 성장해서는 총명했다.

*
69) 「중국 고문헌 자료에 비쳐진 한국고대사상」, 박경철, 제43회국사편찬위원회한국사학술회의, 2008
70) 『사기』, 사마천, 김병총 평역, 집문당, 1994

무씨 사당 화상석
중앙 우측이 치우로 추정하고 있
다.

헌원이 성장했을 때 신농씨 자손들이 덕이 쇠퇴해 제후들이 서로 침략
함으로써 백성들이 괴로움을 당했으나 신농씨로서는 그들을 평정할 능
력이 없었다. 그래서 헌원은 전투하는 기술을 익혀 신농씨에게 조공하지
않는 제후들에게 트집을 잡아 그들을 징벌했다.

그 결과 제후들은 모두 헌원에게 복종했는데, 오직 치우만이 제일 잔
폭하여 헌원도 징벌할 수 없었다.

이 무렵 염제 신농씨의 자손인 천자(天子)가 제후를 침략하여 위력을 과
시하려 했으므로 제후들은 모두 헌원씨에게 귀복했다. 그래서 헌원씨는
덕을 닦고 군력을 정비하고 목·화·토·금·수 오행의 기를 조화시켜
사계절의 기를 순하게 하고 오곡을 심고 만민을 어루만져 사방을 안정시
켰다. 또한 곰(熊)·피(羆)·비(貔)·휴(貅)·추(貙)·호(虎) 등을 순화시켜
염제 신농씨의 후손인 천자와 판천(阪泉)의 야(野)에서 교전하여 세 번 싸워
서 뜻을 이루었다. 그러나 치우가 천하를 어지럽혀 황제의 명을 듣지 않
으므로 황제는 군사와 제후들을 징집해 탁록(涿鹿)의 야(野)에서 싸워 드디
어 치우를 잡아 죽였다. 이래서 제후들이 모두 헌원씨를 높여서 천자로
삼았고 그를 신농씨의 자손에 대신토록 했다. 이 사람이 황제(黃帝)이다.

사마천은 「오제본기」에서 황제와 전투를 한 치우가 화하족이 아닌 이
민족이라고 분명히 적었다. 이는 당대에 화하족과 대립하는 강력한 동이

족이 존재했다는 것을 의미한다.

중국에서 발간된 『중화 5000년 군사고사(中華5000年軍事故事)』는 당시의 전투, 즉 탁록지전(涿鹿之戰)을 다음과 같이 적고 있다.[71]

5천 년 전후, 황제의 화하 부족과 염제의 묘만 부족이 핵심이었는데 이들이 연맹을 구성하여 치우의 동이구려(東夷九黎)를 탁록에서 격파했다. 이 전투는 화하족이 중원을 차지하면서 염제와 황제가 중국 민족의 선조로 존경받는 계기가 되었다.

중국인이 염제와 황제가 연합하여 치우를 격파한 것을 크게 다루는 것은 염제와 황제는 동이의 치우와 완전히 다른 민족으로 인식하기 때문이다. 즉 치우는 후대에도 중국인이라고 생각하지 않는 민족의 수장이었다는 설명이다. 여하튼 『일주서 상맥(逸周書 嘗麥)』에는 다음과 같은 글이 있다고 중국의 단군룡은 적었다.

동이 집단이 먼저 염제와 충돌하여 탁록 지방에서 싸워 구방에 남은 것이 없을 정도로 승리했다. 치우가 병기를 잘 만들었고, 또 형제 팔십일 인(부족)이 있기 때문이다. 이에 염제는 대적할 수 없어 황제에게 구원 요청을 하였다. 황제가 중원 화하 민족의 힘을 총동원하여 침입한 동이 집단과 크게 싸워 결국 치우를 격파하고 외래 세력을 물리쳤다.

단군룡은 이 사실을 고증할 수는 없지만 사마천이 「오제본기」에서 '치우가 제일 잔폭하여 헌원도 징벌할 수 없었다.'고 한 것을 보아 이는 치우와 먼저 염제 사이에 충돌이 일어났고, 염제가 그와 대항할 수 없으므로 황제와 연합하여 중원의 위기를 넘기게 되었다고 적었다.

그러나 일부 중국 학자들은 단군룡의 주장 중에서 염제가 황제에게 흡수된 것은 이들 간에 전투를 벌여 패배했기 때문으로 인식한다. 즉 황제

치우천

황제천

＊
71) 『중화5000년군사고사(中華5000年軍事故事)』, 段軍龍, 2005
『조양지여(朝陽之旅)』, 조양시여유국, 中國旅遊出版社, 2005

와 염제가 황하 중류를 쟁탈하기 위해 하북성 북부에서 전쟁을 벌였다. 이 전쟁에서 황제가 승리하고 염제는 예속인이 되었다는 것이다. 중국에서는 이를 '판천지전(阪泉之戰)'이라 부른다.

여하튼 중국은 황제와 염제가 연합하여 이질적인 집단인 동이 집단과의 전쟁에서 승리하였기 때문에 결국 현재의 중화 민족의 골격은 황제가 이뤘다고 설명한다. 즉 현재의 모든 중화 민족은 황제의 후손이라는 것이다. 이는 현재 중국 땅에 있었던 과거는 모두 중국의 역사라는 것과는 다소 다른 것으로, 우리의 역사와 직결되므로 근래 한국과 중국 간에 문제점으로 등장한 것이다. 보다 이해를 돕기 위해 탁록지전에 대해 설명한다.

우하량 유적은 치우 천황의 존재를 증명

사마천은 탁록지전의 중요성을 감안하여 다음과 같은 주(註)를 달았다.

1) 응소가 말하기를, 치우는 옛 천자이다(蚩尤, 古天子).
2) 관자가 말하기를, 치우가 노산의 금으로 오병을 만들었으니 분명히 사람은 아니다(蚩尤受盧山之金 而作五兵 明非庶人).
3) 용어하도가 말하기를, 황제(현원)가 섭정할 때 형제가 81명 있었으며 짐승의 몸으로 말을 하고 구리머리에 쇠 이마를 했으며 모래를 먹고 칼, 창, 커다란 활 등의 무기를 만들어 위엄이 천하에 떨쳤다(黃帝攝政 有蚩尤兄弟八十一人 竝獸身人語 銅頭鐵額 食沙石子 組立兵仗刀戟大弓 威振天下).
4) 공안국이 말하기를, 구려의 임금을 치우라 불렀다(句黎君號蚩尤).
5) 황람이 말하기를, 치우의 무덤이 동평군 수장현에 있다(蚩尤塚在東平郡 壽張縣).

사마천은 오제(황제 · 전욱 · 제곡 · 요 · 순) 앞에 있다고 알려진 '삼황'을 신화로 보고 '오제' 때부터 역사 시대로 들어갔다고 보았다. 우리 나라 상고사와 대비해 보면 환웅 시대는 중국의 삼황과 오제 양 시대에 걸쳐 있고, 단군 시대 역시 오제 시대 끝자락인 요 · 순 시대와 같은 시기이다(단군의 건국을 기원전 2333년으로 기준할 경우). 즉 치우 천황은 중국의 황제와 동시대 인물이고 우리의 단군은 요 · 순과 동시대 인물인 것이다.

사마천은 치우 천황을 악당으로 기술하고 황제를 처음부터 훌륭한 중국의 통치자로 기술했다. 그러나 사마천의 기록을 엄밀하게 해석한다면 치우는 황제, 즉 헌원보다 먼저 천하를 다스리던 천황이었음을 알 수 있다. 그러므로 치우가 반역자가 아니고 헌원이 반역자인 셈이다.

여하튼 중국에서는 한민족(漢民族)과 이민족(異民族) 간의 최초의 전쟁을 바로 헌원과 치우 간의 탁록전으로 보기 때문에 이를 매우 중요시한다. 헌원은 한족(漢族)의 수장이며 치우는 구려(句黎), 즉 묘족(苗族)의 수장이라고 적혀 있다.

탁록지전은 중국과 한국의 고대사를 적은 중요한 기사로서 양국에서

탁록의 현장
한민족과 이민족의 최초의 전쟁이 있었던 탁록. 치우가 탁록전투에서 패했다.

초미의 관심을 보이는 부분이다. 이 중에서도 이들 전투가 어디에 위치하느냐는 많은 학자들의 주목을 끌었다. 즉 판천과 탁록의 위치가 어디인가 하는 점이다. 현재까지 비교적 잘 알려진 추정치는 다음과 같다.

1) 전목(錢穆) : 판천과 탁록은 모두 산서성 해현 염지(山西姓 解峴 鹽池) 상원에 있다(『국사대강(國史大綱)』).

2) 장기윤(張其?) : 전목의 의견에 동의한다(『중화오천년사(中華五千年史)』).

3) 서배근(徐培根) : 탁록이 탁현(?縣)이라는 설에 동의한다(『중국 역대 전쟁사(中國歷代戰爭史)』).

4) 부락성(傅樂成) : 탁록은 하북성 탁록현(琢挼縣)에 있다. 즉 선화계명산(宣化鷄鳴山 고칭 탁록산)이다(『중국통사(中國通史)』).

학자들은 최소한 판천과 탁록은 서로 다른 지역임에 동의한다. 두 전쟁의 적이 다르며 또 시간의 격차가 있어 동일 지점을 전장으로 선택했을 가능성이 크지 않다고 생각하기 때문이다.

기록이 정확하지 않아 중국의 현 탁록 지역이 실제 탁록지전이 벌어진 전투 현장이 아닐지 모른다는 설명도 있지만 치우에 대한 중국의 발 빠른 조치는 그야말로 놀랍다.

탁록은 북경에서 약 160km 지점에 위치하는데, 탁록현은 대대적으로 탁록의 치우 유적지 등을 복원했다. 이 곳에 치우 성지(城趾)를 비롯하여 치우의 군사 요새인 전방 방어 진지와 지휘 본부, 보급 기지의 유적이 있고 치우천(蚩尤泉)이 있다.

황제에게 패한 치우의 시신은 7등분하여 일곱 장소에 장사지냈다고 알려지자 이들 7곳에 대한 추적도 진행되었다. 치우의 시신을 7등분하였으므로 치우릉이 여러 곳에 있다는 것이 상식이기 때문이다.

현재까지 알려진 치우총 중에서 치우의 머리 부분이 묻혀 있는 것으로 전해진 남분(南墳)은 하북성 장가구시 회래현 탑사촌(塔寺村)에 있다. 용 네

마리가 새겨진 백색의 무자비(無字碑)가 세워져 있는데, 현 삼조당이 건설
된 곳에서 약 20km 지점에 있다. 치우의 동분(東墳)은 탁록현 보대진 보대
촌(保垈村)에 있는데, 거의 멸실 단계에 이른 것으로 알려져 있다.

한편 1997년에 치우릉이 중국 산동성의 문상현 남왕진에서 발견되었
는데, 학자들은 이 곳을 치우의 본거지로 추정한다. 곡부(曲阜)에서 약 30
km 지점에 있는데 〈문상현박물관〉의 동문화(董文華) 관장은 '문상현이 구
려(句黎) 부족의 연고지'라고 설명했다. 진태하 박사도 '치우는 신체 부위
별로 3곳에 분산 매장되어 있다.'고 알려졌다는 것을 근거로 문상현의
치우릉을 주체로 추정했다.

치우릉은 흙을 끌어 모아 만든 동산 같은 무덤(높이 약 9m)으로, 무덤 주위
에 해자(垓字)를 둘렀다. '치우총(蚩尤塚)'이라고 새긴 청나라 때의 비석에는
염제와 동시대 사람으로 '부락 수령이자 민족 영웅'이라는 간단한 명문
이 새겨져 있었다.

그러나 2007년 〈고조선 유적 답사회〉의 김석규 회장이 방문했을 때,
치우총이라고 적힌 석비가 사라졌다고 알렸으며, 2008년 4월 필자가 현
장을 방문했을 때에도 치우총이라고 적힌 석비는 발견되지 않았고 입구

*

72) 「자오지천황과 중화족의 삼
황 오제에 대한 고찰」, 김세
환 자료 제공, 2006

부분에 단지 표지석만 남아 있었다. 관리인의 말로는 어느 날 밤에 누군
가가 갖고 갔다고 한다.

한편『사기집해』와『한서』에는 "치우의 무덤이 동평군(東平郡) 수장현(壽
張縣) 감향성(?鄉城)에 있으며 높이는 일곱 길(70자)이고, 백성들이 매년 음력
10월에 제사를 지낸다. (중략) 팔다리 무덤은 산양군 거야현에 있다."고 적
었다. 서분(西墳)은 위치조차 알려져 있지 않지만 현재 중국에서 심혈을
기울여 치우에 대한 연고지를 찾고 있다.[72]

물론 황제·염제·치우에 대한 설명 자체를 인정하지 않는 학자들도
있다는 점도 적는다. 일부 학자들은 황제가 중원 제국의 조상, 나아가 문
명의 연원으로 자리매김된 것은 대체로 전국 시대 이후이며 그의 시간적
위치 역시 신화의 역사화, 체계화 과정 속에서의 가공인이자 허구 인물
이라고 주장한다. 황제, 염제, 치우에 대한 설명이 완전히 비역사적인

산동성 문상현 치우총 앞에서
답사단

서주의 청동기
상당수의 청동기가 발굴되었는데, 주왕이 연 제후를 책봉했다는 기록이 새겨져 있다.

공상에 지나지 않는다는 것이다.[73]

한마디로 이들 삼제를 대상으로 설명하는 자체가 문제가 있다는 주장이지만 사마천의 『사기』에 적힌 고대사의 경우 모두 신뢰성이 없다고 단정할 수 있는 것은 아니다. 1970~1980년대 북경 인근에서 대대적인 발굴이 있었는데, 서주 시기의 청동기로 밝혀졌다. 그런데 이들 상당수의 청동기 중에서 명문이 나왔다. 명문의 내용에 주왕이 연(燕) 제후를 책봉했다는 기록이 있는데, 이는 역사적 사실에도 부합되며 사마천의 『사기』에 기록된 내용도 서로 일치한다.[74] 이들 시대는 서주 초기로, 적어도 사마천의 시대보다 무려 1000여 년이나 앞선 이야기임에도 사마천의 기록이 사실로 증명된 것이다.

이를 보면 이보다 다소 앞선 시기의 기록을 무조건 믿을 수 없다는 것은 경계해야 한다는 설명이다. 실제로 중국이 삼제인 황제, 염제, 치우를 실존 인물로 간주하는 것은 사마천의 기록과 앞에서 설명한 우하량의 유적들을 접목시킨 결과임을 유의할 필요가 있다. 이 문제는 앞으로 많은 학자들의 연구로 보다 명쾌해질 것으로 기대한다.

*

73) 『동북문화와 유연 문명』, 곽대순 외, 동북아역사재단, 2008
74) 『손에 잡히는 중국 역사의 수수께끼』, 王巍 외, 대산인문과학총서(4), 2001

홍산문화의 주인공은 황제?

중국 길림성의 송호상(宋好尙) 교수는 홍산문화와 동이족의 연계에 관해 다음과 같이 적었다.

6000여 년 전에 내몽고 자치주 적봉시 홍산에서 하가점문화까지 계속 발전했다. 이 문화가 동이족 토착민의 문화로서, 동방 고대 문화의 발상지이며 세계 문명의 창시 문화라고 학자들이 공인했다.

이 내용만 보면 홍산문화가 동이에 의해 만들어졌다는 것이므로 동이에 매우 긍정적인 설명을 한 것으로 볼 수 있다. 그런데 동북공정을 추진하면서 중국의 문명이 요하 문명으로부터 시작되었다고 결론을 내리자 엉뚱한 문제가 생기기 시작했다. 동이의 수장은 중국인들이 자신의 선조로 인식하던 수장, 즉 염황이 아니라 치우이기 때문이다. 그 동안 염제는 황제에 동화된 중화인으로 설명되었지만 치우와 황제는 서로 다른 이민족, 즉 대립각으로 설명된 것도 중국인들의 발목을 잡았다.

바로 이 문제점을 해결하는 방법으로 중국은 예상치 못한 결론을 도출했다. 치우도 자신들의 선조라는 설명이다. 탁록 인근에 삼조당이 건립

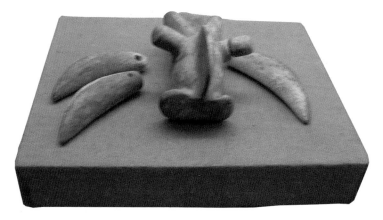

우하량에서 발견된 곰뼈
중국은 『사기』에 황제를 유웅씨라고 불렀다는 기록을 근거로 곰과 황제를 연결시켰다.

된 이유에서다. 중국의 이런 행동, 즉 중국이 아무리 삼조당에 치우를 모시면서 자신들의 조상이라고 설명할지라도 치우가 동이족의 조상이라면 남의 조상을 자신의 사당에 모시는 꼴이라는 설명도 있지만[75] 중국의 대안은 그야말로 상상을 초월한다.

원래 중국은, 신농씨의 후대인 염제는 일찍이 중국 중원 북부에서 생활하여 농업 생산에 종사한 반면, 황제의 선조는 중원에서 비교적 먼 서북 지역에서 유목 생활을 하였으며, 그 후에 천천히 중원으로 이전하였다고 추정했다.

그 동안 알려진 이들의 본향으로도 알 수 있다. 황제는 희수(姬水) 유역에서 생활하고 염제는 강수(姜水) 옆에 터전을 마련했다는 것이다. 학자들은 희수를 산서성 관중 지역의 칠수(漆水)로 간주한다. 칠수는 인유현(麟遊縣) 서북의 두림(杜林)에서 발원하여 무공현(武公縣) 일대에서 위하(渭河)로 흘러 들어간다. 한편 강수는 산서성 경계내의 보계(寶鷄)시로 추정하는데 인근에 청강하(淸姜河)가 있다. 이에 의하면 황제와 염제의 선조가 아마도 황토 고원인 산서성 일대에서 생활했다는 설명으로, 한민족의 터전으로 알려진 중국의 동북 지역 즉 동이와는 완전히 다른 지역임을 알 수 있다.[76]

그런데 2007년 8월 〈중국신화학회〉 엽서헌(葉舒憲)은 '황제 집단의 곰 토템이 단군 신화의 뿌리'라고 주장했다. 이 설명의 의미를 잘 알 것이다.

앞에서 여러 번 설명했지만 중국이 이와 같이 홍산문화에 집착하면서 심지어는 단군 신화까지 거론하는 것은 나름대로 큰 목적이 있기 때문이다. 중국인들은 앞에서 설명한 것처럼 요하 문명이 중국의 시원이라는데 의심하지 않는다. 그렇다면 중국의 선조도 홍산문화 지역에서 태어나야 한다는 것은 당연한 일이다. 만약 중국의 선조가 '신비의 왕국'의 초대 왕이 되지 않으면 그 동안 중국인의 시조는 족적이 없어진다는 모순이 생기는 것이다.

그런데 문제는, 그 동안 홍산문화를 만든 동이의 수장은 치우이고 황

＊
75) 『고조선은 대륙의 지배자였다』, 이덕일 외, 역사의아침, 2006
76) 『손에 잡히는 중국 역사의 수수께끼』, 王巍 외, 대산인 문과학총서(4), 2001

제는 중원에서 비교적 먼 서북 지역으로 비정했다는 점이다. 이 문제의
해결이 간단하지 않다는 것은 곧바로 알 수 있다. 황제의 거주지로 알려
진 서북 지역에서 중국 문명의 시원지를 찾을 수 없기 때문이다.

결국 중국은 절묘한 카드를 뽑아 들었는데, 그것은 그야말로 전 세계
의 학자들을 놀라게 했다. 그 동안 알려진 동이의 수장이 치우가 아니라
황제라는 것이다. 한국 등 학자들이 놀라지 않을 수 없는, 그야말로 코페
르니쿠스적 발상의 전환이다.

중국은 황제가 동북 지방에서 유래했다는 논리 개발에 치중했다. 중국
측이 가장 심혈을 기울인 것은 황제의 전설과 고고학 자료들을 교묘하게
끼워 맞추는 것이다.

중국 학자들은 우하량 출토 곰의 뼈를 사마천의 『사기』에 "황제는 유
웅씨(有熊氏)라 불렀다."는 기록을 근거로 곰과 황제를 연결시켰다는 것은
앞에서 설명했다. 그리고 1970년대 말, 하북성(河北省) 장가구(張家口) 지구
쌍건하(桑乾河) 유역인 울현(蔚縣) 삼관(三關) 유적에서 발견된 유물 2점과도
연계시켰다. 동북 홍산문화의 대표 문양인 용무늬 채도관(항아리)과 중원
의 앙소문화를 대표하는 꽃무늬 채도가 한 곳에서 발견되었기 때문이다.
이를 홍산문화와 앙소문화가 접변했다는 결정적인 증거로 제시했다.

중국 학자들은 장가구 인근에 황제와 염제, 황제와 치우가 싸웠다는
판천과 탁록이 위치한다는 점도 주목했다. 삼제가 전투를 했다는 자체가
바로 이 인근에서 동북 홍산문화 유형과 중원 앙소문화가 영향을 주고받
았다는 것을 뜻한다는 설명이다.

이들 자료를 근거로 근래 중국 학자들은 황제가 동북 출신이라는 것을
부정하지 않는다. 황제의 고향을 동북방, 즉 홍산문화의 본거지인 요하
(발해) 연안으로 비정하고 '홍산 시대 = 황제 시대' 라고 선언하는 것이다.

소병기(蘇秉琦)는 이들 논지를 더욱 발전시켰다. 홍산문화와 앙소문화가
충돌·교류하면서 요하 연안으로 올라가 우하량의 단(제단)·묘(신전)·무
덤(총·적석총)으로 발전하여 전성기를 이루었고 이것이 바로 '신비의 왕국'

치우 반고

의 근거가 되었다는 것이다.

결론을 말한다면 황제족은 원래 연산(燕山) 지역에서 태어나 자란 부족으로 북방 민족임에 틀림없다는 설명이다. 앞에서 설명했지만 과거에 중국인들이 황제와 염제의 선조가 황토 고원인 산서성 일대에서 생활했다는 설명과 얼마나 달라졌는지를 알 수 있을 것이다.[77]

황제와 치우가 싸운 탁록전투를 오제 시대 후기(기원전 3000~ 기원전 2070년)에 일어난 '사실'로 보면서 이들을 설명하는 관계 설정에서도 과거와 다소 다른 이론도 개발했다.

기존의 주장을 감안하면 다소 혼란스럽기는 하지만 홍산문화의 전통을 이은 황제족과 산동 반도를 중심으로 일어난 치우족의 문화, 즉 대문구 문화가 역시 충돌·교류한 증거가 바로 탁록전투라는 것이다. 과거 동이족의 영역으로 산동과 요동 지역이 포함되었다고 설명되었는데, 이 내용에 의하면 요동 지역은 황제의 근거지이고 홍산문화와 치우는 직접 관계가 없다는 설명으로까지 비약된다.

이제 중국인들은 황제를 비롯한 오제 전설(황제·전욱·제곡·요·순) 주인공

*
77) 『손에 잡히는 중국 역사의 수수께끼』, 王巍 외, 대산인 문과학총서(4), 2001

탁록전투가 있었을 것으로 보이는 토성이 남아 있다.

삼황 오제 가운데 우왕

들의 고향을 동북방으로 간주하기를 주저하지 않는다. 한마디로 홍산문화를 꽃피운 동이족이야말로 바로 황제이며, 그가 바로 중국인의 조상인 것은 물론, 나아가 훗날 상나라의 선조(제곡)가 되었다는 것이다. 이것이 바로 '중국문명탐원공정'의 핵심이고 동북공정의 기본이다.

중국인들의 새로운 논리를 역으로 생각한다면 지금까지 동이족과 화하족을 구분하는 것이 아니라 중국인은 모두 동이족의 후예가 된다. 동이족에서 화하족과 동이족으로 구분되었다는 설명도 된다.

그러므로 앞에서 설명한 모든 요하 문명의 유적, 즉 적석총과 빗살무늬 토기, 비파형 동검은 물론 곰 숭배의 원형들이 황제의 역사라면 치우와 단군, 그리고 웅녀 등 우리 민족의 흔적은 깡그리 무시되는 셈도 되어 중국인의 역사 자체가 동이족의 역사로 변한다는 것을 뜻한다.

이런 중국 측의 설명에 한국 측의 역습도 예사롭지 않다. 중국에서 개발한 접근 논리나 의도가 작위적이며 말끔하지 않다는 것이다.

1) 중국 또는 중화 민족의 정체성이나 개념·범주는 역사적으로 확고한 정형성을 띠지 못하고 끊임없이 변화되어 왔는데, 중국은 그들만의 영토관·민족관·국가관·역사관인 '통일적 다민족 국가론'을 기계적으로 적용하여 현재의 영토를 기준으로 삼았다. 이것은 현재 중화인민공화국의 영토 내에 존재했거나 존재하고 있는 민족이나 역사를 빼앗아 가는 것이다.

2) 중국 정부는 중국 내 소수 민족과 주변 국가 민족 사이의 역사적·혈통적·문화적·의식적 연관성이나 주변 민족 국가의 역사 체계·정서 등을 전혀 고려하지 않고 현재 중국 영토 내에 있는 민족과 그들의 역사를 일방적으로 자국의 민족과 역사라고 주장한다.[78]

*
78) 『중국의 동북변강 연구 동향 분석』, 고구려연구재단, 고구려연구재단, 2004

학자들은 중국이 황제를 두고 자신들에게 유리한 논리를 개발하여 접근하더라도, 치우를 수장으로 하는 동이가 누구인지를 정확하게 이해하고 이를 적극적으로 활용한다면, 중국의 공격에 충분한 대안을 만들 수 있다고 말한다. 동이를 정확하게 이해한다면 중국이 만들어 주는 고대사가 오히려 한국인의 고대사를 정립하는 데 더욱 좋은 자료가 된다는 설명이다.

삼제 황제상

치우 천황과 헌원이 탁록에서 전투하여 치우 천황이 패배했다는 것을 사실로 인정한다면 전투 결과가 어떻게 되었을까를 상상하는 것은 어렵지 않다. 일부 한국의 재야 사학자들은 황제가 치우를 격파한 것이 아니라 치우가 황제를 격파했다고도 주장하지만, 치우가 황제에게 패배했다는 것을 인정한다면, 치우 천황이 패배했기 때문에 동이족 중에서 많은 사람들이 황제의 포로가 되었고 다른 부류는 도망쳤을 것이라는 데는 의심의 여지가 없다. 이는 수천 년 동안 수없이 일어났던 부침에 의해 동이족이 여러 갈래로 갈라져 나갔다는 것을 이해하면 자동적으로 수긍할 수 있는 일이다.

그런데 이를 역으로 생각하면 화하족에 흡수되지 않은 동이족이 그대로 남아 있다는 것을 의미한다. 바로 이 대목이 한국민이 강조하는 것으로 한민족의 주력은 황제에게 패배했음에도 불구하고 화하족에 동화되지 않고 계속 동이족으로 이어져 현재의 한민족 근간이 되었다는 것이다.

그런데 동이족이 헌원에게 패배하여 도망갈 때, 반드시 중국의 동북방으로만 진로를 잡았다고 볼 수는 없다. 동이족인 은나라가 주나라에 패배할 때도 같은 정황을 그려볼 수 있다. 이것이 근래 중국 남부의 월족과 동이족 후예인 한민족 간에 친연성이 있다고 설명되는 이유이다.

중국 실크로드의 관문인 난주(蘭州)에서 돈황까지 가는 유일한 통로가 '하서주랑(河西走廊)'이다. 남쪽으로는 기련산맥(祁連山脈)이 우뚝하고, 북쪽으로는 몽골고원과 사막이 펼쳐진 가운데로 좁은 곳은 10km, 넓은 곳은 100km에 이르는 회랑(回廊)이 1000km 정도 길게 뻗어 있다.

하서주랑은 옛 주인이었던 삼묘족과 흉노족 때문에 우리 역사와 관련

79) 「河西走廊」, 이덕일, 조선일보, 2006.7.3
『고조선은 대륙의 지배자였다』, 이덕일 외, 역사의아침, 2006

이 있는데, 소여림(邵如林)은 『하서주랑(河西走廊)』에서 삼묘족을 구려족(九黎族)의 후예라는 설명도 있다. 금속 문명을 지녔던 치우(蚩尤)의 구려족이 황제족(黃帝族)과 탁록전투에서 패한 후 이 고원 지역으로 이주했다는 것이다. 구려족은 동이족의 한 갈래이므로 하서주랑의 삼묘족 또한 우리 역사의 한 부분이라는 설명도 있다.[79] 물론 이들이 고대의 기준으로 볼 때 동이족의 후예라고 하더라도, 한민족과 동일 선상으로 간주해야 한다는 것은 다소 무리라는 설명도 있음을 첨언한다.

은나라를 멸망시킨 주나라 병사의 투구

제5장

고조선의 근거지를 찾아간다

고조선의 재발견

일제 강점기에 일제는 식민사관에 따라 한국 고대사를 다루었다.

조선총독부의 관변 단체인 〈조선고적연구회〉는 노골적으로 한반도에서 청동기 시대조차 설정되지 않았다고 주장했다. 이들은 오늘날 고고학 시대 구분에서 일반적으로 받아들여지는 신석기 시대와 청동기 시대라는 개념 대신, '금석 병용기 시대'라는 이상한 논리를 개발했다. 원래 금속 병용기 시대란, 신석기 말에서 청동기로 넘어가는 과도기적 과정에 석기와 함께 순동을 사용한 단계를 의미한다.

이들 주장의 요지는 한반도의 경우 중국에 의해 한사군이 설치되기 이전에 대부분 석기를 사용했고, 전국 시대(戰國時代)와 전한대(前漢代)에 들어서 비로소 중국으로부터 청동기와 철기를 도입하여 석기·청동기·철기가 혼재하는 상황이 되었다는 것이다. 즉 한국인들은 금석 병용의 미개 상태로 있다가 중국이 군현(郡縣)을 설치하자 비로소 선진 문명을 도입하여 국가를 만들고 삼국 시대로 넘어간다는 설명이다. 이것이 고조선과 단군이 역사학의 관심 대상에조차 들어가지 못한 이유이다.

그러나 일제의 패망으로 한반도가 남한과 북한으로 나뉘자 과거 고조선이라 비정하던 지역의 특성상 북한에서는 삼국 이전 시기의 고대 종족과 기원에 대해 연구하기 시작했다. 이를 위한 구체적인 조치로 북한 서쪽 지방의 토광묘, 즉 강서군 태성리 유적, 은율군 운성리 유적, 황주군

순천리 유적들이 발굴되었고, 북한 학자들은 기원전 3~1세기경의 서북
한 '검모문화'가 고조선 문화라고 주장, 고조선의 중심지는 평양임을 견
지했다.

그런데 『위략(魏略)』에서 연나라 장수 진개의 침략으로 고조선이 2000
여 리나 되는 영토를 빼앗겼다는 것을 근거로 고조선의 중심지는 요동이
라는 주장이 제기되기 시작했다. 이 기록에 의하면 고조선은 요하 동쪽
에 있어야 하기 때문이다.

고조선의 요동설은 기존의 평양설에서 중심지를 이동시켜야 하는 문
제점이 있지만 북한 측에서도 이에 큰 이의를 제기하지 않았다. 그러므
로 1963년 리지린의 『고조선 연구』와 문헌 사학자들의 『고조선에 관한
토론 논문집』이 발간되면서 요령실이 확정되었고, 1990년대 초까지 유
지되었다.

일단 평양에서 요령으로 고조선의 근거지가 옮겨지자 이 주장을 보완
하는 연구가 계속되었다. 요령성 일대의 유적과 유물에 대한 조사를 통
하여 고고학적으로 요령설을 증명하는 것이다. 이를 위해 1963년부터

중국 금주박물관의 미송리형
토기를 닮은 토기

평안북도 의주군 미송리 유적
에서 발굴 된 미송리형 토기
비파형 단검과 함께 한민족 고대
사에 매우 중대한 역할을 한다.
북한과 만주에 걸쳐 발굴되어 동
일한 문화권으로 보고 있다.

비파형 동검

1965년까지 중국과 북한이 합동으로 〈조·중 공동 고고학 발굴대〉가 구성되어 요령성, 길림성, 흑룡강성, 내몽고 자치구 일대에 대한 조사에 들어갔다.

이들의 성과는 요령성 일대 비파형 단검 유적의 조사를 통해 고조선의 존재가 고고학적으로 충분히 설명될 수 있다는 것으로 대표된다. 여기에서는 고조선 문화를 기원전 1000년 전반기와 후반기로 구분하고 전반기는 전형적인 비파형 단검과 미송리형 토기(기원전 8-7세기) → 변형 비파형 단검과 묵방리형 토기(기원전 7-5세기) → 세형 동검과 윤가촌 하층 2기 토기(기원전 5-4세기)의 발전 단계를 설정하여 요령 지방에서 서북한 지역에 이르는 광범위한 영역을 하나의 문화 단위로 파악했다.

미송리형 토기도 비파형 단검과 마찬가지로 한민족의 고대사에서 매우 중요한 역할을 한다. 압록강 유역인 평안북도 미송리에서 나온 토기는 밑이 납작한 원통형 그릇에 '지(之)' 자 무늬가 새겨져 있다. 청천강 유역의 세죽리에서 나온 그릇들도 같은 종류다. 이런 그릇들은 압록강 청천강에서 멀지 않은 중국 요동반도, 특히 단동(丹東)과 대련(大連) 지구에서 주로 발굴되는 토기가 바로 그렇다.

북한 학자들은 이를 근거로 '미송리 — 소주산(小珠山) 유형'이라고 하여 북한과 만주에 걸쳐 동일한 문화를 가진 지역 단위를 설정하고 있다. 소주산은 요동반도 남쪽의 광록도(廣鹿島)에 있는 곳으로, 신석기 시대의 토기들이 대량 발견된 곳이다.[80]

비파형 단검 문화와 미송리형 토기를 적극적으로 해석하여 요령 지방 문화와 서북한의 세형 동검 문화 사이의 연속성을 강조하며 고고학적으로 고조선의 시간적·공간적 틀을 거시적으로 설명했다는 데 중요성이 있다고 국립중앙박물관의 오영찬 박사는 말했다.[81]

고조선의 중심지 문제에서 탈피하여 고조선이라는 국가의 성격을 설정하는 연구도 진행되었다. 고조선 건국에 비할 때 상당히 후대이기는

＊
80) 「한민족의 북방 고대사」, 신숙정, 조선일보, 2004
81) 「고조선 고고학의 성립과 전개」, 오영찬, 『북녘의 문화유산』, 국립중앙박물관, 2006

하지만 요동반도 남단의 강상(崗上) 무덤과 누상(樓上) 무덤, 와룡천 무덤에서 발견되는 무덤 구조와 매장 형태, 부장품 출토 양상은 고조선이 노예 소유자 사회임을 분명하게 보여 준다고 발표되었다.

발굴 당시 강상 무덤 전경

강상 무덤(기원전 10세기), 누상 무덤은 기원전 7세기의 무덤으로 요동반도 남쪽 끝인 대련시 감정자구 후목지구 강상 언덕에 있다. 1964년에 발굴된 것으로 남북 길이 20m, 동서 길이 28m의 넓은 묘역을 차지하는데, 구덩이에 시체를 넣어 화장한 다음 그 위에 막돌을 덮었다. 모두 23개의 널방이 있는데, 각 널방에는 백수십 명분의 뼈가 발굴되어 순장 무덤으로 인식한다. 또한 6자루의 비파형 단검을 비롯해 창끝·활촉·비녀·질그릇 등 총 20여 종 874점의 유물이 발굴됨으로써 당시의 청동기 문화가 매우 발달되어 있었음을 알 수 있다.

강상 무덤보다 후대인 누상 무덤도 강상 무덤과 유사하다. 남북 길이 24m, 동서 길이 30m로 강상 무덤보다 다소 규모가 큰데, 여러 개의 돌

대련시 후목 지구에 있는 강상 무덤 입구
담을 쌓아 보호하고 있다.

강상 무덤 부장품들

방이 있는 적석총이다. 상당히 많이 파괴되어 정확한 원형을 파악할 수 없지만 2개의 주 널방과 그 주위로 작은 널방이 있다. 중앙의 널방에서 2명의 인골이 출토되었고 나머지 널방에서도 2~3명에서부터 15명에 이르는 순장당한 사람의 뼈가 있었다. 부장품으로 8자루의 청동 단검, 마구류와 수레 부속품, 방패, 활촉, 도끼, 끌, 장식품 등 160여 점의 청동기가 발견되었는데, 강상 무덤처럼 순장당한 널방에는 부장품이 매우 적었다.

이 두 무덤은 원래 서로 떨어져 있었으나 현재는 누상 무덤을 강상 무덤으로 옮겼다. 필자가 현지인에게 무덤을 옮긴 이유를 질문했더니 원래 무덤을 한 곳에 배치한 후 박물관을 건립하기로 했다고 한다. 실제로 소형 건물이 무덤 옆에 건설되었는데 박물관 계획은 중단되었다는 설명이다.

여하튼 유골을 분석한 학자들은 강상 무덤에서 약 140명, 누상 무덤에서 약 100여 명이 순장당했다고 추정한다. 학자들이 주목하는 것은 강상 무덤과 누상 무덤이 요동반도 남쪽 끝에 있으므로 이는 고조선의 변방으로, 이들의 주인은 왕이 아니라 당시의 지방 귀족일 것이라는 점이다. 지방의 귀족들이 이와 같이 많은 순장자들을 묻을 수 있다면 당시의 왕을 비롯한 중앙부의 고관들은 더 많은 노예들을 확보했을 것으로 볼 때, 당대에 이미 강력한 사회가 존재했음이 분명하다는 설명이다.[82] 즉 고조선 사회가 노예 소유주와 노예를 기본으로 한 지배·피지배 관계를 형성하고 있다는 것은 지배 계급이 자신의 재산과 권력을 유지하기 위해 각종 통치 수단을 갖추었다는 것을 의미한다.[83]

특히 이들 연구자들은 요서 지역의 초기 청동기 문화인 하가점 하층문화를 고조선의 문화로 해석하여 고조선이 일찍부터 남만주 일대에 광대한 제국을 형성한 노예제 사회였다는 논리를 펼쳤다. 즉 국가가 존재했다는 것이다. 그러나 이 국가를 북한에서는 단군 조선으로 인식하지 않았다. 북한에서도 단군에 관한 역사적 인식이 없었기 때문이다.

그러다가 1993년 단군릉을 발굴한 후부터 북한은 갑자기 단군을 신화 속 인물에서 실존 인물로 부각시키기 시작했다. 북한 측의 주장에 따르

*
82) 『조선전사』, 과학백과사전 종합출판사, 1991
83) 「길림성 교하일대의 요새유적」, 리경일, 조선고고연구, 2003년 1호
「단군조선의 국가적 성격에 대한 고고학적 고찰」, 박진욱, 조선고고연구, 1999년 1호

면 단군 조선이 기원전 30세기부터 존재하였으나 기원전 20세기에 들어서면서 점차 쇠퇴하고 기원전 14세기를 전후해 후조선이 등장하며 부여·구려·진국 등 후국들이 독자적인 국가로 성장했다는 것이다. 이 부분은 뒤에서 다시 설명한다.

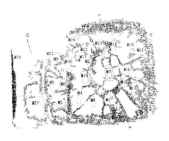

강상 무덤 평면도

남한 학계에서도 조선 후기부터 제기된 고조선 평양 중심설이 해방 직후의 연구 성과를 바탕으로 1970년대에 주장되어 1980년대에까지 이어졌다. 여기에서 북한 측과 마찬가지로 단군을 신화로 보면서 그 역사적 실재를 부정했다는 점이다. 북한과 다소 다른 것은 고조선의 출발이다. 북한에서는 적어도 고조선의 출발을 기원전 1000년 전반기로 설정하는 데 반해, 남한에서는 고조선사의 진정한 출발을 기원전 4세기 이후인 중국 전국 시대부터로 인식하고 청동기 문화 단계의 고대 사회는 연맹 상태의 부족 국가라고 주장했다. 앞에서 설명한 고등학교 『국사』 교과서에 고조선의 건국이 어정쩡하게 기술되었던 것과 국립중앙박물관의 전시실에서 고조선의 연표가 제외되는 등의 수모를 당한 이유이다.[84]

고조선의 실체를 찾는다

한국이 고조선을 인정하지 않았던 그 논리가 부메랑이 되어 중국인들이 한국의 역사를 공격하는 빌미가 된 것은 아이러니한 일이다. 윤내현 박사는 중국의 동북공정이 '분명 잘못된 시도이지만 중국 탓으로만 돌릴 게 아니라 우리 자신에게도 책임이 있다.'고 분명히 지적했다. 중국이 자국사를 다시 쓰는 동북공정 등을 추진하면서 한국에서 그 동안 견지하던 역사관을 토대로 작성한 자체에 중국을 나무랄 수 없는 곤혹스러운 상황이 된 것이다.

특히 종래 사학계의 통설로 볼 수 있는 기자 조선·위만 조선·한사군이 고조선을 대체한 것이라면, 즉 고조선이 대동강 유역의 조그만 국가

＊
84) 『남북학자들이 함께 쓴 단군과 고조선 연구』, 단군학회, 지식산업사, 2005

였다면 부여, 고구려, 발해가 중국 역사에 편입된다 해도 할 말이 없게 된다. 그뿐이 아니다. 한국사에서 그 동안 가르쳤던 대동강 중심의 고대 사는 기자가 망명한 기원전 1100년 무렵부터 낙랑군이 축출된 기원 313~315년 무렵까지 무려 1400년 동안 중국의 지배를 받았다는 얘기도 된다.

중국 측의 한국사에 대한 공세가 매서운 데 반해 이에 대한 한국 측의 대응은 어지러워질 수밖에 없는 상황이다. 이 문제가 간단하지 않으리라 는 것을 모르는 한국인은 없을 것이지만 중국의 발표를 토대로 하면 한 국인의 터전이라 불렀던 중국의 요동 지역에서 국가가 존재했다는 것은 의심의 여지가 없다. 문제는 중국이 존재했다는 국가와 우리의 고대사, 즉 고조선과 어떻게 접목할 수 있느냐가 관건이다. 즉 중국의 동북공정 등에서 주장하는 논리를 유효 적절하게 활용하면 한국사를 정립할 수 있 는 논리로 개발할 수도 있기 때문이다.

윤내현은 기자 조선 · 위만 조선 · 한사군은 고조선의 요서 지역 변방 에서 일어난 정권이며 우리 고대사 체제를 고조 — 열국 시대(동부여, 읍루, 고

북한이 주장하는
고조선 도읍지 평양 대동강

구려, 동옥저, 동예, 최씨 낙랑, 삼한 등) — 4국 시대(고구려, 백제, 신라, 가야) — 남북국 시대(신라, 발해)의 체제로 설명하면 고조선은 2000년 가까이 존재한 나라로 설명할 수 있다고 주장했다.[85]

한편 이기환은 《경향신문》의 「코리안루트를 찾아서」라는 대형 시리즈물을 통해 고조선에 대한 연결 고리를 보다 구체적으로 설명하고 있다. 그 역시 윤내현처럼 홍산문화 — 하가점 하층문화를 고조선의 연원으로 추정하면서 보다 구체적으로 이들 동이족의 일부가 하나라를 멸망시키고 상(은)나라를 세웠다고 설명한다. 즉 중국에서 동이족이 상나라를 지배할 때도 원류인 고조선은 계속 존재했으며 은나라가 기원전 1100년 화하족인 주나라에 멸망할 때 기자가 돌아간 기자 조선은 바로 고조선의 본류였다는 설명이다.[86]

한국과의 고대사 정립에 있어서 초미의 관심사는 고조선이 실제로 존재했다면 고조선의 중심지가 어디에 있었는가와 고조선의 실체가 있었다면 정말로 고조선이 강국이었는가 하는 점이다.

한국 측에서는 그 동안 고조선의 중심지에 대해 크게 세 가지로 설명했다. 요동 중심설, 북한이 주장하는 대동강(평양) 중심설, 초기에는 요동에 있다가 대동강 유역으로 이동했다는 중심지 이동설이다.

중국 측의 설명에 의하면 요동 지역에 한민족의 고조선에 해당하는 시기에 두 개의 국가가 존재했다. 첫째는 5000년 전경의 '신비의 왕국'이고, 둘째는 이보다 700~800년 후대의 하가점 하층문화에 존재했다는 국가인데, 이들이 고조선의 요하 중심설의 핵심이다.

흥미로운 것은 기원전 3000년에 국가가 있었다는 한민족의 고조선은 중국의 홍산문화에 있었다는 신비의 왕국과 북한이 근래 주장하는 대동강 유역으로 나뉘어진다. 반면에 기원전 2333년의 단군 조선은 요하 유역의 하가점 하층문화와 연계된다. 마지막 요하에서 대동강으로의 중심지 이동설은 이상의 설명이 한 축으로 움직여 한반도 대동강 유역으로 이동했다는 것인데, 근래 평양에서 요하 유역으로 근거지가 이동되었다

하가점 하층문화 표지석
요하 지역에 고조선을 건설했던 세력들이 이룩한 하가점 하층문화 지역에 있는 표지석

✱
85) 「우리 역사의 출발점… 만주·한반도 지배」, 윤내현, 주간한국, 2007. 2. 12
86) 「코리안루트를 찾아서」 시리즈, 이기환, 경향신문, 2007~2008

는 역중심지 이동설도 있다.

기원전 3000년 전으로 거슬러 올라가는 홍산 문명의 신비의 국가에 대해서는 전회에서 설명했으므로 이 곳에서는 연대가 다소 앞서는 대동 강의 고조선을 먼저 설명하고 이어서 하가점 하층문화의 고조선과 중심지 이동설을 설명한다.

'대동강 중심설'은 『삼국유사』에서 "단군 왕검이 평양성에 도읍해 비로소 조선이라고 불렀다."는 기록과 중국 『한서』 「조선전」에서 한나라 초기 서쪽 경계를 '패수'라고 한 기록 등이 근간을 이루며 일제 강점기에 더욱 심화됐다. 1930년대 평양 일대에서 중국계 유물이 대량 발견되면서 통설로 굳어갔으며 초기 국사학자인 이병도 · 이기백 교수를 비롯해 최근 이종욱 · 송호정 교수 등이 동조하고 있다.

대동강 중심설에 따르면 고조선의 영토는 한반도 북부에 그치는데, 그동안 일제 강점기에 일본이 조작한 것으로 부단히 주장되었다. 그러나 고조선의 중심을 대동강 유역으로 보기 시작한 것은 고려 시대부터이며 조선 시대에 들어와 보다 체계화된 것이다.

문제는 대동강 중심설이 일제 강점기에 일본이 과장한 것은 물론 현존하는 문헌 사료와 고고학 사료와 엇갈리는 점이 있다는 설명이다. 우선 이병도 · 이기백으로 이어지는 주류 사학계의 '대동강 중심설'에 따르면 한사군은 '낙랑 = 대동강 유역, 진번 = 자비령 이남~ 한강 이북, 임둔 = 함남, 현도 = 압록강 유역 동가강'으로 비정된다.

그런데 『사기』 「진시황본기 26년조」에는 중국을 통일한 진나라의 영토가 "동쪽은 바다에 이르고 조선에 미쳤다."고 하였고 진나라와 조선이 국경을 접한 지역을 요동이라고 말하고 있다.

사마천의 『사기』에 한나라가 조선을 공격하는 과정에 "그해 가을에 누선장군 양복을 파견하여 제(齊) 지역에서 발해로 배를 띄워 바다를 건너게 하였으며"라는 구절이 있다. 제 지역은 오늘날 산동반도이며 발해는 산동반도 왼쪽에 있는 바다로, 한의 수군이 대동강이나 청천강 쪽으

대련시 발해만 전경
『사기』에 한나라가 조선을 공격할 때, 발해만을 건넜다는 기록이 있다.

로 항해를 했다면 '발해로 배를 띄워 바다를 건너게' 했다고 기록할 수는 없다는 설명이다.

또 중국의 『수경주(水經注)』는 '패수는 낙랑 누방현에서 나와 동남쪽으로 임패현을 지나 동쪽으로 바다에 들어간다.'고 설명한다. 낙랑군이 평양 지역에 있었다면 패수가 동쪽으로 바다에 들어갈 수는 없다. 한사군이 한반도가 아니라 중국 지역에 있어야 하는 것이다.

문제는 대동강 중심설이 근거로 삼는 대동강 일대에서 낙랑 유물이 대거 발견되었는데, 이는 현재 국립중앙박물관에도 전시되어 있다. 다소 곤혹스러운 유물인데, 이에 대한 명쾌한 해답도 준비되어 있다.

이덕일은 대동강의 낙랑 유물은 고조선을 멸망시킨 전한(前漢, 기원전 206~서기 24년) 때의 것이 아닌 후한(後漢, 서기 25~ 219년) 때의 것으로 한사군의 낙랑은 만주 지역에 있었기 때문에 문제의 낙랑 유물은 후한이 멸망시킨 낙랑국의 것이라는 설명이다.[87] 즉 한사군인 낙랑과 후한 시대 대동강 유역의 낙랑국은 전혀 다른 세력이라는 설명이다.

＊
87) 「살아 숨쉬는 우리 역사 고조선」, 박종진, 주간한국, 2007. 2. 7

그러나 근래 북한 측은 나름대로 강력한 증거를 제시하면서 대동강 중심설을 계속하여 강조하고 있다. 일반적으로 북한에서 1993년 전래되는 단군릉을 개봉하여 이 곳에서 발견된 유골의 연대가 5000년 전으로 거슬러 올라가자 평양이야말로 단군 조선의 근거지로 주장하고 있다고 설명되지만 북한에서 이 유골만 갖고 고조선의 대동강설을 주장하는 것은 아니다. 그 실상을 찾아간다.

단군은 평양에 있었다?

강동군 대박산(大朴山) 동남쪽 기슭에 위치한 전(傳)단군릉은 1626년에 편찬된 『강동읍지』를 비롯하여 『대동기년』, 『기언』, 『증보 문헌 비고』 등에서 발견된다.

숙종 5년(1679) 11월 10일 정유악이 아뢰기를, "단군과 동명왕의 사당도 기자의 사당 옆에 있어, 세종 때부터 봄가을에 중뢰(中牢, 양과 돼지)로써 제사를 올렸습니다. 여기에도 전부 제사를 지내야 합니다." 하니, 임금이 좋다고 하였다. 정유악이 이어 따라갈 사람을 선발하여 서로(西路)의 형승(形勝)을 두루 살펴볼 것을 청하니, 임금이 이것도 윤허하였다라는 기록이 있다.

또한 영조 15년(1739) 5월 23일, 단군 · 기자 이하 여러 왕의 능묘(陵墓)를 수리하라고 명하였고, 영조 39년(1763) 4월 22일에도 단군 · 기자 · 신라 · 고구려 · 백제의 시조 능을 수축(修築)하라고 명하였다.

조선 왕조는 (전)단군릉에 대해 각별한 관심을 기울였지만 일제 강점기에는 매우 퇴락해 있었다. 그런데 북한은 이례적으로 1993년 10월 2일자 〈조선민주주의 인민공화국 사회과학원〉 명의의 보고서를 통해 평양시 강동군 대박산 기슭에서 이른바 '단군릉'을 발굴했다고 밝혔다.

북한 측의 주장에 의하면, 단군릉은 석조로 된 고구려 양식의 무덤으

단군릉 전경
고구려의 장군총과 흡사한 단군
릉. 고구려 때 개축했을 것으로
보인다.

로 현실은 동서로 273㎝, 남북으로 276㎝이며 바닥에서 1단까지의 천장
높이는 160㎝이다. 무덤 칸의 바닥에는 3개의 관대가 남북 방향으로 놓
여 있고 그 위에 돌뚜껑을 덮었다. 단군의 무덤이 고구려 무덤 양식으로
되어 있는 것은 고구려 때 무덤을 개축했기 때문으로 추정했다. 고구려
에서는 시조인 동명왕을 단군의 아들로 여겼기 때문에 단군릉을 고구려
식으로 개축했다는 것이다. 특히 무덤 앞에서 고려 시대의 유약을 바른
기와 조각도 발견되었는데, 그것은 고려 시대에 단군릉 앞에 제당이 있
어 제사를 지냈다는 것을 증명한다고 추정했다.

무덤은 일제 강점기 때 도굴되어 특별한 유물은 나오지 않았으나 부장
품으로 금동관 앞면의 세움 장식과 돌림대 조각이 각각 1개, 금동뼈의
패쪽이 1개, 토기 조각과 관못 6개가 수습되었다. 또한 남녀 두 사람분
의 86개에 달하는 유골이 발견되었는데, 넓적다리뼈, 손뼈, 갈비뼈 외에
팔다리뼈와 골반뼈도 나왔다. 그 중 42개가 단군의 뼈이고 12개는 여자

의 뼈이며 나머지 32개는 확인 불가능한 것이었다.

이어서 북한의 박진욱은 『조선고고연구』 1994년 제1호에서 「단군릉 발굴정형에 대하여」, 장우진은 「단군릉에서 나온 사람뼈의 인류학적 특징에 대하여」, 김교경과 전영수는 「강동군 단군릉에서 발굴된 사람뼈에 대한 절대 년대 측정 결과에 대하여」라는 논문을 발표했다.

단군릉 발굴 전 모습

논문들의 요지는 과거부터 전해져 내려오는 '단군릉'에서 단군과 부인의 뼈를 발견하여 출생 연대를 측정했더니 1993년을 기준으로 기원전 5011±267년(상대 오차 5.4%)으로 나타났고, 이 유골의 주인공이 '단군'과 다름 아니라는 것이다.

북한 측은 연대 측정의 정밀을 기하기 위해 두 연구 기관이 전자상자성공명 연대 측정 방법을 사용하여 6개월에 걸쳐 각각 54회 측정을 했다고 발표했다. 이 경우의 측정 연대는 무덤에 묻힌 사람의 출생 연대이다.

이에 따르면 한마디로 단군이 신화상의 인물이 아니라 역사상의 실존 인물의 지위를 획득한 것이다. 북한은 이를 근거로 단군 조선의 무대를 아예 요령 지역에서 평양 지역으로 옮겨버렸다.

북한은 당초 평양을 단군의 근거로 비정했다가 요령 지역에서 한민족의 특성으로 간주되는 고인돌, 비파형 동검 등이 발견되자 요령 지방을 단군의 근거지라고 주장을 바꾸었다. 그런데 단군릉의 발굴을 계기로 다시 평양이 본거지이고 요령 지역은 단군 조선의 영역(부수도)에 포함된다고 기존의 입장을 수정했다.

사실 북한에서의 이와 같이 단군의 근거지를 변경했다는 것은 코페르니쿠스의 천동설에 대한 지동설의 혁명과도 같을 정도로 파격적인 것이다. 1961년 북한의 김석형은 "고조선의 국가 개념을 단군에까지 확장하는 것은 비과학적인 비약이다."라고 지적했으며 1963년에는 "오늘 우리는 단군 조선 왕국이 우리의 첫 국가였다고는 아무도 생각하지 않는다. 신화나 전설을 그대로 옮겨 놓는 것 자체가 마르크스주의사가들이 할 일이 아닌 것이다."라고 말하는 등 여러 학자들이 단군을 부정했다.

1973년 7월 파리에서 열린 동양 학자 대회에서 이봉헌은 사회 발전 5단계 법칙에 따라 원시 공산사회, 노예제 사회, 봉건사회, 자본주의 사회를 거치고 있다고 주장하면서 고조선의 성립 시기를 기원전 8세기로 삼았다. 또한 고조선의 활동 무대를 요하 중심 지역, 사회 발전 단계는 노예 소유 국가라는 결론을 도출했다. 기원전 2333년이라는 단군이 끼어들 여지조차 없다는 설명이다.

단군 유골

　그런데 1977년 9월 〈사회과학원 역사 연구소〉는 단군 신화를 문화 유산으로서 그 의의를 평가하고 1979~1983에 편찬된 『조선전사』에서는 다소 단군에 대해 전향적인 의사를 표명했다. 특히 단군 신화에 대한 성격을 '환상적인 신에 대한 이야기'라고 규정하면서도 단군 신화를 통해 역사의 유구성을 말하고 있다. 단군 신화를 역사 사실로 보지 않지만 고조선 성립의 시대상을 반영했다고 평가한 것으로 당초의 부인론에 비하면 장족의 발전을 보였다고 볼 수 있다.[88]

　특히 단군이 평양성에 도읍을 정하고 조선이라 칭한 부분에서 단군은 특정왕의 이름이 아니라 고조선족인 박달족의 임금이란 뜻을 갖고 있는 일반 명칭이라고 해석했다. 또한 단군의 도읍지 평양성을 서경(西京)이라고 주석을 붙인 것은 고구려 도읍지 평양과 혼돈한 것이라고 지적하면서 현재의 평양이 아니라고 강조했다. 『삼국유사』에서 도읍을 평양에서 백악산 아사달과 장당경으로 옮긴 부분에서는 아사달을 고조선의 중심지였던 요하 하류 동쪽의 어느 지점으로 추정했다.

　그런데 1991년에 편찬된 『조선전사(2)』에서 "단군 신화는 의심할 바 없이 고조선의 건국 사실을 반영한 건국 신화이다. 그 건국 연대를 기원전 24세기로 보겠는가 하는 것은 아직은 확실한 근거를 갖고 있지 못하다. 그 해답은 장차 발굴 소개될 고고학적 자료들에 기대를 거는 수밖에 없다."라고 적었다.[89]

　그러다가 단군릉을 발굴한 후부터 갑자기 단군을 신화 속 인물에서 실존 인물로 부각시키고 있을 뿐 아니라 단군 조선 건국 연대도 수정해야

*
88) 『쟁점으로 푸는 역사이야기』, 윤여덕, 심학당, 2006
89) 『조선전사』, 과학백과사전종합출판사, 1991

한다고 주장했다. 박득준은 『고조선력사개관』에서 이와 같은 변화를 다음과 같이 적었다.

지난 시기 단군은 신화적 인물로 간주되고 단군 조선의 력사는 전설로 취급되어 왔다. 단군이 실재한 인물로 확인되고 단군 조선의 력사가 고조선력사의 당당한 구성 부분으로 되기 1993년 단군릉이 발굴된 이후부터이다.[90]

단군 조선 건국 연대의 수정은 현명호가 제기했다.

지금까지 통용되어 온 연표상의 단군 조선 건국 연대를 기원전 2333년으로 설정하는 것 자체가 실지 우리의 역사적 사실을 무시하고 제기된 것인만큼 그 적용에서의 착오 여하에 관계없이 오늘에 와서는 하등의 의의도 갖지 못한다. 그러므로 단군 유골에 의한 절대 출생 연대(5011년)를 기준으로해서 건국 연대를 재확정해야 한다.[91]

단군의 연대가 기원전 2333년이 아니라 이보다 상회하는 기원전 5000년으로 상향 조정해야 한다는 것이다.

고대 국가의 성립

북한에서 평양 지역이 단군 조선의 근거지라고 설명하는 것은 단군릉에서 발견된 유골의 연대가 5000년 전으로 거슬러 올라가기 때문만은 아니다. 고대 국가의 성립 요건으로 비트포겔(Wittfogel)은 다음을 제시했다.

1) 거대한 방어 시설(Huge Defense Structure)

*
90) 『고조선의 력사 개관』, 박득준, 사회과학출판사, 1999
91) 『쟁점으로 푸는 역사이야기』, 윤여덕, 심학당, 2006

멕시코 체첸이차
고대 국가 성립의 요건에는 신전
이 있어야 한다.

2) 뻗어가는 도로망(Royal Roads)

3) 대형 궁전(Colossal palaces)

4) 장엄한 분묘와 신전(Gigantic Tombs, Temples, Shrines)[92]

이러한 사실은 이집트나 고대 중국뿐 아니라 앗시리아, 페루 등지에
서도 나타난다고 설명했다. 그러므로 우리 나라의 경우도 『삼국사기』
초기 기록(특히 「백제 온조왕 본기」)에 가장 빈번한 것이 축성(Fort), 설책(設柵,
Palisade), 도민(徙民, Migration), 대단(大壇, Shrine) 설치 등이 보이고 있어 그 의미
를 재음미할 필요가 있다.[93]

이와 유사하게 북한의 박진욱은 고대 국가의 성립 요건으로 전쟁, 교

*

92) 『Oriental Despotism』, Karl
A. Wittfogel, Yale Univ.
Press, 1957
93) 『삼국사기연구』, 신형식, 일
조각, 1981

역, 문자, 신전, 수리 시설 등을 들면서 고고학적으로 볼 때 고대 국가가 성립되었다는 것을 인정받을 수 있는 징표로 다음 다섯 가지를 제시했다. 첫째 왕궁 건물의 존재, 둘째 도시의 존재, 셋째 성곽의 존재, 넷째 대형 무덤의 존재 그리고 청동제 무기의 존재이다.[94]

문제는 위와 같은 다섯 가지 국가 성립 요건을 모두 충족시키는 것이 쉬운 일이 아니라는 점이다. 세월이 지남에 따라 고고학적 자료가 훼손되는 경우가 많으며 또 이들을 완벽하게 발굴하는 것도 간단한 일은 아니다.

그런데 북한은 1993년 강동 대박산에서 단군릉을 발굴한 뒤 평양을 중심으로 고조선 시기의 유적을 집중 조사하여 이른바 '대동강 문명론'을 주장하고 있다. 특히 단군 조선을 5000년 전에 평양을 중심으로 대동강 유역에 세워진 세계 최초의 고대 국가의 하나이며 발전된 청동기 문화에 기초하여 형성된 선진 문명으로 정의한다. 더불어 '대동강 문명'을 '세계 5대 문명'의 하나라고 주장하고 있다.[95]

북한 측의 주장은 그들이 내세우는, 소위 주체사관의 입장이 지나쳐 국제적 공감이나 논리적 타당성에 대해서 의문이 든다는 일부 학자들의 지적도 있지만 어떤 근거로 대동강 문명을 세계 5대 문명에 포함된다고 주장하는지는 관심의 대상이다.

북한 측은 국가 성립 요건의 다섯 가지 중에서 평양의 경우 넷째와 다섯째는 청동 시대의 유물로 간주하는 고인돌이 1만 4000여 기나 발견되며 부장품으로 팽이그릇 집자리들에서 청동 비파형 창끝과 조롱박형 단지, 단추 모양의 청동기 등 많은 청동 유물이 매장되었다는 것으로 설명될 수 있다고 설명했다.[96]

또한 두 번째로 제시되는 도시 유적의 경우 북한 측은 상당히 유리한 위치에 있다. 대표적인 것으로 평양시 삼석구역 표대 유적, 남경 유적, 평안남도 덕천시 남양 유적, 복창군 대평리 유적, 황해북도 송림시 석탄리 유적, 황주군 고연리 유적 등이다. 이들 유적에서 100~150여 호의 집

*
94) 박진욱, 「단군 조선의 국가적 성격에 대한 고고학적 고찰」, 『조선고고연구』, 1999년 1호
95) 리순진, 「최근에 발굴된 단군 조선 초기의 유적과 유물」, 『남북 학자들이 함께 쓴 단군과 고조선 연구』, 지식산업사, 2005
96) 서국태, 「평양 일대 대형고인돌 무덤의 성격에 대하여」, 『남북 학자들이 함께 쓴 단군과 고조선 연구』, 단군학회, 지식산업사, 2005

터들이 발견된다.

남경 유적, 대평리 유적, 고연리 유적 등은 면적이 2만~5만 ㎡에 달하는 비교적 큰 부락터이며 석탄리 유적, 남양 유적 등은 면적이 10만 ㎡가 넘을 정도로 대규모의 유적을 갖고 있다.

그 중에서 표대 유적의 경우 더욱 큰 면적을 갖고 있는데, 60여 만 ㎡의 범위 안에 확인된 집터만 500개 이상에 달하며, 2005년까지 60여 개의 팽이그릇 집자리가 발굴되었다. 또한 남양리 유적에서도 100여 개의 집자리 중에서 31개의 팽이그릇 집자리가 발굴되었다.[97] 절대 연대 측정법에 의할 경우 표대 유적의 8호 집터는 최고 5283년 전으로 거슬러 올라간다.[98]

마지막으로 첫번째의 경우 아직 단군 시대의 궁전 유적을 발견하지 못한 것은 사실이라고 자인했다. 다만 북한 측의 견해에 의하면 단군의 근거지를 평양으로 삼고 있는데, 현 평양 지역은 고구려가 수도로 계속 사용했기 때문에 유물은 물론 궁전 터조차 발견할 수 없을지 모른다고 발표했다. 일반적으로 다른 고대 문명의 경우도 왕궁을 정확하게 발견하기는 매우 어려운 일이다.

앞에 설명한 5가지가 고대 국가의 성립 요건으로 가장 중요하게 인식되는 것은 고인돌과 성벽이다. 고인돌의 중요성은 부장품이 발견되지 않아도 국가 성립의 한 요소로 간주하는 청동기 시대의 중심적 묘제로 인정한다는 점이지만, 앞에서 설명했으므로 더 이상 설명하지 않는다.[99]

성벽을 고대 국가 성립의 중요한 여건으로 보는 것은 벽을 쌓았다는 자체가 정주 여건을 갖춘 것은 물론 외부와의 차별을 두는 내부 체제가 존재한다는 것을 의미하기 때문이다.

북한은 평양의 북쪽에 덕산 토성, 동북쪽에 봉화리 고성, 동쪽에 황대성, 동남쪽에 고연리 토성, 남쪽에 지탑리와 청산리 토성, 서남쪽에 운성리 토성, 서쪽에 성현리 토성 등이 발견되었다고 발표했다. 이들 토성 간의 거리는 상호 간에 약 50~80리 정도인데, 북한의 남일룡 부교수는

97) 서국태, 「평양 일대 대형 고인돌 무덤의 성격에 대하여」, 『남북 학자들이 함께 쓴 단군과 고조선 연구』, 단군학회, 지식산업사, 2005

98) 김종혁, 「대동강 류역 일대의 고대 부락터 유적에 대하여」, 『조선고고연구』, 1999년 1호

99) 유태용, 『한국 지석묘 연구』, 도서출판 주류성, 2003, 114~118쪽

이 성들이 단군 조선 시기 평양을 방어하기 위한 위성들이라고 주장했다.[100]

이 중에서 황해북도 봉산군 지탑리의 지탑리 토성과 평안남도 온천군 성현리에서 발견된 성현리 토성, 평양시 대성 구역에 있는 청암동 토성은 단군 시대로 추정했다.[101] 이 성들을 고조선 시기 평양을 방어하기 위한 위성으로 보는 근거는, 이 성들이 평양으로 들어오는 기본 통로를 방어할 수 있는 유리한 자연 조건을 갖고 있고, 또 서로 간에 일정한 거리를 두고 있다는 점에서다.[102]

지탑리 토성은 사리원시에서 15리 정도 떨어져 있는데, 토성의 남쪽과 서쪽은 서흥강이 감돌아 흐르고, 동쪽과 북쪽으로는 서흥강의 줄기가 있어, 사실상 성의 사방이 강으로 둘러싸여 있으므로 자연적인 해자를 이루어 방어에 유리한 지형이다.

현재까지 남아 있는 성벽은 북벽이 약 180m, 동벽이 약 150m인데 이곳에서 두 개의 문화층이 발견되었다. 하층 성벽은 자갈모래층으로 위 높이 3m, 너비 약 6.5m인데, 이 지역에 흔한 진흙과 자갈이 섞인 진흙으로 쌓았다.

북한은 신석기인들이 성벽을 쌓았다고 볼 수는 없으므로 현재 존재하

＊
100) 남일룡, 「대동강 류역 고대
성곽의 성격」, 『조선고고
연구』, 1999년 1호
101) 남일룡 외, 「청암동 토성에
대하여」, 『조선고고연구』,
1998년 2호
102) 남일룡, 「평양 일대 고대
성곽의 성벽 축조 형식과
성방어체계에 대하여」,
『남북 학자들이 함께 쓴 단
군과 고조선 연구』, 단군학
회, 지식산업사, 2005

는 성벽이야말로 단군 조선 초기에 건설했다는 주장이다. 이와 같은 추정은 두 성의 축조 방식이 막쌓기 방법으로 매우 초보적인 수준에 있기 때문이다.

또한 이들 주변 유적은 신석기를 거쳐 청동기 시대 문화가 매우 발전한 곳이다. 그러므로 북한 측은 신석기 시대부터 살아 오던 주민들이 청동기 시대에 하나의 큰 정치 세력으로 등장하면서 자신의 정치적 권력과 생명·재산을 보호하기 위해 토성과 같은 방어 시설까지 구축했다고 설명한다.[103]

북한 측이 단군 시대인 기원전 3000년경에 국가가 세워졌다고 추정하는 결정적인 증거로 제시하는 것은 평양시 강동군 남강 로동자구(향단리) 황대마을에서 발견된 황대성(黃垈城) 토성 위의 고인돌이다.

황대성 인근에는 대형 고인돌과 고인돌 집단, 돌무덤이 산재해 있는 것으로도 유명하다. 황대성에서 동남쪽으로 약 2km 지점의 남강로동자구 광탄마을, 북쪽으로 7~8km 지점에 강동군 구빈리와 란산리, 서쪽으로 약 6km 지점의 황해북도 연산군 공포리, 남쪽으로 약 10km 지점에 있는 연산읍에는 돌무덤이 발견되는 등 당대의 중요 요충지로 볼 수 있다.

황대성은 해발 약 50m의 산정에 위치한, 흙과 돌로 축성한 토석 혼축 형식의 산성(山城)으로 약 300m가 남아 있다. 토성 혼축이란, 커다란 강돌로 성심을 쌓고 거기에 흙을 씌운 것이다. 평양 일대 고대 성곽들 가운데 성벽을 토석 혼축 방법으로 쌓은 성은 황대성이 유일하다.[104] 성벽의 서남쪽 구간은 완전히 없어져서 흔적조차 찾아볼 수 없지만, 현재 남아 있는 성벽의 축조 형식으로 보아 평면은 긴 타원형으로 추정된다. 이 성벽의 하부 폭은 10m이고 상부 폭은 5m이며 높이는 1m 정도이며 배수구도 발견되었다.

놀라운 것은 오랜 세월 비바람에 씻겨 평평하게 된 성벽 위에서 고인돌 무덤이 발견된 것이다. 석회암 판석으로 남북 길이 2.2m, 동서 길이 1.45m, 높이 1.55m의 무덤 칸이 있고 그 위에 덮개돌을 덮었다. 이 고인

*

103) 남일룡, 「평양 지방의 고대 토성」, 『조선고고연구』, 1995년 2호
남일룡, 「평양 일대 고대 토성의 축조 연대에 대하여」, 『조선고고연구』, 1996년 1호

104) 남일룡, 「평양 일대 고대 성곽의 성벽 축조 형식과 성방어 체계에 대하여」, 『남북학자들이 함께 쓴 단군과 고조선 연구』, 단군학회, 지식산업사, 2005

돌 무덤은 이른바 오덕형 고인돌 무덤류에 속한다.

이는 황대성이 폐성(廢城)이 된 다음 오랜 세월이 지난 후에 축조된 무덤이라는 것을 말해 준다. 이 고인돌 무덤은 황대성의 중요성 때문에 학자들의 주목을 받았지만 연대를 측정할 수 있는 직접적인 증거는 발견되지 않았다. 단지 유사 고인돌 무덤인 구빈리 고인돌 무덤의 절대 연도는 4990±444년 전이고, 룡곡리 4호는 4539±167년이다. 그러므로 북한 학자들은 고인돌 무덤의 축조 연대를 구빈리 고인돌 무덤의 절대 연대까지는 올려 볼 수 없으나 룡곡리 4호 고인돌 무덤의 절대 연대와 비슷하거나 그보다 좀 늦은 것으로 추정했다. 또한 황대성 안에서 발견된 돌널무덤에서 발견된 인골을 전자상자성공명법으로 측정한 연대는 4795±215년이다.

이들을 토대로 한 성벽의 연대를 추정하기 위해 우선 고인돌이 성벽 위에 있으므로 그 밑에 있는 성벽은 그보다 훨씬 앞선 시기에 축조되었다고 가정했다. 또한 성 안에서 발견된 돌널무덤의 주인공은 황대성이 축조된 이후에 축조된 것이므로 이들보다 앞선 시기에 황대성이 축조되었다고 확정했는데, 그 시기가 기원전 3000년경으로 거슬러 올라간다.

황대성의 축조 연대가 기원전 30세기로 거슬러 올라간다는 것은 매우 중요한 의미를 갖는다. 축조 연대가 기원전 3000년이나 거슬러 올라가는 황대성이야말로 단군 조선이 존재했다는 결정적인 증거라는 것이다. 산성은 평지의 성이나 목책과는 다른 군사 시설이다. 군사 시설이란, 통치자의 지휘처로 사용되었다고 인정하고 수많은 상비군을 갖고 있어야 하기 때문에 단군 조선 시대와 유사한 시대에 축조된 산성의 존재는 곧 고대 국가가 존재했다는 증거라는 것이다.[105]

---

*
105) 리순진, 「평양 일대에서 새로 발굴된 황대성에 대하여」, 『조선고고연구』, 1995년 제1호

단군에 대한 북한 측 발표가 석연치 않다?

북한에서 단군과 그의 부인의 유골이 발견되었다고 발표하자 남한의 일부 학자들의 반응은 간단하게 말해 '믿을 수 없다.'는 것이었다. 특히 "북한이 주체사상을 너무 앞세우다 보니 넘지 말아야 할 선을 넘은 것 같다."고도 했다. 한마디로 북한의 단군릉 발굴 보고가 원천적으로 조작되었다는 것이다.

한국 측은 단군의 유골이 5000여 년이나 되었는데도 너무 깨끗한 것은 물론 연대 측정 방법에 있어 신빙성이 떨어진다는 등의 이유를 들어 곧바로 의문을 제시했다.

북한 학자들은 이러한 원천적인 의문에 명쾌한 답을 했다.

한마디로 단군의 유골이 석회암 지대에 매장되어 있었다는 것이다. 단군릉은 우묵하게 침식된 석회암 사이를 깊이 파고 암반 위에 묘실을 만들어 놓았기 때문에 유골이 석회암 속에 있는 가용성 광물질이 많이 용해되어 있는 지하수나 물기의 침습을 계속 받을 수 있어 화석화될 수 있었다고 주장했다.

세계적으로 인류 화석이 석회암 지대의 자연 동굴이나 석회암 바위 그늘 밑에서 발굴되는 것도 그 때문이다. 북한에서 한반도의 고인류로 분리되는 역포 사람, 승리산 사람, 용곡 사람 등으로 불리는 인류 화석들도 모두 석회암 동굴의 퇴적층에서 발굴되었다.

둘째는 유골을 부식시키지 않는 토양 속에 묻혀 있었기 때문이라고 했다. 화석화된 뼈는 부패나 외력에 대해서는 매우 강하지만 화학적 작용에는 민감하여 예상 외로 견딤성이 약하다. 이 말은 약산이나 약알칼리성에도 쉽게 삭아 없어진다는 뜻이다. 그러나 단군이 매장된 토양은 화학적으로 산성이 아니라 뼈가 부식되지 않고 잘 보존될 수 있는 전형적인 중성 토양이라는 것이 북한 학자들의 주장이다.

결론적으로 단군릉은 석회암 지대에 자리 잡고, 또 중성 토양이기 때

홍수아이 복원 모형

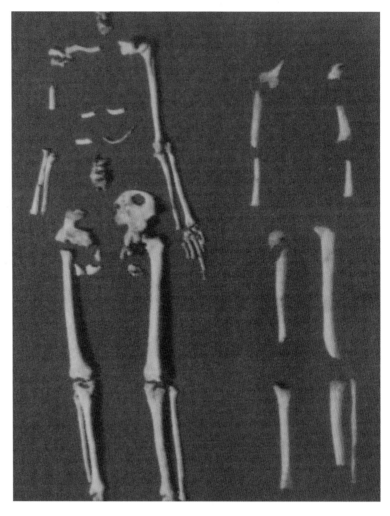

문에 유골이 5000년에 이르도록 보존될 수 있었다는 주장이다.

　사실 5000년 전의 무덤에서 뼈가 남아 있다는 사실은 조금도 신기한
현상이 아니다. 중국의 경우 황하 일대에서 100여 개에 달하는 사람 뼈
가 발견되었는데, 연대 측정에 의해 기원전 4300~3600년으로 판정되었
다. 심지어 인류의 조상으로 분류되는 유골은 4~5백만 년 전의 것으로
판정되기도 한다. 단군의 경우 그리 흔하지는 않지만 그렇다고 아주 희
귀한 경우도 아니다.

한국 학자들은 단군릉에서 출토되었다는 금동관에 대해서도 모순점을 지적한다.

기원전 3000년경에 사용되었다는 금동관은, 문자 그대로 세계 문화사를 새로 쓰지 않을 수 없는 중대한 발견인데, 이를 입증할 만한 객관적인 근거를 북한 측이 명확하게 제시하지 않고 있음을 볼 때 의심이 간다는 것이다. 물론 북한 측에서는 단군의 무덤을 고구려시대에 개축할 때 단군의 유골에 금동 장식 등을 추가로 부장했는데 이것이 발굴되었다고 설명한다. 여하튼 남측의 일부 학자들은 단군릉이 고구려 시대에 개축한 단군의 무덤일 가능성은 전혀 없고, 실제로는 고구려 시대 무덤일 것이라고 추정했다.

단군릉에서 발견된 유골이 진짜냐, 아니냐만 따진다면 북한 측의 주장이 억지만은 아니라는 의견도 제시된다. 단군릉을 고구려인들이 개축할 때 유골의 연대를 측정할 방법이 없었으므로 고구려식으로 무덤을 개축하면서 무덤이 개봉될 때 발견된 유골을 원형 그대로 매장했다는 것이 상식이기 때문이다.

이 문제는 필자와도 연관이 있다.

북한의 고고학 분야 논문을 주로 발간하고 있는 《백산자료원》의 육낙현 사장이 2003년 말에 필자에게 한 가지 부탁을 해 왔다. 북한에서 발표한 단군릉에서 발굴된 사람 뼈에 대한 절대 연대 측정에 대한 책을 북한 측에 저작권료를 지불하고 발간하려고 하는데, 내용을 읽어보고 타당성이 있다고 생각되면 발간사를 써 달라는 것이었다.

남북한에서 첨예하게 다투고 있는 내용이지만 원래 육 사장이 의뢰한 것은 유골의 연대 측정과 측정 방법에 대한 원리 등을 검토해 달라는 것이다. 필자는 제시된 논문 등을 검토한 결과 원리와 측정 방법 등 서술된 내용 자체에는 별 문제가 없음을 확인하고 발간사를 써 주었다. 그러나 육 사장은 국내 학계에서의 반발 등을 고려하여 이를 출판하지 못한다는 소식을 나중에 알려 왔다. 첨예한 문제일수록 오히려 공개하여 많은 사람들의 의견을 듣는 것이 좋다는 생각을 했었는데 발간하지 못해 아쉬운 감이 없지 않았다. 그런데 최근 육 사장으로부터 반가운 연락이 왔다. 유보하였던 책을 조만간 출간하겠다는 설명이다. 자료가 공개되면 보다 많은 학자들의 연구가 있을 것으로 생각된다.

서툰 국수주의나 보수주의자들의 장난으로 고대사가 얼마든지 조작될 수 있음을 우리는 수없이 보아 왔다. 세계를 놀라게 한 일본인의 고대사 조작 사건도 그와 같은 맥락에서 볼 수 있을 것이다. 약 60만 년 전 원인(原人)의 건물터로 보이는 주거 흔적과 70만 년 전의 석기 등을 발견했다고 하여 일본의 고등학교 교과서에도 기재되었던 미야기(宮城)현 가미다카모리(上高森) 유적이 사실은 발굴 단장 후지모리의 조작이었음이 폭로된 것이다.

과거부터 일부 학자들이 우리의 유산을 일방적으로 평가했음은 물론 심지어는 역사까지 왜곡했다는 것은 잘 알려진 사실이다. 일제 강점기에는 일본의 관변학자 위주로 한국 고대사가 변조되었으며, 해방이 되어 한반도가 남북한으로 갈린 상태에서는 고대사에 대한 시각이 서로 달랐다. 학자들은 당연히 어떤 것은 터무니없이 혹평하는가 하면, 또 어떤 것은 일방적으로 자기들 주장만 내세워 고집을 부렸다.

여기에 정치성까지 개입되면 사건은 매우 복잡해진다. 특히 북한과 같이 폐쇄된 사회에서 모든 것을 처음부터 조작할 수 있다고 믿을 경우, 그 결과는 고대사에 대한 모든 주장을 원천적으로 부정하는 계기가 될 수 있다. 지금까지 북한에서 나온 모든 주장이 북한 학자들에 의해 조작되었을지도 모른다고 믿는 학자들이 생기는 이유이다.

필자는 이 문제에 대해서 더 이상 거론하지 않겠다. 우리의 역사와 문화가 세계에서 가장 우수하다고 무조건 강조하는 것도 문제지만, 북한에서 주장했다고 하여 정치적으로 조작되었을 것이라고 덮어놓고 단정하는 것도 문제가 아닐 수 없다. 이 문제에 대한 해결은 앞으로 많은 학자들의 연구에 의해 명확하게 밝혀질 것으로 생각된다.

시라무룬강
하가점 하층문화가 북쪽으로 시라무룬강에 이른다.

　대동강 중심설은 대동강에서 단군릉의 발굴로 그 동안 기원전 2333년으로 설명되던 고조선이 기원전 3000년경으로 상향 조정됨이 특징이다. 그런데 대동강 중심설을 견지하면 그 동안 중국의 동북방이 한민족의 터전이었다는 설명에도 문제가 생긴다. 물론 북한에서는 그 동안 고조선의 근거지로 견지하던 요동 지역을 단군 조선의 부수도로 설명한다.

하가점 하층문화와 고조선

　우리 나라 최초 국가가 어디에 있었는지에 대한 고민이 깊어갈 수밖에 없는 상황에서 중국은 한국을 놀라게 하는 발표를 했다. 그 동안 부단히 한민족의 고조선과 연계된다고 주장하던 하가점 하층문화에서 국가가 존재했다는 결정적인 증거를 발견했다는 것이다.

　하가점 하층문화가 분포하는 지역은 북으로는 시라무룬(西拉木倫)강 가에 이르고 동쪽으로는 의무려산(醫巫閭山) 기슭, 서쪽으로는 하북성 장가구 지구에 이르는 광대한 영역을 포함한다. 원래 이 유적은 홍산문화 만기로 편입시켜 설명했는데, 1960년 적봉(홍산) 근교에서 발견된 대량 유적층을 분석한 결과 비로소 홍산문화와는 구별되는 명칭이 부여된 것이다.

중국 측이 이 문화층에서 국가가 성립되었다고 발표한 근저는, 북한이 주장하는 대동강 중심설의 단군 조선보다는 다소 늦은 시기이지만 하가점 하층문화에서 성벽은 물론 돌무덤, 제단 등이 발견되었고, 이것이야말로 국가가 존재했다는 증거로 인식하기 때문이다.

고조선 요동 중심설은 20세기 초 민족주의 사학자들로부터 비롯된 것으로 이해되어, 오늘날 고조선의 중심을 만주 지역으로 주장하면 마치 민족주의자로 비쳐진다. 그러나 이 역시 조선 시대부터 제기된 것으로, 조선 시대의 설명을 민족주의 사학자들이 계승한 것이고, 북한의 경우도 최근 대동강 중심설로 선회하기 이전까지 고수하던 학설이다.

중국이 하가점 하층문화를 중점적으로 강조하는 것은 이들 문화가 동북아시아 최초의 청동기 시대 문화인 데다가 동북 내지 전체 중국의 상(은)·주 시대 역사에서 중요한 위치를 차지하기 때문이다. 한국도 이들 지역의 청동기 문화가 한국사와 밀접한 관계를 갖고 있다고 인식하므로 매우 중요하게 다루는데, 윤내현 등 일부 학자들은 고조선 문화로 생각한다. 복기대도 이들 문화를 한국사와 연결시키는 데 큰 무리가 없다고 설명했다.

하가점 하층문화의 특징적인 요소는 채회도이다. 채회도는 그릇을 만들어 낸 뒤 기물의 외벽에 그림을 그리는 것이다. 색은 흰색, 주황색, 빨강, 검정, 회색 등이 사용되며 문양들은 매우 추상적으로 아름답다.[106]

하가점 하층문화에서 특히 중요한 것은 청동기이다. 청동 귀고리는 타원형의 만곡형으로 한쪽 끝은 부채꼴인데, 하가점 하층문화의 특징적 유물 가운데 하나이다. 특히 토제 용법이 발견되었는데, 당시의 주조 공예가 이미 내범과 외범을 조합하는 방법을 채용하여 얇은 벽제의 기물을 주조해 낼 수 있었음을 보여 준다.

하가점 하층문화에서는 항상 옥기가 발견된다. 옥의 형태도 독자적인

*
106)「요서 지역 청동기 시대 문화와 황하 유역 문화와의 관계」, 복기대, 『고대에도 한류가 있었다』, 민족문화의 원형과 정체성 정립을 위한 학술대회, 비교민속학회·한국구비문학회, 2006

것이 보이지만 비교적 많은 수량이 홍산문화의 그것과 유사하다. 이는 하가점 하층문화와 홍산문화 사이의 앞뒤로 밀접하게 연결된 문화 계승 관계를 보여 준다는 뜻에서 매우 중요시한다. 놀라운 것은 양자강 중류에서 옥선(玉蟬)이 발견되는데, 이것은 하가점 하층문화에서 이미 남방을 포함한 주변 지역과 광범위한 고차적 문화 교류가 이루어졌음을 알려 준다.

채희도

묘지는 일반적으로 주거지 부근에 만들었다. 묘혈(墓穴)은 밀집 분포하며 배열 또한 가지런하다. 묘광은 장방형의 수혈 토광이 많고, 깊이 묻는 습속이 있었다. 아이들은 대부분 성인 무덤 사이에 혹은 성인 무덤 안에 매장되었다.

사자는 평상시 몸에 지니던 장식품 위에 여성은 방추차를, 남성은 부(斧)·월(鉞) 등 공구와 무기류를 부장했다. 순생(殉生) 습속도 있어 일반적으로 벽감에 돼지 다리 한 쌍을 넣었고 비교적 큰 무덤은 완전한 돼지와 개를 매장했는데, 여러 마리를 매장한 경우도 있다.

하가점 하층문화의 여러 가지 특징은 홍산문화와 계승적인 측면도 있는 반면에 상당한 변화가 있다. 그러나 학자들이 주목하는 것은 동일한

성자산성 위의 쌍돼지 석상 (곰바위)
이 바위 위에서 성혈이 발견되었으며 머리 부분은 치석 흔적이 뚜렷하다.

시기인 중원의 하·상(은) 문화와 비교해 볼 때, 이들 문화 간에 독특한 지역적 특색을 지닌 것도 발견되지만 공통적인 특징도 명확하게 발견된다는 것이다.[107]

학자들이 하가점 하층문화에서 가장 중요하게 인식하는 것은, 돌로 쌓은 성벽을 보유한 성보군(城堡群)이 있고 그 가운데 일부는 연쇄식으로 분포되어 있어 '원시장성(原始長城)'과 같은 형태가 발견된다는 것이다. 이것은 이들 구조물이 강력한 방어 기능을 갖추고 있다는 것을 의미한다. 이 중에서 유명한 성자산산성(城子山山城)과 삼좌점(三座店) 유적에 대해서만 설명한다.

성자산산성과 고조선

성자산 유지비
중국어와 몽골어로 된 두 개의
표지석

중국은 1981년부터 1988년까지 8년 동안 홍산문화의 중심지인 오한기 지역의 성자산 인근을 집중적으로 답사했다. 성자산은 10여 개의 작은 산들이 둘러싸고 있으며 전체 규모는 6.6㎢나 된다.

이들의 답사 목적은 성자산 유역의 현황을 상세하게 조사하는 것인데, 1987년 해발 800m에서 놀랍게도 성자산산성을 발견했다. 성자산산성은 살력파향(薩力巴鄉)과 마니한향(瑪尼罕鄉)과의 경계를 이루는 곳에 있다. 북쪽으로 합라구촌(哈拉溝村)에서 약 4km 정도 떨어져 있다.

그러나 성자산산성은 현지인들도 별로 방문하지 않는 곳이라 찾는 것이 간단한 일이 아니다. 그러므로 성자산산성을 방문할 때마다 〈오한기박물관〉 연구원들의 안내를 받아서 현장을 방문했지만 그들조차 쉽사리 길을 찾지 못할 정도로 오지 중에 오지에 있었다.

성자산 밑에는 중국어와 몽골어로 된 표지석 두 개가 나란히 서 있다. 산 정상부는 시야가 열려 있어 초원 사막 지대를 볼 수 있는 경관이 매우 좋은 곳에 위치한다. 이 곳에서 수많은 돌무지가 발견되었는데, 놀라운

*
107) 『동북문화와 유연 문명』,
곽대순 외, 동북아역사재
단, 2008

성자산 유지 제단석

것은 외성에 반원형의 '마면식(馬面式, 치)' 석축이 발견된다는 점이다. 치는 고구려 성벽의 고유물처럼 알려져 있는 것으로 성벽을 방어하는 데 유리한 형태를 갖고 있다. 일반적으로 성벽을 기어오르는 적을 측면에서 공격할 수 있도록 일정 거리를 두어 설치되는 것으로는 마면(馬面)과 단루(團樓)라는 돌출 부분을 사용한다. 그런데 마면은 사각형의 돌출 부분이고 단루는 반원 형태인데, 송나라의 심괄(沈括)은 자신의 경험으로 볼 때 마면이 단루보다 더 효율적이라고 적었을 정도로 치는 중요성을 갖고 있다.[108] 하가점 하층문화인들이 성벽을 건설하면서 마면식 치의 특성까지 알고 있다는 것은 그만큼 당대의 사회가 복잡했다는 것을 알 수 있다.

적석총과 석관묘, 제단터는 물론이고 성벽의 축조 방법을 보면 후대의 고구려·백제와 비슷하다. 할석으로 한 면만 다듬어 삼각형으로 쌓고, 다음 것은 역삼각형으로 쌓는 형식을 말한다.[109]

108) 『무기와 방어구』, 시노다 고이치, 들녘, 2002
109) 「발해 문명 창조 주인공은 우리 민족」, 이형구, 『뉴스메이커』 745호, 2007.10.16

하늘신과 조상신에 제사를 지냈다는 돌로 쌓은 제단터와 사람들이 살았거나 공무를 보았을 대형 건물터도 발견되었는데, 이 곳 원형 제단터 중에 원시 솟대의 원형으로 추정되는 선돌(立石)도 발견되었고, 이 곳이 원시 소도(蘇塗)의 가능성도 보여 준다.

내성은 중심구·동·서·남·북·동남 등 6구역으로 분할되었다. 구역과 구역 사이에는 서로 돌담으로 격리했지만 돌문으로 연결된다. 중심 구역은 다른 구역보다 높은 지역에 있으며 '회(回)'자 형의 오르내리는 돌담으로 둘러싸여 있는데, 총 6구역의 건축지는 232곳이나 된다. 원형 건축지의 직경은 주로 5~6m이며 최장 13m에 달한다.[110]

교미하고 있는 쌍돼지 대형 돌도 있는데 길이 9.3m, 주둥이의 폭은 2,1m이며 이마 높이는 7.5m이다. 눈 부분은 거칠지만 모서리의 선이 분명할 정도로 인공적인 흔적이 있으며 등에는 대형 성혈이 발견되었다. 특히 동쪽 성벽 바깥에 대형 제단 3개가 있는데, 이들 제단 위는 매끄럽게 연마되어 있고 별자리로 추정되는 성혈(性穴)이 발견된다.

오한기박물관의 도록에는 성자산산성의 유적이야말로 하~ 상나라를 아우를 수 있는 중요한 유적이라고 적었다. 이는 중원의 하나라(기원전 2070년 건국)와 동시대에 성자산과 삼좌점 지역에 수천 기의 석성을 쌓은 국가 권력을 갖춘 왕권이 분명히 존재했다는 것이다.

아쉬운 것은 아직 이 곳에서 유적들을 수습하지 못하고 있는데, 이 곳 조사에 직접 참여하였던 연구원들은 본격적인 발굴에 들어가면 엄청난 유물이 발굴되어 이 분야 연구에 새로운 전기를 마련할 것으로 기대한다고 설명했다.[111]

최근 발굴이 진행된 음하(陰河) 상류 삼좌점 유적은 보다 확실하게 국가 성립의 개연성을 보여 준다는 데 중요성이 있다. 이 곳은 2005년 영금하의 지류인 음하를 막는 음하 다목적댐 공사 도중 발견되었고, 2006년 말 발굴이 완료되었다. 유적의 전체 면적은 1만 4000㎡이며 건물지 수십 기와 석축 원형 제단, 적석총, 우물은 물론 석축 저장공(13개)이 확인되었

＊
110) 『오한 문물정화 Aohan China』, 군국전, 내몽고문화출판사, 2004, 35~37쪽
111) 2007년10. 14일 성산자산성에서 인터뷰

삼좌점 유적 치
왼쪽으로 치가 보인다. 음하 다
목적댐 공사 도중에 발견되었다.

으며, 도로 혹은 수로가 구획 사이에 조성돼 있었다. 하늘과 땅을 상징하는 적석묘는 50~70㎝ 원을 중심으로 사방 20여m 까지 확장될 만큼 거대해 제단과 구분되지 않을 정도이다. 두 눈을 가진 사람 얼굴을 새긴 것과 같은 암각화 주위로 완벽한 형태의 우물과 60여 채의 집터, 부족회의 장소로 추정된 모임 장소, 곡식 창고와 문설주까지 완벽하게 보존돼 있다.

특히 외성과 내성으로 구분된 성벽 중에서 내성 북쪽 성벽의 '치'는 5m 간격으로 13개나 발견된다. 더욱이 곳곳에 해독되지 않은 상형문자들이 널려 있다고 알려져 있다.[112] 그런데 2008년 9월 삼좌점을 방문하였을 때 사람의 얼굴로 추정되는 암각화는 발견할 수 없었다. 그 행방지는 아직도 알려지지 않았다.

이들 석성이 특별히 주목받는 것은 전형적인 초기 형식의 석성으로 기저석을 쌓고 수평으로 기저를 받친 뒤 '들여쌓기'를 했다는 점이다. 또

＊
112) 이기환, 「고조선 추정 청쯔
    산 · 싼줘뎬 유적」, 경향신
    문, 2006.10.13

한 횡으로 쌓은 뒤 다음 단은 종을 쌓았는데, 이들의 추정 연대는 무려 4000년 전으로 거슬러 올라간다는 점이다. 더욱 놀라운 점은 아군의 추락을 막고 적병의 침입을 방어하려고 여장을 쌓았다는 것이다.

대각선을 뚫은 문지(門址)도 발견되었는데, 이는 은신하면서 드나들 수 있는 출입문이다. 하가점 하층문화인들이 치가 촘촘하게 배치될 정도로 견고한 석성을 쌓았다는 것은 육박전 같은 대규모 전투를 염두에 둔 것으로 윤명철은 추정했다.

하가점 하층문화인들이 석성만 쌓은 것은 아니다. 몽골 초원에는 돌이 적은 곳도 많기 때문에 이런 지역에서는 토성을 쌓았다. 대전자향(大甸子鄕)에 4000년 전에 만든 토성(土城)이 발견되었는데, 이 토성은 평지에 쌓은 평원성(平原城) 개념으로 높이는 약 3m 정도이지만 토성을 견고하게 만들기 위해 나무 등을 섞었다. 4000년 전에 방어를 위한 토성의 개념이 확보되어 있었다는 설명이다.[113]

오한기(敖漢旗)에만 1000여 곳에 이르는 등 밀집된 대소 원형 건축지가 발견되고 인근에서 하가점 하층문화와 유사한 산성이 계속 발견되자, 중국은 이들 지역에서 국가가 성립되었다는 것을 확정하여 발표했다. 성자산산성 표지석에 하가점 하층문화에서 국가가 성립했다는 다음 기록이다.

국가가 성립할 수 있는 역량이 완성되어 있다(有國家的力量才能完成).

이는 하가점 하층문화가 중국이 인정하는 하나라와 동일한 수준에 있다는 것은 인정한 것이다. 말하자면 이미 성숙한 국가, 즉 방국(方國)의 역사적 단계에 진입했다는 것이다.

특히 하가점 하층문화에서 각각 석축 성곽 유적은 고립하여 존재한 것이 아니라 무리를 이룬다. 각 그룹의 석축 성곽 유적 가운데는 대형 유적이 한둘 있으며 각각의 그룹 사이에는 상당한 거리가 있다. 이런 현상은

*
113) 「고조선 심장부를 가다」,
이정훈, 신동아, 2008년 4
월

————有國家的力量才能完成

각 석성이 상대적으로 독립된 사회 단위이고, 각 그룹은 사회 단위의 연합체이며, 각 그룹에 보이는 대형 유적은 연합체의 중심이라는 가정을 보여 준다. 그리고 전체 석성 유적으로 구성된 성보대(城堡帶)는 이러한 연합체보다 한 차원 더 높은 사회 조직이라는 추정도 가능케 한다.

중국에서는 하가점 하층문화의 외곽 지대에 설치된 석성은 하나의 성을 보호하기 위한 것이 아니라 국가를 방어하기 위한 방어 체계로 이를 원시적인 '장성의 원형' 이라고 설명한다. 그것은 하가점 하층문화의 소석성보대(小石城堡臺)의 경우 후대의 연(燕), 진(秦)의 장성과 평행하거나 중복되어 있기도 하기 때문이다. 그러므로 이런 성보대의 모습이 후대에 말해지는 '장성' 과는 엄밀하게 비교할 수 없지만 기능에는 유사한 점이 많다는 데는 수긍한다. 즉 한(漢)의 봉수대 유적처럼 길게 연결하면 장성과 같은 작용을 할 수 있다는 것이다.

이러한 목표를 위해 성을 쌓는다면 국가적인 규모가 아니면 할 수 없다. 한마디로 요서 지역의 하가점 하층문화는 당대에 매우 강성했던 하

완전한 형태로 남아 있는 성자산 유지 외성의 치
하가점 하층문화에서 산성이 계속 발견됨으로써 중국은 국가 성립이 이 지역에서 존재했다는 것을 인정하기에 이르렀다. 그 국가가 바로 고조선이라고 한국 학자들은 주장한다.

왕조와 능히 필적할 수 있는 강대한 방대국이라는 설명이다.

한국 측에서는 하가점 하층문화를 중화 5천 년의 배경이 되는 홍산문화를 계승하는 문화로 인식하며 고조선(단군 조선)과 연계되어 매우 중요시하게 생각한다.[114] 하가점 하층문화와 단군 조선과의 연계성은 하가점 하층문화 유적(12개 처)의 탄소 연대 측정값이 기원전 2200~기원전1300년으로 나오는 것으로도 알 수 있다.[115]

하가점 하층문화는 하가점 상층문화(기원전 1500~ 400년, 이형구 박사는 남산근문화(南山根文化)라고 칭함.)로 이어진다. 하가점 상층문화는 하가점 하층문화의 요소를 내포하면서도 은말 주초의 청동기 문화가 강하게 배어 있는 것으로도 유명하다.

이 청동기 문화야말로 요동 지역이나 한반도 지역의 청동기 문화와 매우 밀접한 관계가 있다. 이 시기에 이른바 비파형 청동 단검이 석곽묘나 석관묘 그리고 고인돌 무덤에서 출토되고 있기 때문이다.[116]

그런데 근래 관련 학자들을 놀라게 한 것은 하가점 하층문화에서 발견되는 청동기의 연대가 우하량 시대로까지 거슬러 올라간다는 것이다. 앞

*
114) 신형식, 이종호, 「중화 5천 년」, 홍산 문명의 재조명」, 『백산학보』, 제77호
115) 복기대, 『요서 지역의 청동기 시대 문화연구』, 백산자료원, 2002, 65~69쪽
116) 이형구, 「발해 문명 창조 주인공은 우리 민족」, 『뉴스메이커』 745호, 2007. 10. 16

에서 설명한 우하량 13지점의 이른바 전산자(轉山子) 유적의 금자탑(金字塔, 피라미드) 정상부에서 야동감과(冶銅감鍋), 즉 청동기를 주물한 흔적으로 보이는 토제 도가니의 잔편이 발견되었다고 북경 과기대의 한여(韓汝) 교수는 1993년 베이징대 국제학술대회에서 발표했다. 이는 매우 중대한 뜻을 담고 있다.

상 말 주 초에 제작된 것으로 보이는 거푸집

이 설명은 기존에 인정되는 중국 청동기 시대의 개막 연대(기원전 2000년)보다 1000년을 앞당길 수 있으며, 북한 측에서 기원전 3000년경에 이미 청동기로 들어섰다는 청동 유물이 보다 신빙성을 확보할 수 있기 때문이다.

더욱 학자들을 흥분케 한 것은 1987년에 이미 오한기(敖漢旗) 서대자(西台子) 유적의 홍산문화(기원전 4500~ 기원전 3000년) 문화층에서 발견된 다량의 도범(거푸집)과 연계시킬 수 있다는 점이다. 도범 속에는 낚싯바늘 형태의 틈새가 고스란히 남아 있었다. 이것은 청동 낚싯바늘을 만들기 위한 주형(鑄型)을 뜻한다. 중국 학자들은 이를 토대로 요하 문명의 청동기 시대 시작은 기원전 3000년 이상으로 거슬러 올라갈 수 있다고 설명한다.

이를 정리하여 설명한다면, 지금으로부터 5000년 전인 홍산문화 시기에 청동기 문화의 맹아가 텄다. 그리고 홍산문화부터 시작된 등급 사회와 예제가 갈수록 발전했고 청동기와 석벽, 적석총의 전통이 하가점 하층문화 시기에 꽃을 피워 이 곳에서 정확한 이름이 알려지지 않은 강력한 국가가 건설되었다. 중국의 소병기는 이를 강력한 방국(方國, 왕국)이 존재했다는 것으로 설명했는데, 한국 학자들은 이 방국이야말로 고조선일 가능성이 높다고 설명한다.

이 강력한 방국 가운데 일부 지파가 중원으로 내려와 중국이 명실 공히 인정하는 상나라(기원전 1600~ 1046년)를 건국했다는 시나리오다. 소병기가 훗날 중원을 제패한 상나라 문화의 기원은 발해만에 있었다(先商文化在渤海灣)고 인정한 것도 여기에 근거를 두고 있다.[117]

이기환은 한나라 초 기자(箕子, 상이 망한 뒤 기자 조선을 건국했다는 상나라 귀족)가 조선

✽
117) 「코리안루트를 찾아서(17) 동북아 청동기 기원 'BC 3000년 발해'」, 이기환, 경향신문, 2008. 1. 26

하가점 상층문화에서 발견된
청동 단검

에 봉해졌다는 복생이 쓴 『상서대전』의 기록에 주목했다.

서주가 은나라를 정복하고 감옥에 갇혀 있던 기자를 놓아 주었는데, 기자는 자기 나라를 멸망시킨 주나라 왕실로부터 용서를 받은 것을 달갑게 여기지 않고 조선으로 달아났다. 이 소식을 들은 주나라 무왕이 그를 조선후로 봉했다.

여기에서 '기자가 조선을 건국했다.'가 아니라 '기자가 조선에 봉해졌다.'는 뜻으로, 이는 이미 발해 연안에 조선이 존재했다는 의미로 해석할 수 있다는 것이다.[118]

위의 설명은 하가점 하층문화가 한민족의 원류라는 것에 기초를 두고 있는데 여기에서 분명히 지적해야 할 사항이 있다. 하가점 하층문화의 경우 그 성격이나 주민들의 족원이 확실하게 한민족이라고 단언할 수 있느냐는 점이다. 이들 지역을 간단하게 동이족으로 간주하면 되지만 실제로 이 당시 동이족은 물론 화하족이라고 뚜렷한 구분이 있었던 것도 아니기 때문이다.

물론 하가점 하층 및 상층 문화가 큰 틀에서 중국인과 다른 동이족의 일파라고 보는 것은 이 곳에서 발견된 인골을 보아도 알 수 있다. 오한기 사가자진(四家子鎭)은 사방 10여 m의 홍산문화 초기의 적석총 3기가 발견된 지역이기도 하는데, 오한기박물관의 왕택 연구원은 이들이 동아 몽골인이라고 설명했다. 이는 하가점 하층문화 인골 134기를 분석한 주홍(朱泓) 길림대 교수의 말로도 증빙된다.

하가점 하층문화 인골은 정수리가 높고, 평평한 얼굴의 특징을 갖고 있는 '고동북 유형'에 속한다.

그는 고동북 유형이 요서 지역과 전체 동북 지역에서 가장 빠른 문화

*
118) 「코리안루트를 찾아서(17)
동북아 청동기 기원 'BC
3000년 발해'」, 이기환, 경
향신문, 2008.1.26

주민이라고 설명했다. 하북성, 산서성, 섬서성, 내몽고 중남부 지구에서 보이는 '고화북 유형'과는 다른 인종이라는 뜻이다. 하가점 하층문화인들이 중화인들과는 다른 민족이었다는 것을 의미하며, 앞에서도 설명했지만 이들 문화의 연대가 고조선의 연대와 부합된다. 그 동안 부단히 이들 지역이 단군 조선의 근거지라고 주장되던 이유를 이해할 수 있을 것이다.[119]

고조선 중심지 이동설

고조선의 '중심지 이동설'은 고조선의 초기 중심지는 요령 지역이었으나 후기에는 중국 세력의 확장에 따라 한반도 서북부 지역으로 이동했다는 논리로, 1980년대부터 남한 학자들이 상당수 지지한다. 이는 비파형 동검, 세형 동검, 다뉴문경, 미송리형 토기, 고인돌 등 고고학적 유물과 문헌의 검토를 통한 연구에 의한 것이다.[120]

중심지 이동설의 가장 큰 쟁점은 고조선 멸망 당시의 도읍이 현재의 평양, 즉 대동강 유역인가, 그렇지 않으면 현재의 한반도 평양이 아닌 만주의 평양 지역인가로 나뉘어지지만, 만주의 평양설은 비교적 주목을 받지 못한다. 요동 중심설과 중심지 이동설은 암묵적으로 고조선의 강역을 한반도와 중국 진나라의 만리장성이 끝나는 옛 요동 갈석산을 경계로 한 만주 전역을 포함하는 광대한 영토를 포함하는데, 만주의 평양설은 한반도가 제외되는 문제점이 있기 때문이다.

중심지 이동설은 원천적으로 대동강 중심설을 부정하는 것으로도 인식될 수 있다. 그런데 북한에서 스스로 고조선의 본거지를 요령 지역으로 비정했다는 데에 많은 부담감을 갖고 있는 것은 사실인데, 근래 북한의 역사에 대한 인식은 그야말로 놀랍다.

북한은 고조선 중심지 이동설이 아니라 원래 고조선의 중심지가 대동

*
119) 「고조선 추정 청쯔산·싼줘뎬 유적」, 이기환, 경향신문, 2006.10.13
120) 『고조선의 역사를 찾아서』, 고조선사연구회 외, 학연문화사, 2007

강이었다는 것을 설명하기 위해 과거에 요령 지역을 단군 조선의 근거지로 비정했다는 것을 솔직하게 숨기지 않는다. 북한이 과거에 실수했다는 것을 자인하는 것이나 마찬가지인데, 박득진은 바로 그 근거를 다음과 같이 설명한다.

종래에 고조선의 중심지가 료동 반도에 있다고 본 견해도 있었다. 이러한 견해는 고조선이 조선반도뿐 아니라 그 이북 지역까지 차지하였다는 인식에 기초하여 발생한 것이다. (종략) 이 설은 료동 지방에 왕검성이 있었다고 볼 수 있게 하는 자료와 발굴된 고고학적 자료들에 대한 그릇된 해석에 그 근거를 두고 있다. 왕검성이 해성—개현 사이에 있었다고 볼 수 있게 하는 자료들이 전해져 있는 것은 사실이나 왕검성이란 말 자체가 임금이 사는 성이라는 의미를 가지고 있으므로 기본 수도 외의 부수도들도 왕검성이라고 하였을 수 있다. 그런 것 만큼 종래 평양이 왕검성이었다고 한 자료들을 무시하고 료동 지방에 있었던 왕검성(부수도)에 관한 자료만을 절대화한 것은 극히 편협한 해석이었다.

박득진은 더불어 과거에 평양 지역에 대한 발굴 작업이 요동 지역에 비해 상대적으로 거의 진행되지 않았음도 지적했다. 즉 발굴 자체가 적었기 때문에 요동 지역을 단군 조선의 근거지로 비정하는 실수를 했다는 것이다.[121] 북한의 고대사에 대한 인식이 부정확하여 실수를 했다고 이와 같이 솔직하게 실토한 것은 그야말로 놀라운 일이 아닐 수 없다.

그런데 근래 대동강 중심설을 기반으로 하여 중심지 이동설을 역으로 설명하는 가설도 제시되고 있다. 고조선의 중심지 이동이 있었다는 것을 전제로 기존 학설처럼 고조선의 근거지가 요하 지역에서 한반도로 넘어온 것이 아니라 역으로 한반도에서 동북 지역으로 전래되었다는 것이다.

사실상 대동강 중심설은 조선 초기의 『동국통감』, 『동국여지승람』 같은 역사서들의 지지를 받았을 뿐만 아니라 조선 후기 일부 실학자들도

121) 『고조선의 력사 개관』, 박득준, 사회과학출판사, 1999

이를 지지했다. 중국의 『한서』 「조선전」에서 한나라 초기 고조선의 서쪽 경계를 패수라고 기록한 것도 고조선의 중심지가 대동강 유역이라는 근거로 사용되었다. 이 '패수'를 한백겸은 청천강으로, 정약용은 압록강으로 비정했다. 이 내용이 일제 강점기의 식민사학자들과 그들의 제자들이 더욱 심화시켰다는 설명이지만 정약용은 매우 독특한 가설을 제시했다.

정약용은 고조선의 중심지는 한반도 북부이지만 후에 영토를 확장해서 요서 지방을 점령하고 연나라와 국경을 접했다는 것이다. 한치윤(韓致)과 한진서(韓鎭書)도 각각 『해동역사』, 『해동역사속』에서 고조선의 도읍지는 평양이지만 그 강역은 요서 지방을 훨씬 넘는다는 견해를 제시했다. 실학자들의 이러한 견해는 대동강 중심설을 인정하면서도 고조선의 강국이 중국 동북방까지 확장되었다는 절충적인 견해라고 볼 수 있다.[122] 여하튼 신용하는 이를 세 단계로 나누어 설명한다.

1) 한반도에서 북으로는 압록강, 남으로는 한강까지를 영토로 한 초기의 고조선 건국
2) 요동으로 진출하여 고조선의 영역이 확장하며 이 때 수도를 요동 지방으로 옮김.
3) 고조선이 요서 지방으로 진출하여 영역을 보다 확장하며 요서 지방에 부수도를 2개 이상 설치함.

다소 생소한 평양에서 요하 지방으로의 중심지 이동 근거는 다음과 같다. 요하 지역에서 '아사달', '조선(朝鮮)'의 명칭을 가진 지명이 3곳 이상 발견된다는 것이다.

첫째는 『사기』 「조선열전」에 나오는 요동부 '험독(險瀆)'이다. 이 곳은 현재 요동 지방의 개평현(蓋平縣) 험독을 가리키는데, 신용하는 이를 2단계 고조선의 수도로 비정했다. 둘째는 우하량의 '신비의 왕국(여왕국)'이

*
122) 『고조선은 대륙의 지배자였다』, 이덕일 외, 역사의 아침, 2006

존재한 조양(朝陽)으로, 이 곳에 백랑산(白狼山)이 있고 대능하의 본 이름이 백랑수(白狼水)였다고 하므로 이 곳을 아사달로 비정하는 것이다. 셋째는 영평부(永平府, 현재 북경 바로 동북 지역)의 '조선현(朝鮮縣)', 즉 난하 유역이다. '아사달'이 여러 곳에 있게 된 것은 고조선의 영토가 확대되었기 때문으로 추정했다.

여기에서 가장 오래된 아사달이 고조선의 첫 수도가 되고 나머지 세 개의 아사달은 부수도 또는 후에 천도한 수도라고 볼 수 있는데, 신용하는 이 문제의 해결책으로 팽이형 토기, 고인돌, 비파형 동검의 연대와 분포지여야 한다고 적었다.

그런데 조양 지역에서는 비파형 단검 등 청동기는 많이 출토되나 팽이형 토기와 고인돌은 발견되지 않는 것을 볼 때, 고조선의 첫번째 수도는 아니라고 주장했다. 또한 영평부의 경우도 팽이형 토기와 고인돌이 없을 뿐만 아니라 비파형 동검도 적게 나오는 것을 볼 때 고조선의 영역이기는 하되 고조선 최초의 아사달이라고는 볼 수 없다는 것이다.

반면에 요동의 험독 지방에서는 팽이형 토기는 없으나 고인돌도 발견되고 비파형 동검을 비롯한 청동기들이 다량으로 발견되는 것을 감안할 때 대동강과 입지 조건이 유사하다고 설정했다. 그러면서도 대동강 지역에 손을 들어 준 것은 이 지역에서 팽이형 토기도 다수 출토된 것은 물론 고인돌, 비파형 동검 등이 발견되었다는 것이다. 결론적으로 대동강이 고조선의 첫번째 수도였고, 요동의 험독은 제2기의 수도이며, 대릉하 유역의 조양과 영평부의 조선현은 제3기 고조선의 부수도 또는 부수도급 대도시였거나 후에 천도한 수도라는 설명이다.

이 설명에 의하면 여하튼 고조선은 한반도의 한강 유역에서부터 요동·요서 지역, 대릉하와 난하 지역까지 포괄한 거대한 국가로 발전했다는 것이다.[123] 그런데 이 가설은 고조선의 근거지가 평양이라고 주장했는데, 중국 동북방에서 고조선 관련 유물들이 쏟아져나오자 종래 고조선이 한반도 북부에 있었다는 견해의 수정이 필요해서 나온 것이라는 혹

123) 「고조선 문명권의 형성과 동북아의 아사달 문양」, 신용하, 『고대에도 한류가 있었다』, 민족문화의 원형과 정체성 정립을 위한 학술대회, 비교민속학회·한국구비문학회, 2006

평도 받았다. 즉 이들 역중심지 이동설은 일제 강점기 시대 식민사학자들 주장의 현대판이 아니냐는 것이다.[124]

이 주장에 대해서는 앞으로 많은 연구에 의해 보다 명쾌한 설명이 제시될 것으로 생각된다.

고조선은 강대국이었다

홍산문화로부터 하가점 상·하층문화, 상(은)을 거치는 동안의 동이족의 활동 반경을 근거로 고조선의 중심지가 어디냐는 것을 설명했다. 우리들의 관심은 고조선이 과연 고대에 패자로서의 영향력을 갖고 있었느냐이다.

일반적으로 고조선의 강역은 서쪽으로 하북성 동북부에 있는 지금의 요하로부터 북쪽과 동북쪽은 어르구나하와 흑룡강에 이르렀고, 남부는 한반도 남쪽 해안에 이르러 한반도와 만주 전 지역을 차지하고 있었다고 추정하기 때문이다.[125][126]

반면에 이청규는 고조선의 영역으로 기하학 무늬 동경과 비파형 동검이 공통적으로 출토되며, 유사한 토기군이 분포한 요하 서쪽의 대릉하 유역에서부터 청천강에 이르는 지역으로 추정한다.[127] 북한의 대동강 중심설에서도 요동 중심설의 근거가 되는 지역에 부수도가 있었다고 생각하므로 고조선 강역은 큰 틀에서 차이가 거의 없다.

홍산문화에서 기원전 3000년(신비의 왕국을 포함.)부터 국가의 틀을 갖고 중국의 동북방 지역에서 계속 자체적인 문화를 영위했다고 하더라도, 고조선이라는 거대한 제국을 건설했더라도, 이들이 과연 한국인의 선조이냐는 의문과 그들이 광대한 영토를 간수할 수 있을 정도로 정말 강대했는가 하는 문제까지 해결되는 것은 아니다.

넓은 지역에서 형성된 문화 유형이 인류학적 유형과 반드시 일치하는 것도 아니다. 사람의 이동은 반드시 문화의 전파와 보급을 동반하지만

*
124) 『고조선은 대륙의 지배자였다』, 이덕일 외, 역사의 아침, 2006
125) 『고조선 연구』, 윤내현, 일지사, 1994
126) 『한국사(3)』, 이청규, 국사편찬위원회, 1995
127) 『한국사』 3, 국사편찬위원회, 1995

문화의 전파와 보급은 사람의 이동 없이도 이루어지기 때문이다.

그러므로 가장 중요한 것은 이들 지역에서 발견되는 인골이 한국인의 특성을 갖고 있는가를 살펴보는 것이다. 현대 한국인의 체질에 대한 연구에 따르면 한국인의 머리뼈가 다른 민족과 구별되는 가장 뚜렷한 특징은 '머리의 길이가 짧고 높이가 매우 높다.' 는 점이다. 여기서 머리의 길이는 이마에서 뒤통수까지의 거리를 말하며, 높이는 아래턱뼈 윗부분의 '으뜸 점' 에서 정수리까지의 거리를 말한다. 특히 머리뼈의 높이가 높은 것은 구석기 시대 사람부터 지금의 한국인에 이르기까지 계속해서 나타나는 특징이다. 하가점 하층 및 상층 문화가 큰 틀에서 중국인과 다른 동이족의 일파라는 것도 이 곳에서 발견된 인골로 판정한 것임을 앞에서 설명했다.[128]

금우산인 인골

한편 황하 중류의 지류인 위하 유역의 앙소 주민들은 조선 옛 유형 사람들과는 달리 중두형에 속하며 이마도 곧지 않고 제껴졌고 머리뼈가 높을 뿐만 아니라 얼굴뼈도 높다. 결론적으로 한민족은 중국의 앙소문화(仰韶文化) 시대나 현대의 중국인들과도 다르다.

중국의 요령성 심양시 우홍구 정가와자 유적은 비파형 동검을 사용한 고조선의 강역으로, 그 곳에서 M6512호와 M659호에서 두 개의 불완전한 머리뼈와 몇 개의 몸 뼈가 발견되었다. 〈중국 과학원 고고 연구소〉의 감정 결과 이 머리뼈의 형태는 단두형에 속하면서 그 높이가 상당하여 전형적인 한민족의 특징을 보여 주고 있다(중국 학자들은 이들을 동호(東胡)족으로 추정한다.).[129]

요서 지방의 남산근 유적 주민들도 비파형 동검을 사용했는데, 그들의 유골을 분석한 결과 한민족과 유사하므로 한민족의 인종적인 영향 하에 혈연적 특성을 이루었거나 한민족의 분류인 것으로 추정된다. 이는 고래로부터 한민족 집단이 요동 지방은 물론 요서 지방으로도 적지 않게 진출한 증거로 볼 수 있다. 때문에 일부 학자들은 요서 지방의 주민을 요하 동쪽에 있던 고대 한민족의 분파인 맥족과 관련시키기도 한다.

*
128) 『중국의 동북변강 연구 동향 분석』, 고구려연구재단, 고구려연구재단, 2004
129) 『꼬깔모자를 쓴 단군』, 정형진, 백산자료원, 2003

길림성 서단산 유적에서는 2구의 인골이 보고되었는데, 그 형질적인 특징이 몽고인계의 특징을 보이는 비파형 동검 문화의 인골과는 달리 퉁구스계에 근접하고 있어 우리 민족과는 비교적 거리가 먼 것으로 추정했다. 그러나 북한에서는 서단산의 인골이 한국인과 많이 상이한 것은 사실이나 다른 바이칼호 퉁구스족보다는 우리와 가깝다고 보고 있다.

또 연해주 북쪽 아무르 강 연안에서도 신석기 시대의 유골이 발견되었는데, 이들 역시 인류학적으로 한민족의 특징을 많이 갖고 있다. 이러한 사실은 한민족이 이미 신석기 시대에 연해주 일대는 물론 아무르 강 연안까지 진출하였다는 것을 말해 준다. 고고학자들은 이러한 지역을 고조선 강역으로 보고 있으며, 이 강역에 살고 있던 사람들을 중국 사람이 아니라 바로 우리 조상이라고 믿고 있다.

한반도에서 발굴된 청동기 시대의 인골을 분석한 결과는 전형적인 한국인의 골격을 보여 준다. 웅기 서포항 유적에서 성인 남자 3개체분이 발굴되었는데, 신장은 보통 크기인 151.3~163.4cm였다. 두개골의 형태는 머리 길이가 상당히 짧은 초단두형이며 높은 머리에 속했다. 함경북도 웅기 송평동 패총(貝塚)에서 발견된 신석기 시대 말과 청동기 시대인도 초단두형이었고[130] 함북 지방의 나진 초도 유적에서 유아뼈 1개체를 포함하여 14개체분이 발견되었는데, 골격으로 볼 때 오늘날의 한국인과 큰 차이가 없었다.[131]

한편 강국이란 선진 무기를 갖고 있는 나라이다. 현재의 세계 판도를 보면 쉽게 짐작할 수 있다. 선진 첨단 무기를 갖고 있는 이스라엘은 인구가 몇백만 명에 불과하지만 수억 인구의 아랍 세계를 상대하면서도 큰소리를 치고 있다.

이 말은 주변의 모든 부족이 석기를 사용하던 시기에 청동 무기를 갖고 있었다면 그 부족은 다른 부족과는 다른 월등한 군사력을 발휘할 수 있었을 것이란 이야기이다. 오늘날로 치면 첨단 선진 무기를 갖고 있는 것과 크게 다를 바 없다.

*

130) 「민족사관의 재정립을 위하여」, 김정학, 남북 고고·역사학자 학술대회, 오사카경제법과대학, 1995

131) 『김해 예안리 고분군 II』, 부산대학교박물관, 부산대학교박물관유적조사보고 제15집, 1993

비파형 동검
동이족인 상(은)나라가 하나라를 멸망시키고 중원을 정복할 수
있었던 것은 청동기 문화가 발달한 것으로 보고 있다.

당시의 청동 무기는 대단한 위력을 갖고 있었으므로 이를 소유한 부족이나 나라는 주변 지역을 용이하게 정복할 수 있었을 것으로 생각된다. 비파형 동검이나 세형 동검으로 무장한 민족이 고조선이라는 거대한 지역에서 강성한 힘을 발휘했다는 것은 무리한 추측이 아니다. 동이족인 상(殷)나라가 하나라를 멸망시키고 중원을 정복한 것도 청동기의 위용 때문이라고 볼 수도 있다.

진수가 적은 『삼국지』에는 『위략(魏略)』을 인용하여 다음과 같은 기록이 있다.

옛 기자의 후예인 조선후(朝鮮侯)는 나라가 쇠약해지자 연나라가 스스로 높여 왕이라고 칭하고 동쪽으로 침략하려는 것을 보고, 조선후도 역시 스스로 왕호를 칭하고 군사를 일으켜 연나라를 역으로 공격하여 주 왕실을 받들려 하였지만 그의 대부(大夫) 예(禮)가 간하므로 중지했다. 그리하여 예를 서쪽으로 파견하여 연나라를 설득하니 연나라도 전쟁을 멈추고 (조선을) 침략하지 않았다. 그 뒤에 (조선 왕의) 자손이 점점 교만하고 포악해지자 연나라는 장군 진개(秦開)를 파견하여 조선의 서족 지방을 침공하고 2천여 리의 땅을 빼앗아 만번한(滿番汗) 지역을 경계로 삼았다. 마침내 조선의 세력이 약화되었다.

위의 설명은 위만이 등장하기 전의 조선이 강성한 나라였음을 보여 준다. 특히 조선왕의 후손이 교만했다는 것은 그만큼 고조선의 세력이 강했음을 말해 준다. 고조선과 밀접한 관계를 갖고 있는 동예(東濊)에 관해 『후한서』 「동이열전」에 다음과 같이 적혀 있다.

원삭(元朔) 원년(기원전 128)에 예군(濊君), 남려(南閭) 등이 우거왕을 배반하고 28만 명을 이끌고 요동(遼東)에 귀속하자 한 무제는 그 지역에 창해군(蒼海郡)을 만들었으나 수년 후에 곧바로 폐지했다.

*

132) 『고조선은 대륙의 지배자
였다』, 이덕일 외, 역사의
아침, 2006

여기에서 예군 남려가 우거왕을 배신했다는 말은 곧 예나라가 고조선의 제후국 중 하나라는 뜻이다. 따라서 고조선은 여러 번국을 거느린 황제국임을 알 수 있다. 특히 당대에 번국이 28만 명이라는 대 인구를 이끌고 요동에 귀속했다는 것은 황제국인 고조선이 얼마나 강력한 제국이었는지를 알려 준다.[132]

일반적으로 역사상 최강의 국가를 영유했던 고구려의 광개토 태왕과 장수왕 시대에 고대 고조선 영토의 거의 전부를 되찾았다고 추정한다. 그 당시의 영토가 얼마나 광대한지 역사 지도에서 찾아보기 바란다.

황하 문명에 패한 요하 문명

요하 유역에서 태어난 고조선이 과거 강력한 제국이었더라도 결론적으로 중국인들이 자랑하는 황하 문명을 일군 사람들에 의해 밀렸다는 것은 사실이다. 요하 문명이 황하 문명보다 선진 문명이었음에도 역전되었다는 사실은 요하 유역에서 발견되는 청동기가 황하 지역에서 생산되는 청동기보다 적다는 사실로도 알 수 있다. 요하 유역을 포함하여 한반도에서는 비파형 동검 등이 발견되는 것은 사실이나 황하 일대에서는 무기류를 넘어서 '정(鼎)'으로 불리는 의식용 제기 등도 다량 출토된다. 이는 황하 문명의 청동기 생산량이 요하 문명보다 많았다는 것을 의미한다. 물론 청동기 문명의 대표적인 나라가 동이족이 건설한 상(殷)이라 할지라도 그들의 근본인 요하 지역에서 청동기 문명을 보다 발전시키지 못한 것은 그만큼 요하 문명이 뒤처지기 시작했다는 것을 말해 준다.

학자들은 이와 같이 선진 요하 문명이 후진 황하 문명에 밀리게 된 이유로 기후 변화를 꼽는다. 현재 요하 유역은 매우 건조하다. 겨울에는 북서풍이 강하게 불어와 체감 온도가 매우 낮아 사람이 살기에는 좋은 환경은 아니다. 그런데도 요하 문명에서 동아시아 최고의 문명이 일어난

요하 유역

것은 현재와 과거의 기후가 달랐기 때문이다. 학자들은 요하 문명이 꽃피던 시절엔 요하 유역이야말로 농업을 하기에 매우 좋은 지역이었다고 추정한다.[133]

이는 홍산문화의 뒤를 이어 발생한 하가점 하층문화의 후신인 하가점 상층문화의 유물이 다르다는 것으로도 알 수 있다. 하가점 상층문화는 기원전 1300년부터 형성된 것으로 보이는 청동기 유물이 발견됐는데, 이들은 하층문화와 상당히 달랐다. 하가점 하층문화에서는 유목민이 사용하는 청동기가 발굴되지 않으나 하가점 상층문화에서는 유목민 특성을 보여 주는 유물이 주로 출토된 것이다. 정주(定住) 생활을 하던 하가점 하층문화인들이 유목 생활을 하는 하가점 상층문화를 만들었거나 유목민들에게 정복되었다는 것을 의미한다.

적봉시 남쪽에 '노노아호산(努魯兒虎山)' 이라는 산맥이 있다. 이 산맥 동남쪽에서는 대릉하와 소릉하란 강이 발해만으로 흘러가므로 '능하(凌河) 지역' 으로 통칭된다. 이 능하 지역에서 서기전 800년쯤 형성된 것으로 보이는 청동기 유물이 다량 발굴됐다. 능하 지역의 청동기는 하가점 상층문화의 청동기와 달리 유목민의 유물은 적고 제작 기법이 훨씬 더 발

*
133) 「고조선 심장부를 가다」, 이정훈, 신동아, 2008년 4월

중국 내륙의 젖줄 황하

달해 있었다.

학자들은 이와 같은 변화를 기후 때문으로 추정한다. 홍산 지역은 해발 600m의 고원 평지지만, 노노아호산과 발해만(바다)으로 둘러싸인 능하 지역은 저지대 평지다. 따라서 농경이 가능해 이 곳에 살던 청동기인들은 정주 생활을 했다는 설명이다.

여신고도 기념탑

적봉 일대 즉 광의의 홍산문화에서 신석기 문화가 대단히 오랫동안 꽃피었다는 것은 이 곳이 고원이긴 하지만 농경을 하는 정주 생활이 가능했다는 뜻이다. 농경을 했다는 것은 그 지역이 비가 적절히 내렸고 날씨 또한 그리 춥지 않았음을 말해 준다. 그런데 서기전 1300년 무렵부터 유목민 문화가 등장하는데, 이는 큰 기후 변화가 일어나 비가 적게 오고 추워졌음을 의미한다.

기후 변화로 농업 생산량이 급감하자 하가점 하층문화를 발달시켰던 상당수가 노노아호산 남쪽의 따뜻한 곳으로 떠나 일부가 상(은)의 시조가 되었고 후대에 능하 지역에 정착하여 '능하문화'를 일으키고, 적봉 지역에 남은 세력은 초지에서도 생활이 가능한 유목문화로 들어갔다는 설명도 있다.

적봉은 평지였으며, 제반 조건이 좋아 화하족보다 먼저 청동기를 제작했지만, 해발 600m의 고원이라는 결정적인 약점을 갖고 있었다. 고원은 지구적인 기후 변화로 인해 추워지면 농경이 불가능해진다. 따라서 적봉에 남아 유목을 하는 세력과 능하 지역으로 이동해 농경과 함께 목축을 하는 세력으로 나뉘게 된다. 황하 문명에서는 다수가 자기 자리에 남아 농경을 하고 소수가 티베트로 들어가 유목을 했으나, 적봉에서는 상당수가 남쪽으로 이동했다. 그러므로 중국에서 최초의 문명을 만들어 낸 홍산 지역에 남아 유목을 한 세력은 자연 조건상 인구가 더디게 증가할 수밖에 없고 결국 화하 문명에 비해 인구가 점점 밀리기 시작하게 됐다는 것이다. 이를 두고 따뜻한 곳으로 옮긴 일부 동이들이 황하인들과 결합하여 황하 문명을 구성했으므로 거주 조건이 열악한 요하 지역인들을 추월하기 시작했다는 설명도 있다.[134]

중화 5천 년 기념탑

*
134) 「홍산문명 vs 황하문명 4000년 전쟁」, 이정훈, 신동아, 2008. 9

한민족의 상고사가 더욱 풍성해지기를 바라며

기록이 없는 우리의 상고사를 과학의 잣대로 풀이하는 것이 간단한 일은 아니지만 상고사 분야에서 과학적 성과는 눈부시다. 중국은 '중화 5천 년'이라는 제목 아래 자신들의 역사를 1000년 올리거나, 북한이 단군조선이 평양에 실재했다고 설명하는 것도 근래의 과학적 성과가 없었으면 엄두도 못 낼 일이다.

'중화 5천 년'의 기치를 들게 만든 중국 북방 문명에 대해 중국의 항춘송 교수는 『적봉고대예술』에 다음과 같이 썼다.

내몽고 적봉 지구와 중원 황하 유역, 장강 중하류는 중국 고대 문명의 발원지이다. 적봉은 역사상 제1차 문화를 창조하여 중국 고대 문명 발전사 중에서 특수한 지위를 차지한다. ⑵⁾

기원전 3700년경에 시작한 홍산문화는 중국 북방 지역에서 찬란한 문화가 태어났음을 보여 주며 '중화 문명'을 5000년 전으로 올리는 데 결정적인 역할을 했다. 이후 기원전 2200년경의 북방 조기 청동기 시대인 하가점 하층문화에서 밀집된 도시가 건설되었고 노예제도가 생겨났다. 이를 성방노예제(城邦奴隸制)라고 부른다. 서주, 춘추전국 시대 전기인 3500년 전에서 2300년 전에 내몽고 적봉초원에서 유목 민족이 발전하기 시작했다. 동호가 이 곳의 주인으로, 이들은 하가점 상층문화를 만들었으며 이를 동호문화라고 한다.

한마디로 한민족의 선조인 동이가 중국의 역사를 5000년 전으로 올리는 데 큰 역할을 했다는 뜻이다.

특히 중국은 홍산 문명의 중요성을 집중적으로 부각시키면서 홍산문명의 근거지인 우하량에 '신비의 왕국'이 있었다고 주장한다. 그러므로 기원전 2700년경 탁록에서 벌어졌던 동이의 치우와 화하의 황제 간에 벌어졌던 '탁록전투'를 신화가 아닌 역사적 사실로 인정하고 있으며 차제에 황제도 동이족이라고 설명한다.

중국의 역사가 우하량 홍산 지역에 있었던 '신비의 왕국'으로부터 출발했고, 신비의 왕국보다 다소 후대이기는 하지만 하가점 하층문화에서 발견된 유적을 근거로 당시 국가가 존재했다고 단정적으로 설명하는 것을 처음 듣는 한국인은 매우 충격적으로 받아들일 수도 있다. 더욱 놀라운 것은 일부 학자들이 부단히 단군 조선이 신화에 지나지 않는다고 설명하는데도 불구하고 중국에서는 이와 역으로 국가가 실존했다고 단언하여 설명하는 것이다.

중국인의 뿌리인 황제, 염제, 치우가 동이족이라는 예상치 못한 중국인들의 발상 전환은 중국인, 한국인, 심지어는 일본인까지 모두 새로운 중국인의 범주 안에 들어갈 수 있다는 논리로도 비약할 수 있다.

북한의 주장도 파격적이기는 마찬가지이다. 북한은 과거와는 달리 단군 조선의 근거지는 대동강이고 '신비의 왕국'이 있다고 알려진 과거의 고조선 근거지를 대동강에 이은 단군 조선의 부수도가 있었다고 설명한다. 더욱이 이들 국가의 존재는 5000년 전부터라는 주장이다.

한민족 5000년의 화두가 근래 과학적인 잣대에 의해 증명되기 시작했다는 것이야말로 반가운 일이지만 중국의 새로운 논리에 마냥 따라갈 수만은 없다는 것이 한국인들의 고민이 아닐 수 있다. 그러나 어느 부분에서나 새로운 각도의 주장에 새로운 각도의 대처 방안이 생기기 마련이다.

학자들은 중국이 현 중국 영토 안에서 일어났던 과거는 당시의 여건이

은허 상징 조형물

단군우표

어떠했든 현 중국 체제로 설명할 수 있다는 것이야말로 중국의 작위적인 해석이라는 지적이다. 사실상 과거 로마의 영토를 볼 때 현재 30여 개국으로 나뉘어져 있다. 역사적으로 볼 때 이탈리아를 포함하여 프랑스·영국·그리스·이집트·트라키아 등이 로마에서 핵심적인 역할을 담당했는데, 막상 현재의 이탈리아는 과거 로마의 영토 면적을 볼 때 매우 작은 면적에 지나지 않는다. 프랑스의 경우만 해도 수많은 유적들이 남아 있고 이집트의 경우도 로마의 유적이 수없이 많이 있다. 그런데도 현재 프랑스와 이집트가 이탈리아와 다른 나라라고 해서 과거 로마에 속해 있었음을 부정하면서 그들의 역사에서 로마의 역사를 프랑스 역사로 갈음할 수는 없는 일이다.

사실 중국과 한국이 원천적으로 다르다는 것은 단 한 가지의 예로도 충분하다.

중국인과 한국인은 오랫동안 인접하여 한편으로는 으르렁거리고 한편으로는 타협하면서 살아 왔지만 두 국민은 전혀 다른 언어 체계를 갖고 있다는 점이다. 중국인과 한국인의 외모와 유전자는 흡사해도 언어는 다르다. 이러한 사실은 두 나라의 국민이 다른 뿌리에서 나왔음을 뜻한다. 언어 체계에서 한국과 유사한 것은 일본어와 만주어·몽골어·투르크 어다(알타이 어계).[135]

오랜 역사 속에서 종족과 민족은 전쟁이나 자연 재해 등 여러 가지 이유로 이동했다. 이동 과정에서 한민족과 중국인의 영화는 다른 길을 걸었다. 시대에 따라 축소와 팽창을 거듭하는 것이 영토인데, 현 영토를 기준으로 뿌리가 다른 역사를 흡수한다고 그들의 역사로 편입되는 것은 아니다. 과거 중국이 아닌 적대국이라고 생각하여 부단히 전쟁을 벌인 지역의 역사도 중국의 역사라는 설명에 모순이 제기되는 이유이다.

중국인들이 일방적으로 그 동안 한국에서 도외시하던 상고사 부분을 자신들의 입맛에 맞게 설명하는 것도 부정할 수 없는 사실이지만, 바로 그 점이 역으로 우리들의 상고사에 새로운 길을 열어 주는 것과 다름 아

*
135) 「고조선 심장부를 가다」,
　　이정훈, 신동아, 2008. 4

니다. 한마디로 중국의 자료를 통해 한민족의 것을 선용한다면 그 동안 소홀히 하던 한민족의 상고사를 더욱 더 풍부하게 만들 수 있을 것이기 때문이다.

　앞으로 보다 많은 연구로 더욱 좋은 자료가 확보되면 어렵기만 하던 한국의 상고사도 어두움에서 빛을 낼 수 있을 것이다. 열린 마음으로 우리 역사를 다시 보는 계기가 되기를 바랄 뿐이다.

연변 왕청현 선녀봉공원
만천성 웅녀상

제2부

고조선의 강역과 도읍지

요하의 상류 지역인 적봉과 오한기 지역은 단군 고조선의 개국의 터전으로
추정되는 곳이며, 그 하류 지역은 기자 조선과 위만 조선의 활동 무대였다.
중국의 역사서나 지도에서 위만 조선 도읍지 험독(왕험성, 왕검성) 이
요하 본류의 서쪽인 쌍태자하 변에 표기되거나 기록되어 있다.
당시의 화폐로 추정되는 명도전이 이 곳 지역과 청천강 상류에서까지
발굴되어 그 영역을 짐작할 수 있게 한다.

우리 민족의 뿌리인 고조선을 찾으려는 뜨거운 바람이
요하 지역으로 불고 있다.

제1장

고조선의 강역

난하와 갈석산

漦河

요동(遼東)은 중국인들이 그들의 영토를 기준으로 하여 가장 동쪽 끝에 위치한 지역을 말한다. 오늘날의 '극동'이라는 말과 같은 뜻을 지닌 말이었다.

현재 요녕성 요양시 지역을 흐르는 강을 '요하(遼河)'라고 부른다. 바로 이 요하가 요동과 요서를 구분하는 기준이다. 하지만 고대의 요하와 현재의 요하는 그 개념이 달랐다. 사실 요하는 오랜 동안 만리장성 부근 난하를 가리키는 말이었다

당나라 두우(杜佑, 735~812)가 쓴 『통전』에 "갈석산은 한나라 낙랑군 수성현에 있는데, 진나라가 쌓은 만리장성이 동쪽으로 요수를 끊고 이 산에

난하
중국 하북성의 북부 몽골 고원 남부에서 발원하여 많은 지류와 합류하며, 급류를 이루어 남동쪽으로 흘러내린다. 다시 연산(燕山)산맥을 가로지르고 난현을 거쳐 하북평야 하류에 델타를 형성하면서 발해만(渤海灣)으로 흘러든다. 길이 877km, 유역 면적 4만 4945㎡. 급류를 이루어 수세가 강하며 굴곡이 심한 데다가 겨울에 동결하므로 겨우 하류부에서만 목조선(木造船)의 운항이 가능하다. 그러나 수량이 풍부하여 발전·관개 등에 이용 가치가 크다.

서 일어났다."고 기록, 만리장성이 요수를 끊고 갈석산에서 시작된다고
하였다.

요녕성의 요하가 오늘날처럼 요하로 불리게 된 것은 '거란족이 세운
요나라가 발해를 멸망시키고 이 지역을 차지한 뒤의 일' 이다. 그러므로
『삼국유사』에 기록된 요수는 현 요녕성 요하를 뜻한다고 볼 수 있다. 요
나라가 이 지역을 차지하기 전까지 이 강은 압록강이라 부르기도 하였
다. 『삼국유사』는 오늘날 요하에 대해 "요수는 일명 압록으로서 지금은
안민강이라 부르니…" 하였고,『요사』「지리지」역시 "요하를 일명 압록
이라 하였다."라고 언급하였다.

13세기 송나라(기원전 960년~ 1279년) 말기부터 원나라 초기에 걸쳐 활동했
던 역사학자 증선지(曾先之)가 지은『19사략통고(十九史略通考)』의 지도에 '만
리장성(秦長城) 남쪽에서 북쪽으로 관통하는 강(灤河推定)을 요수(遼水)로, 그
동쪽을 요동, 그 동쪽을 조선(현 요하 하류 지역)' 이라 표기 하였다.

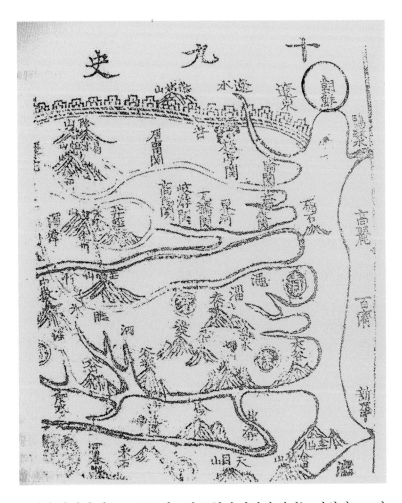

증선지의 십팔사략 중의 고조선 위치 표기, 원내

　　난하 방면에 최초로 중국 왕조의 군현이 설치된 시기는 기원전 281년
이다. 연나라 장수 진개(秦開)가 동호(東胡, 조선)를 침략하여 동으로 천여 리
땅을 빼앗고 점령지에 상곡군, 어양군, 우북평군, 요서군, 요동군을 설
치하였을 때이다. 이 때 연나라는 점령지의 가장 동쪽에 요동군을 설치
하였는데, 이 때 요동군의 동변(東邊)에는 난하와 사곡, 갈석이 있었다. 이
때 설치된 요동군의 현은 양평군(襄平縣), 신창현(新昌縣) 등이다. 또한 『염철
론(鹽鐵論)』 「험고(險固)편」에 "대부가 말하기를 ― 연나라는 갈석에 의하여
막히고, 사곡에 의하여 끊겼으며, 요수에 의하여 둘러싸였다. ― 이것들

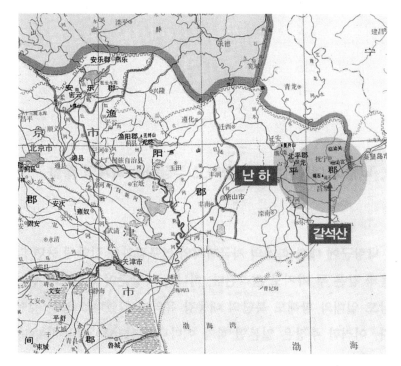

이 나라를 굳게 지킬 수 있게 하니 산천은 나라의 보배이다."고 하여 갈석산 이웃에 요수가 있었음을 알 수 있게 한다.

진나라는 6국을 멸망시키고 몽염을 시켜 만리장성을 완성하였는데, 만리장성의 대부분은 기존의 연장성·조장성·진장성 등을 보수한 정도였고, 실제 장성을 새로 쌓은 곳은 난하에서 산해관 사이였다. 사서에는 연장성을 쌓기 시작한 곳이 수성 또는 갈석으로 적혀 있는데, 이 곳은 난하 방면이다. 그런데 이 시기는 진나라가 6국을 멸망시키고 천하를 통일한 후이므로 각지의 인부들을 충분히 동원할 수 있는 시기이다.

반면에 연나라 사정을 살펴보면, 진개의 조선 침략 후 연나라 인구는 통일 진나라 인구의 10분의 1도 안 되었다. 또 연나라는 조선 침략 후 불과 1년 만에 제나라에 대패하여 중앙의 정예군을 거의 다 잃어 버렸다. 또 연 혜왕의 실정으로 유능한 대신들이 혜왕 곁을 떠나 국력은 극히 쇠약해졌다. 따라서 연나라가 인부들을 동원하여 장성을 쌓을 수 있는 시

낙랑군 위치에 있어서 중요한 갈석산

기는 불과 1년 정도이다. 그 동안에 연나라가 상곡에서 요양 방면까지 수천 리 장성을 쌓았다고 주장하는 것은 지나친 과장임을 알 수 있다. 연나라 장수 진개는 방어의 어려움을 알기 때문에 대릉하에서 공격을 중단하였고, 요수·사곡·갈석을 연나라의 동변으로 삼았다. 연나라가 난하까지 군현을 설치하고 지킬 수 있었던 것은 장성 산줄기, 사곡, 난하, 갈석이라는 험지가 있었기 때문이다.

이 난하의 하류(현 노룡 남쪽)에 옛날 백이 숙제의 고죽국 유적과 영평부(永平府)와 조선성(朝鮮城)의 흔적이 남아 있다.

천고신악(千古神岳) 갈석산의 높이는 695.1m, 총면적은 480㎢, 남북 길이는 24km, 동서 길이는 20km이다. 산은 창리현(昌黎縣) 현정부 소재지의 봉우리들 사이에 원주형으로 우뚝 솟아 있으며, 하늘을 찌르는 기둥과 같다고 하여 이와 같은 이름이 붙었다. 능선의 기복이 커서 100여 개의 절벽과 봉우리가 형성되었다. 최고봉인 선대정(仙台頂)은 한무대(汉武台)라고도 하며, 속칭 낭낭정(娘娘顶)이라고도 부른다. 2000이 넘는 세월 동안 진황(秦皇), 한무, 당종(唐宗), 위무(魏武) 등 7대 제왕들이 이 곳에 올라 바다를 둘러봤으며, 돌에 그들의 공적을 새겼다. 경합철도(京哈鐵道, 북경 — 하얼빈)와 합경 공로(哈京公路, 하얼빈 — 북경)가 통하고 있는 관광 지역으로 알려져 있다.

사마천의 『사기』에 주석을 붙인 주석서인 『사기색은』[1]에 '갈석산'에 대하여 다음과 같이 기록되어 있다.

水經云「在遼西臨渝縣南水中」. 蓋碣石山有二, 此云「夾右碣石入于海」, 當是北平之碣石

『수경』에 전하기를 '(갈석산은) 요서 임유현 남쪽 물에 있다. 대개 갈석산은 둘이 있는데 여기에서 말하는 "갈석의 오른쪽을 끼고 바다로 들어간다."는 당연히 북평의 갈석을 가리키는 것이다.'

*
1) 당(唐)나라 때 사마정(司馬貞)이 완성한 『사기색은(史記索隱)』은 사마천의 『사기』를 해설하고 분석한 연구서다. 사마정은 '태강지리지(太康地理志)'라는 책을 인용해 "낙랑의 수성현(遂城縣)에는 갈석산이 있으니 장성(長城)이 시작되는 곳"이라는 설명을 부연했다. 태강지리지는 서진(西晉) 태강(太康, 280~289) 연간에 완성된 지리책으로 지금은 망실됐다.

중국에는 갈석산이 모두 세 곳에 있는데, 위의 창려 갈석산을 비롯해 산동성, 요녕성에 위치하고 있다. 먼저 산동성 무체현의 북쪽 30km지점 바닷가에 위치한 갈석산은 높이 63.4m로 무체산, 마곡산(馬谷山), 대산(大山)이라고도 부른다. 역사적으로 '구하 지역(九河地域)'에 속하며 바로 우(禹) 임금이 구하(九河)를 소통시켜 바다로 들어가게 한 곳이다. 그리하여 이 갈석은 '우공갈석'이라 부른다. 다음으로 요녕성 수중현(綏中縣)의 서쪽(산해관에서 15km) 바다 가운데 위치한 갈석산은 높이가 약 20m되는 바위이다. 민간 전설에는 맹강녀가 투신한 곳이라고도 하며 '강녀분'이라고도 부른다.

한편, 우리 나라 황해도 수안(遂安)에도 '갈석산'을 만들어 놓았는데, 한가람역사문화연구소장 이덕일 외 『고조선은 대륙의 지배자였다(2006년 발간)』의 내용을 소개하면 다음과 같다.

낙랑군의 위치를 찾기 위해 가장 중요한 것은 바로 갈석산이다. '사기 — 하(夏)본기'에 인용된 갈석에 관한 '태강지리지(太康地理志)'의 주석에 그 단초가 나와 있다. "낙랑 수성현(遂城縣)에는 갈석산이 있으며, (만리)장성의 기점이다."라는 구절이다. 갈석산이 있는 곳이 낙랑군이며, 바로 만리장

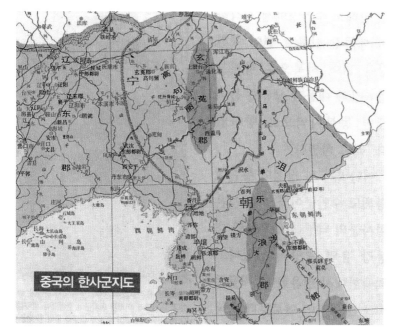

중국의 한사군지도

중국의 한사군 지도
국내의 한사군 지도보다 훨씬 대륙 쪽으로 영역이 확대되어 있다.

이병도가 주장한 한사군 위치도
한사군이 한반도에 위치했다는 주장은 식민사학자들의 영향에 따른 것이다.

성의 기점이라는 것이다. 한국 학자 중에서는 이병도가 이를 언급했다. 그는 『한국고대사연구 — 낙랑군고』에서 수성현에 대해 "지금 황해도 북단에 있는 수안에 비정하고 싶다."고 썼다. 낙랑 수성현의 遂(수)자와 황해도 수안의 遂(수)자가 같다는 이유 때문이다. 그가 이런 비실증적인 주장을 한 이후 낙랑 수성현은 황해도 수안으로 둔갑했고, 이 곳이 졸지에 장성의 기점으로 변했다. 이로써 오늘날 중국의 여러 박물관 지도들은 만리장성을 황해도까지 연장해서 표시하고 있다. (중략) 한국 고대사에는 낙랑이란 이름의 정치 세력이 둘 있었다. 하나는 최리가 국왕으로 있던 낙랑국, 다른 하나는 한사군의 낙랑군이다. 대동강 유역에 있던 국가는 한사군의 하나인 낙랑군이 아니라 낙랑국이며, 낙랑군은 한반도 내에 있지 않았다.

위와 같이 '낙랑군 수성현 갈석산' 이 우리 나라 '황해도 수안' 으로 바뀜에 따라 실로 경악스런 결과를 초래하고 있다. 그것은 현재 중국에서 발간되고 있는 각종 역사 지도에 '만리장성의 기점은 청천강 하구까지 진(秦)나라의 영역'으로 표기하는 근거가 되었다는 점이다.

위에서 말하는 낙랑은 한 무제가 위만 조선 땅에 설치한 그 낙랑군(樂浪郡)이며 낙랑은 서진(西晉) 시대에도 존속하고 있었다. 또한 한 무제 때 이미 창설된 수성현은 낙랑군이 관할하던 6개 현(縣)의 하나이다.

수성현에서 시작한다는 장성(長城)이란, 시황제가 쌓았다는 소위 만리장성이다.

당나라 때 인물인 두우(杜佑)가 편찬한 『통전(通典)』에서 "노룡현(盧龍縣)은 한나라 때의 비여현(肥如縣)이다. 갈석산이 있으니 바닷가에 우뚝 솟아 있으므로 이런 이름을 얻었다. 진(晉)나라 때의 『태강지리지(太康地理志)』[2]가 말하는 것과 같이 진(秦)의 장성이 시작된 곳이다."라고 기록되어 있다.

따라서 노룡현은 수나라 개황(開皇) 18년(기원전 598년)에 비여현을 대체한 이름이다. 노룡현 개칭 이전 그 자리에 있었던 비여현은 한 무제가 즉위 초반기인 기원전 140년에 전국을 103개 군으로 나누고, 13개 주자사부(州刺史部)를 설치할 때는 유주자사부(幽州刺史部)가 관할하는 요서군(遼西郡)에 소속돼 있었다.

현재의 중국 하북성 노룡현에는 주(周) 왕조에 협조하기를 끝까지 거부한 전설적 인물들인 백이, 숙제 형제를 기리는 유적이 남아 있다. 그리고 이 곳은 이들 형제가 왕자로 있었다는 고죽국(孤竹國)이란 곳이 있던 자리로 지목되기도 한다. 고죽국은 나중에 위만 조선이 정권을 탈취하게 되는, 소위 기자 조선과도 밀접한 곳이라는 기록들이 전하고 있다.

이와 같이 시황제가 4차 순행에서 올랐다는 갈석산은 지금의 하북성 진황도시 노룡현 일대에 있었음은 부인할 수 없다. 그러니 이 곳이 연나라 — 고조선, 진·한(秦漢) — 위만 조선의 주요한 국경 분기점이었다는 사실도 확실하다.

진황도 북쪽 요녕성 수중(綏中)에는 바다 가운데에 또 다른 갈석산이 있고, 진 시황의 행궁터 유적이 있다. 그리고 진황도 동북쪽 호로도시(葫蘆島

市)에서는 1990년대 초반 '임둔태수장(臨屯太守章)' 이라는 직인이 찍힌 봉니 (封泥, 공문서 등을 봉할 때 사용한 진흙덩이)가 발굴되어 '한사군 — 임둔군' 이 한반도 내가 아니라 이 지역임을 입증하고 있다.

임둔태수 봉니

대릉하와 백랑산

대릉하는 고조선의 대표적 유물인 비파형 동검이 다수 출토된 곳이며, 최초의 이름은 '패수(浿水)' 로 추정되는 강이다. 유역 내의 조양은 고조선 이 전국칠웅(戰國七雄) 중의 하나로 성장하는 연(燕)나라에 밀려 동쪽으로 퇴 각하고 난 후 연나라의 수도가 된 곳이다.

북한 학계는 수경에 묘사된 패수를 '대릉하' 라고 주장하였다. 이 주장 은 정인보에게까지 올라간다. 대릉하의 본류는 산해관의 동쪽인 요령 서 부에서 나와, 동북쪽으로 흐르다가 조양에 이르러 다시 동남쪽으로 물 길을 바꿔 바다로 들어간다. 고조선 중심지의 위치를 규명하는 논고에서 반드시 언급되는 지명 중의 하나가 패수이다. 고조선 때 중국과 경계를 이루던 강인 패수는 열수(列水 또는 洌水)와 함께 일찍부터 중국에 알려졌다. 사마천의 『사기』 「조선전」의 기록에 따르면, '한나라는 중국을 통일한 뒤 요동(遼東) 지방의 옛 요새를 수리하고, 패수를 요동과 고조선과의 경 계로 삼았다.' 고 한다.

패수에 관한 가장 오래된 기록으로는 『수경(水經)』이 있다. 『수경』에는 패수에 대해 "패수는 낙랑 루방현에서 나와 동남으로 임패현을 지나 동 쪽 바다에 흘러간다." 고 하였고, 기원 1세기 후한대의 사람인 허신도 "패수는 루방현에서 나와 동쪽으로 바다에 흘러간다." 고 하였다. 문제는 동쪽으로 흘러들어가는 강을 우리 나라 서해안에서 찾을 수가 없다는 것 이다. 따라서 낙랑군의 위치를 평양으로 주장하는 학자들은 수경에 나 오는 패수의 기록을 오류로 보았다. 하지만 『산해경』에도 "이 산은 초목이 없고 모래가 많은데 취(溴)수가 발원한다. 남쪽으로 열도에 흘러든다."
로 기록되어 있다. '취수'를 '패수'로 보는 것은 위만이 고조선으로 넘
어올 때 취수를 건너왔다는 기록으로 확인된다. 그런데 한반도 내에서는
모래가 많은 반사막 지역 강을 찾을 수 없다. 이와 같은 조건을 대체적으
로 만족시키는 강은 대릉하나 요하를 들 수 있다. 반면 『한서 지리지』와
『삼국사기』에는 패수를 대동강으로 명시하고 있으며, 현재 『중국 역사
지도집』에는 패수를 청천강으로 기록하고 있는 실정이다.

여기에 한나라와 위만 조선의 치열한 싸움이 패수를 중심으로 전개되
었는데, 그 기록은 한결같이 패수가 동서의 경계가 되었다. 그러나 여전
히 대동강설이 우세한 이유는 평양 일대에서 발굴된 낙랑 관련 유물 때

대릉하(大凌河)
옛날에는 백랑수(白狼水)라고
하였는데 요서 지방에서 가장 긴
강이다. 요녕성 건창현 수천흥
(水泉洶)에서 발원하여 북류하
다가 객좌(喀左)에서 하북성 평
천현(平川縣)에서 발원하는 지
류와 합류한 뒤 동쪽으로 흘러
조양시, 북표시, 문현, 능해시
등을 지나 발해로 들어가는 강으
로, 길이 398km, 유역 면적 2만
3263㎡'이며 유역 내에 홍산문화
의 주요 유적지인 동산취, 우하
량 유적이 자리하고 있다.

문이다. 또한 그 유물들이 한나라 시대의 것임은 의심의 여지가 없다. 하지만 낙랑이란 단어 역시 광범위한 해석이 가능하며, 평양에서 출토된 유물도 후한 시대의 것이어서 여전히 논란이 되고 있다.

『수경주(水經注)』는 5세기 말부터 6세기 초에 활약한 북위(北魏, 기원전 386~534년)의 학자 역도원이 3세기경에 쓴 책으로, 『수경』이라는 문헌에 자세한 주석을 붙였다. 강물의 흐름과 그 주변의 지리에 대해서는 고대 중국의 지리서 중 가장 높은 평가를 얻고 있다.

원본 『수경』은 매우 짧은 문장으로 구성되어 있다. 역도원은 이에 자신의 오랜 연구 경험을 통해 해석을 붙이고 고사와 경관 등을 함께 서술하여 이 『수경주』를 완성하였다.

먼저 '패수'에 관한 『수경』의 원문 기록과 이를 해설한 역도원의 『수경주』의 원문 기록을 제시한 후, 이에 대해 여러 가지 해석들을 살펴보고자 한다.

곰 모형 상다리
단군 신화와 연결되는 곰다리 양식. 평양에서 발굴되어 낙랑 시대 출토 유물로 간주하고 있다. 평양 일대에서 낙랑 유물이 나오자, 한사군이 평양에 있었다는 주장이 일면서 고조선의 영역이 좁아지게 되었다.

『수경』

패수는 낙랑군 누방현에서 나와 동남쪽으로 임패현을 지나서 동쪽으로 바다로 들어간다(浿水出樂浪郡鏤方縣, 東南過臨浿縣, 東入於海).

여기에는 '패수가 동쪽으로 바다에 들어간다.'고 지적하고 있다. 그런데 한반도 북부의 주요 하천들은 모두 서쪽으로 흘러 바다로 들어간다. 발해만을 돌아 요서로 가기 전에는 주요 하천들은 대개 서쪽으로 흐른다. 당연히 이에 대한 의문이 생겨나게 된다.

이에 대해 역도원은 『수경주』에서 다음과 같이 해답을 내놓았다.

『수경주』

한 무제원봉 2년에, 누선장군 양복과 좌장군 순체를 파견하여 우거(당시 고조선의 왕)를 토벌하게 했다. 패수에서 우거를 격파하여 마침내 이를 멸

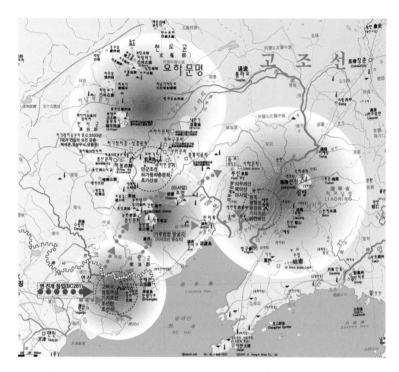

진개의 침략과 위만 조선
진개의 공격을 받은 위만 조선은
화살표시를 따라 세 곳으로 이동
한 것으로 추정된다.

망시켰는데, 만약 패수가 동쪽으로 흐른다면 패수를 건널 수는 없는 것
이다. 이 땅은 지금 고구려의 수도인데, 나는 고구려 사신을 만나 물어보
았다. 사신이 말하기를, 성이 패수변(陽, 강북)에 있고 그 강은 서쪽으로 흘
러 옛날 낙랑군 조선현, 즉 한 무제가 설치한 낙랑군 치소를 지나간 다음
서북쪽으로 흐른다고 하였다. 옛 지리지에는 패수가 서쪽으로 증지현에
닿아 바다로 들어간다고 하였다. 옛날과 지금의 이러한 증거들을 살펴볼
때 차이가 있으니, 수경은 잘못 고증한 것이다(武帝元封二年, 遣樓船將軍楊僕左將軍
筍討右渠, 破渠於浿水滅之. 若浿水東流, 無渡浿水之理. 其地今高句麗國治, 余訪蕃使, 言, 城在浿水之陽,
其水西流逕故樂浪朝鮮縣, 即樂浪郡治, 漢武帝置. 而西北流. 故地理志曰, 浿水至增地縣入海. 考之古今, 於事
差謬, 蓋經誤證也).

　　중요한 것은, 고조선 최초의 평양설을 주장한 사람은 『수경주』를 쓴
역도원이며 그 근거는 고구려 사람의 말을 인용하였다는 사실이다. 즉

한반도설(평양설)은 우리 나라 사람, 즉 한반도인이 만든 설이라고 할 수도 있다. 패수라고 주장하는 강들 중 대동강·청천강·압록강은 서쪽으로 흘러 바다에 들어가고, 요하는 남쪽으로 흘러 바다에 들어가며, 대릉하·난하는 동(南)쪽으로 흘러 바다(渤海)로 들어간다. 이 중 난하는 연나라 진개의 동침(東侵)으로, 패수일 가능성이 적으며 유일하게 대능하가 패수의 여러 여건을 갖추고 있는 강이라고 할 수 있다.

전국 시대 중기 『위략』에는 "조선왕이 연나라 타도를 외치자 대부(大夫) 예(禮)가 강력하게 만류, 조선왕은 공격의 뜻을 철회한 뒤 대부 예를 연나라에 사신으로 보낸다. 연나라는 조선후가 왕을 칭한 것에 격분했다. 조선의 유세가 예는 연나라왕을 설득, 연의 조선 침공을 막았다. 그 후 (조선의) 자손들이 교만해지자 연나라는 기원전 280년 전후, 장수 진개(秦開)를 파견, 그 땅의 서방을 공격하여(攻其西方) 땅 2000여 리를 취하였다."라고 기록되어 있다.

만번한(滿番汗)에 이르러 경계를 삼자 조선이 약해졌다. 진(秦)이 천하를 얻자 몽염을 시켜 장성을 쌓아 요동에 이르게 하였다. 이 때 조선왕 비(否)가 즉위했다. 진나라가 공격할까 두려워 진나라에 복속했지만 조회에 참석하지는 않았다. 이 중심 지역이 바로 대릉하 유역이다.

중국 문물국이 2000년 발굴한 '중국 중요 고고 발현'에 만리장성을 넘어 대릉하로 가는 길목, 요녕성 건창현(建昌縣) 동대장자(東大杖子)촌에서 전형적인 청동 단검(후기 형식, 기원전 4세기 말~ 기원전 3세기 중엽)이 적석 목곽묘에서 출토되었다. 문제는 ㈜조선의 전형적인 석곽묘와 손잡이를 황금으로 만든 청동 단검은 물론 전국 시대 후기(연나라)의 전형적인 청동기들이 함께 나온다는 점이다.

약보고서의 결론을 보면 고조선의 대표 문화인 청동 단검들이 분포한 가장 서남단에 위치한 유적이라는 점과 고분의 분포가 광활하고 묘 주인의 신분이 높은 점 등을 보면 이 무덤의 주인공이 연나라 시대의 군사장령(軍事將領), 즉 장군의 무덤이 분명하다는 것이다.

만리장성 너머 요녕성 건창현에서 확인된 청동 단검
고조선 문화인 청동 단검 문화를 받아들인 연나라 장군 진개의 무덤일 가능성도 배제할 수 없다.

무덤의 규모나 시대, 유물, 문화 양상을 보면 연나라 장수 진개의 무덤일 수도 있다.

진개의 침략(기원전 280년 무렵) 이후 과연 연나라는 요하를 건넜을까? 춘추 시대 때 만리장성 너머 요서(遼西) 지방에서 전형적인 연나라 유적이 보이지 않는다. 진개의 침입 이후에도 요동 지역에서 '전형적인' 연나라 유적 및 유물이 확인되지 않고 있다.

중국의 고고학자 진평(陳平)은 『연문화(燕文化)』라는 책에서 "의무려산(醫無閭山)을 기점으로 동쪽으로는 전국 시대 연나라 문화의 전형적인 유적·유물이 보이지 않는다. 연나라 희왕(喜王) 33년(기원전 222년), 요동으로 피신하기 이전에는 연나라가 진정으로 요하를 건너 요동 지역에 진입하지 못했다."고 조심스럽게 추정했다.

먼저 백랑산과 조조의 오환 정벌에 대해 살펴보자. 건안 12년 5월 무종에 도착한 조조는 7월에 큰 비를 만나고, 오환의 저항에 부딪혀 오도 가도 못하는 신세가 된다(時方夏水雨, 而濱海洿下, 濘滯不通, 虜亦遮守蹊要, 軍不得進. 太祖患之). 이 때 노룡 부근에 살던 전수(田疇)라는 자가 나타나 향도가 될 것을 자청한다. 이에 조조는 전수가 주장하는 우회 비밀 침투 작전을 받아들인다. 비밀 작전을 위해 먼저 오환을 속일 필요가 있다. 이에 조조는 "지금은 더운 여름이고, 도로는 통하지 않는다. 이에 가을, 겨울까지 기다린 후 다시 진군한다(方今暑夏. 道路不通. 且俟秋冬. 乃復進軍)."라고 방을 붙인 후 전수를 따라 상서무산, 노룡, 백단, 평강을 거쳐 유성(현 조양)을 향한다. 이 때 이를 알아차린 오환이 유성 200리 부근에서 반격한다. 조조는 백랑산에 오른 후 다시 전투를 벌여 오환에 역전승을 거둔다.

'낙랑'의 지명 유래를 보면, 위만 조선 멸망 후 한 무제가 설치한 한사군 가운데 하나인 낙랑군이 하북성의 '요서(대릉하 유역)' 지역에 있었다. 한사군 설치 시점에 요서 지역의 상부와 하부를 흐르는 두 강의 이름이 각각 '요락수(遼樂水)'와 '백랑수(白狼水)'였으며, 이 두 강 가운데 글자를 따 '낙랑'이라는 이름이 지어졌다. 요락수는 요하 상류의 이름이며 현재의 이름은 시라무렌강이다. 또 백랑산에서 발원한 백랑수의 현재 이름은 대릉하이다. 따라서 낙랑군은 랴오허강과 난하를 동서로 하고, 다링강과 시라무렌강을 남북으로 하는 지역에 존재했음을 알 수 있다고 심백강은 주장했다.[3] 이런 사실을 〈중국 사회과학원〉이 발간한 『중국역사지도집』의 서한 시기 지명 등에서 확인했다고 밝혔다. 낙랑군의 위치가 대동강

＊
3) 심백강, 『황하에서 한라까지』, 참좋은세상

백랑산 근경
낙랑과 대릉하의 이름이 유래한 백랑산은 조조와 오환의 군대가 치열한 전투를 벌인 곳이기도 하다.

백랑산(白狼山)

건창과 객좌 사이에 위치한 백랑산은 그 산형이나 산세부터 범상치 않다. 이 산이 중요한 까닭은 대릉하의 옛 이름 '백랑하' 도 이 산 이름에서 유래되었으며 낙랑과 관계가 깊은 산이기 때문이다.

유역이었다는 것은 그 동안 사학계의 정설이었다. 일제 강점기에 일본 사학자들이 대동강 유역에서 발굴된 '낙랑 유적' 을 근거로 하여 '대동강 낙랑' 설을 제기했으며, 이병도 등 주류 사학계가 이 이론을 그대로 받아들여 정설로 삼았다. 그러나 1980년대 이래 북한의 리지린, 남한의 윤내현 교수 등이 '요서 지역 낙랑' 설을 중국 쪽 사료를 근거로 삼아 제기해 왔다.

이 유서 깊은 역사의 현장 백랑산은 어느 곳에 위치하고 있으며, 현재의 이름은 무엇일까?

지난 2008년 7월 20일, 기후방정을 비롯해 청동 예기가 무더기로 숨겨져 있던 객좌 북동촌을 답사한 필자 일행 4명은 드디어 백랑산을 찾아들었다. 이 때 객좌에서 건창으로 가는 차 중에서 답사자 중 김석규님이 "저 웅장하고 기묘한 산이 백랑산이 아닌가?" 하였다.

지도상 다시 확인하고 주민을 찾아 목적지를 말하니 자세하게 안내해

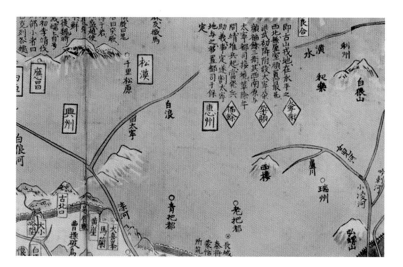

대청광여도상의 백랑산
난하와 만리장성의 동북쪽에 솟
아 있다. 난하 상류도 백랑과 백
랑하가 있다.

주었다. 이 길은 옥수수밭 사이로 이어진 경운기가 겨우 지나갈 수 있는
외길이었다.

이윽고 고개를 지나고 예상했던 문제의 사건이 발생하였다. 백랑산 화
강암을 가득 실은 두 대의 경운기를 만났던 것이다. 오도 가도 못 하는
두 방향의 차량이 대치하는 국면이 되었다. 그러나 답사자들은 이러한
상황 타결보다는 백랑산을 확인하기에 바빴다. 주민들의 말에 따르면,
이 산의 옛날 이름은 '백랑산' 이고 지금은 '대랑산(大浪山), 대서산(大西山)'
이라 부르며, 산 남쪽에 무덤(廟)과 탑 등 유적이 남아 있다고 하였다.

백랑산은 이 산 외에 건창의 남동쪽에 솟은 흑산(黑山, 1140.2m)을 '백랑산
풍경구' 라는 관광지로 조성, '홍성교통유람도(2004)' 등에 기록되었다. 이
는 중국에서도 정확한 역사 지명이 확정되지 못한 결과로 추정되며, 흑
산 지명 또한 의무려산의 동쪽 흑산현(黑山縣)과 동대장자(東大杖子) 북쪽에
도, 대흑산(965m)에도 표기 되어 있어 지명의 고착성(固着性)과 함께 이동성
(移動性)이 있음을 입증해 주고 있다. 참고로 필자는 사전에 현지의 지명과
역사를 조사하고 중국어로 표기된 지명이나 사진을 준비하여 답사시 활
용하고 있다.

요하는 단군 조선 이후 우리 민족과 이민족 간의 끊임 없는 애환이 닮

요하평원의 젖줄 요하는 혼하,
태자하와는 별개의 하천이 되
었다.

긴 강이다.

요하는 고대에 '구려하(句麗河)'라고 불렀고, 한나라 때는 '대요하(大遼河)'
라 불렀으며, 5대(五代) 이후는 '요하(遼河)', 청나라 때는 '구류하(枸柳河)'·
'거류하(巨流河)'로 불렀다.

요하는 고대에는 혼하(渾河), 태자하(太子河) 물줄기와 삼차하에서 만나
영구시(營口市) 방면에서 요동만(渤海)으로 들어갔는데, 지금의 요하는 하류
에서 두 줄기로 갈라져 서쪽으로 흐르는 것이 쌍태자하(雙太子河)이고, 반
산현 부근에서 요동만으로 들어간다. 다른 한 줄기는 외요하(外遼河)라 부
르는데, 혼하(渾河), 태자하(太子河)가 삼차하(三汊河)에서 만나 영구시에서 바
다로 들어간다. 이 곳을 지금은 대요하(大遼河)라 부른다.

1958년 이후 제방 공사를 하여 외요하 물줄기는 거의 끊겼기 때문에 요
하는 혼하, 태자하와 독립적 수계(水系)가 되었다. 전장 약 1890km, 유역 면

삼차하
혼하 · 태자하 물줄기가 삼차하
에서 만난다.

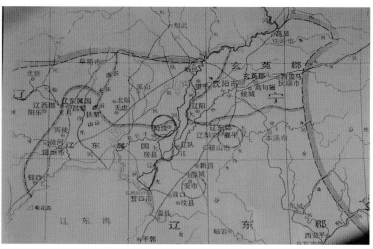

중국 역사 지도상의 '험독'

적 22만 8960㎡.

역사적으로 삼차하 지역은 위만 조선의 도읍지 험독으로 추정되는 지역이었으며 쌍태자하의 서쪽 유역인 태안시 신개하진은 '손성자성, 백성자성' 유적임이 밝혀져 『중국 역사 지도집』에 '험독(險瀆)' 이라 표기되었다.

서요하는 대흥안령산맥 남부에서 발원하여 동쪽으로 흐르다가 길림성과 요령성 경계 부근에서 노합하(老哈河)를 합치는데, 그 때까지는 시라무룬강(西拉木倫河)이라 불린다. 거란의 본거지인 임동(林東)으로 가는 도중 요하의 근원지가 있다.

실링호터를 지나면 높은 산지들이 나타나며 대흥안령에 가까이 서요하의 원류이자 대흥안령의 최고봉인 황강량이 있다. 황강량은 이름부터가 무슨 시렁이나 대들보 같은 인상을 준다. 이윽고 요하의 첫 도시 커서 커둥시(克什克騰, 혹은 經棚)에 도착한다. 이 곳에서 황강량을 향해 좁은 시골길을 올라가면 대요하의 발원지가 위치한다고 한다.

이 곳 필류하(泌柳河)라는 이 작은 실개천에서 출발한 물이 시라무룬 — 서요하 — 요하를 거쳐 요동만(발해)으로 들어가며 요하 본류를 이룬다.

동요하의 시원지는 이름도 요원(遼源)으로, '요하의 발원지' 라는 뜻이다. 길림성 요원시 동쪽 경계에 길림 합달령(吉林哈達嶺)산맥이 뻗어 있는데, 이 산맥에서 동으로 흐르면 송화강 원류가 되고 서쪽으로 흐르면 동요하가 된다. 요원시의 동요하 부근에는 고구려 성이 3개나 있어 동요하가 고구려의 서북 진출의 중요한 기지 노릇을 하였다는 것을 알 수 있다.

요원에서 시작한 동 요하는 북쪽으로 흘러 고구려 천리장성이 시작되는 공주령을 서쪽으로 흘러 다시 서남으로 흐르는 타원형을 그리면서 서요하와 만나는 합수 지점에 도달한다.

요하가 만든 하구 평원과 요택(遼澤)

요하 하구부인 요동만 연안 일대는 표고 2~5m에 불과하여 개척이 진척되기 전에는 낮은 습지를 이루었다. 고대에는 충적평야인 요동벌을 요택이라고 해서 수·당과 싸울 때 고구려 최전방의 목이었다.

645년(보장왕 4년) 당 태종이 침입했을 때의 상황을 보면 요하 유역, 즉 늪지대인 요택의 정황을 잘 알 수 있다.

무려'를 탄생시킨 '의무려산'은 하나의 독립된 산이 아니고 남북으로 길게 연이어져 있는 산줄기로, 마치 중국 대륙에서 쳐들어오는 세력을 막아 주는 울타리 역할을 할 수 있게 지형적으로 조성되어 있었다.

의무려산 정상에 세워진 고불사

그리고 특이한 것은 산의 형태가 마치 금강산처럼 흰 바위로 이루어져 있어 '흰 바위산'으로 불러도 좋을 정도로 아름다운 산줄기이다. 즉 의무려산줄기는 기자·위만 조선의 험독을 막아주는 주산이며 자연 성벽이라 할 수 있다.

『민족문화대백과사전』에는 "고조선의 단군 왕검이 도읍을 정하였다는 전설적인 지명인 아사달은 평양과 구월산설이 있다. 단군은 처음 평양에 도읍을 정하였다가 뒤에 백악산(白岳山, 지금의 구월산)으로 옮겨 1500여 년간 나라를 다스렸다. 그 뒤 주나라의 무왕이 기자를 조선에 봉하자 장당경(藏唐京, 또는 莊莊坪)으로 옮겼다가 다시 아사달로 돌아와 산신이 되었다고 한다. 아사달은 '왕이 있는 대읍(大邑)'이라는 뜻으로 평양과 의미가 유사하다."고 기록되었으나 하가점 하층문화의 발굴 결과나 기자·위만 조선의 유적과 고대 기록을 상고, 검토해 보면 '백악산 아사달'의 적지는 의무려산으로 추정된다.[4]

의무려산은 중국 12대 명산 가운데 하나이자 장백산, 천산과 더불어 동북 지역 3대 명산이다. 중국 황실에서는 3000년 전 주나라 시대부터 청나라에 이르기까지 하늘에 제사 지내던 곳이며, 수천 년을 내려오면서 불교와 도교의 도량지였다. 우리 역사에서 보면 고구려 광개토 태왕비에 나오는 '부산(富山)'이 의무려산이라고 한다. 광개토 태왕이 거란족을 치기 위하여 이 곳 의무려산을 넘었다고 한다. 그것은 이 곳까지 고구려가 지배했다는 뜻도 된다.

이름조차도 의(醫)와 무(巫), 려(閭)로서 '치료하다'와 '무당', '마을의 문'의 뜻이며 만주어로는 '크다'의 뜻이다.

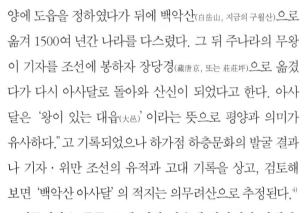

4)《신동아》2006.10.01 통권 565호 (268~291쪽)

환상적인 의무려산 입구

합치면 '세상에서 상처받은 영혼을 크게 치료하는 산'이란 뜻이 되겠다. 제정일치 시대의 '무'는 국가의 최고 지도자로 평가되고 있으며 주나라 시대에는 기록이 남아 있으나 그 전 시대에는 보다 강력한 세력의 중심지였을 것으로 추정된다.

그리고 교육인적자원부에서 편찬한 2008년 중·고등학교 『국사』 교과서에 "단군의 고조선 건국; 청동기 문화가 형성되면서 만주 요령(遼寧) 지방과 한반도 서북 지방에는 족장(군장)이 다스리는 많은 부족들이 나타났다. 단군은 이러한 부족들을 통합하여 고조선을 건국하였다. 기원전 4세기경에는 요령 지방을 중심으로 만주와 한반도 북부를 잇는 넓은 지역을 통치하는 국가로 발전하였다."로 기록, 고조선 요녕 중심설이 채택됨에 따라 '아사달, 백악산, 장당경, 평양' 등 고조선의 중심지의 위치가 재정립되어야 한다. 이러한 측면에서 '의무려산 — 백악산 아사달' 설은 객관적인 증거력이 다른 곳보다 높음을 알 수 있다.

한편 요하 유역의 조양 · 심양 · 양평 · 능원이나 우하량, 적봉 등지로 아사달이나 장당경 · 평양으로 주장하는 추세가 있으며, 이 지역에서 단군이나 고조선 관련 유적이나 지명을 찾는 것도 우리 역사를 정립하는 데 중요한 일이라고 본다.

2008년 2월 16일, 태안 신개하진(陰瀆) 유적지를 거처 북진시에 도착한 것은 오후 4시경이었다. 심양에서 320여 리 되는 북진시는 의무려산 바로 동쪽에 위치한 도시로, 옛날에는 '무려(无慮)'라고 불렀던 곳의 바로 북쪽에 위치한 도시이다. 의무려산과 북진시의 명소를 소개하고 있는 건물이 북진시 구내에 있는데, 의무려산의 사계절과 북진묘, 이성량 패루 등의 사진을 전시해 놓았다. 그 중에서도 의무려산의 도화 핀 봄 풍경 사진은 아름답기로 인기가 높다. 필자 일행은 북진묘(北鎭廟)로 직행했다. 북진묘는 금나라와 명나라가 요동 지역의 패권을 다툴 때, 명나라의 군사적 거점이었던 곳으로, 대문은 굳게 잠겨 있었다.

다시 2008년 7월 19일, 필자는 의무려산에 재도전하여 산줄기의 정상, 천년 고찰이 위치한 고찰 운암사에 올랐다. 곧게 뻗은 아름드리 천년송(홍송)이 반긴다. 요 태조가 시주하였던 관음불, 고도(옛길), 불탑(티투바), 조그만 절을 감싸는 청명한 기운은 저 넓은 요동벌이 손바닥처럼 훤히 내려다보인다. 이 산줄기는 요하와 대릉하를 나누는 분수령이기도 하다.

북진묘 서쪽에서 그 유명한 의무려산을 조망, 감상했다. 웅장하게 솟은 흰 바위산이 마치 큰 파도가 넘실대듯 큰 줄기를 이루며 남북으로 뻗어내려 자연 방어선을 이루고 있었다.

의무려산줄기의 기이하고 웅장함을 조망한 필자 일행은 환호하면서 버스를 몰아 의무려산 입구로 향했다. 의무려산 입구는 광장으로 조성되었는데, 가운데로 들어가는 문은 좌우 대칭으로 된 시멘트 조형물이다. 조형물 하단 앞뒤로는 의무려산의 사연을 알려 주기 위해 '순 임금이 의무려산을 봉하는 장면, 굴원이 시를 읊조리는 모습, 청 황제가 승경을 유람하는 풍경과 사냥하는 모습' 등을 새겨 놓았다. 이 조형물의 문을 통

의무려산 입구의 기후방정형 청동기

과하면 향불을 피우고 산신에게 예를 올리는 비각이 있다. 이 비각 뒤 진입로 입구 왼편에 건륭제의 친필 '의무려산'이란 글씨가 세로로 시멘트 벽에 새겨져 있다.

사막 길 가운데 있는 오아시스라고나 할까? 실제적으로도 사신 일행들이 심양에서부터 출발하여 풍광 하나 변하지 않은 이 요하 벌판 길을 걸으면서 겪은 고난과 지루함을 위무해 주었던 산이었기에, 조선 사신들이 그토록 많은 감동의 화법을 쏟아 낸 것이 아닐까.

의무려산에 조선인들의 글이 얼마나 많았는지 건륭제도 "산 위에 새겨진 많은 조선인들의 글, 절벽 위에 새겨진 글 중 해동인의 글이 제일 많다네「계묘 어제 시」." 란 시 구절을 남겼다. 의무려산에 대한 글을 남긴 대표적인 예로, 조선사신으로서 1617년에 처음으로 이 산에 올라「의무려산기」기행문을 남긴 이정구, 이어 백여 년 후(1713년) 두 번째로 올라 1박하면서「노가재연행기」란 글을 쓰고 그림(현재 남아 있지 않음.)을 그린 김창업, 그 후 1766년에 이 곳을 답방하고 새로운 세계관을 제시하고자 했던 홍대용 등을 들 수 있다.

그러나 연암의 경우 의무려산에 대한 직접적인 언급은 없고 단지 역사적 사실만을 짧게「북진묘 견문기」에 기록해 놓았다. 연암이 의무려산에 대해 말하지 않은 것은 직접 답방하지 않은 것도 있지만, 일상 생활에서 우러나온 실용과 이용후생에 더 관심을 기울인 그의 태도에 있었다고 보아야 할 것이다.

홍대용의「의산문답(醫山問答)」을 탄생시킨 이 산을 다산 정약용은「불역쾌재행(不亦快哉行)」이란 제목으로 다음과 같은 시를 남겼다.

의무려산 꼭대기에 주연을 펼처놓고
요동벌 발해 신(神)을 한 자리에 불러 모아
미주(美酒) 삼백 잔을 나누어 마신 뒤에
호기가 한 곡조를 목 놓아 부른다면

그 또한 통쾌하지 아니할까

앞의 『한서 지리지』에 "왕검성은 낙랑군 패수의 동쪽에 있는데, 이 곳을 험독이라고 한다." 하였는데, 이 경우 '패수는 대릉하, 왕검성은 험독'이 되며 '의무려산은 백악산 아사달'로 풀이할 수도 있게 된다. 이 때의 낙랑군은 대동강의 평양이 아니라 대릉하 유역에 있었음을 알 수 있다. 음산(陰山)산맥의 가지인 이 산은 길이 45km, 넓이 630㎢이고, 이름난 봉우리만도 50개가 넘는다고 한다.

단군 고조선의 역사를 창조하였을
홍산(紅山)과 홍산문화

홍산문화권에서 가장 높은 산은 난하와 서요하의 북쪽 가지가 발원하는 대광정자산(大光頂子山)으로 높이는 2067m다.

서쪽으로 나가는 난하 이외에도 대광정자산에서 북쪽으로 서요하의 가지인 백분하(百汾河)가 발원하여 케스케덴(克什克騰旗)을 지나고, 동쪽으로

적봉 홍산 입구
홍산은 적봉시구 동북쪽에 있는 홍갈색 산으로 면적이 7㎢이다. 이 가운데 해발 746m의 연화봉을 중심으로 주위의 봉우리들이 모여 있다. 일찍이 6000여 년 전 여기서 홍산문화가 시작되었다.

는 등롱하(燈籠河)가 발원하여 옹고트(翁牛特旗)를 지나고, 동남쪽으로는 음하(陰河)가 발원하여 적봉시 홍산(紅山)을 지난다. 난하를 뺀 나머지 모두는 다시 동북방으로 흘러들어 모여서 옹고트를 남과 북으로 각각 지나면서 요하로 합친다.

『요사 지리지고(遼史地理志考)』에 의하면, 옛 요락수(饒樂水)인 지금의 영금하(英金河)가 하북성 위장(圍場, 하북성 위장현)의 도태산(都呼岱山)에서 나온다고 하였으니 도태산이 곧 대광정자산이다. 영금하를 후대에는 '요락수(饒樂水)'라고도 하고 또 '낙수(樂水)'라고도 했다. 환웅의 첫 수도는 백산(白山)과 흑수(黑水) 사이에 있었다고 하는데, 백산은 대광정자산이었고 흑수는 지금의 노합하(老哈河)로서 마우산(馬盂山, 1729m)에서 발원한다.

1906년, 일본의 인류학자 조거용장(鳥居龍藏)이 홍산 뒷면에서 주거지를 발견한 것이 처음이었다. 그 뒤 프랑스의 고고학자와 중국 고고학자 양사영이 이 산에 머물면서 인류 문명 원류의 발자취를 탐구하였다. 1935년, 일본 고고학자 빈전경작(濱田耕作)이 홍산문화의 주거지를 대규모로 발굴하였다. 1954년 중국에서 홍산이 요서 지구 채색도기문화의 정식 명칭이 되었다. 그 뒤 객좌(喀佐)에서 제사터가 발견되고, 우하량에서 여신

홍산 전경
홍산문화의 주거지는 주로 산의 동북부에 분포되어 있는데 면적은 2㎢쯤 된다.

묘, 제단과 적석총이 발견되어 한층 더 관심을 끌고 있다.

봉황봉 꼭대기에 올라가면 당시의 암각화를 볼 수 있고, 거대한 암벽 위에 한 쌍의 신위(神威)가 있는데 태양신에게 제사 지내던 장소이다.

홍산문화 이후 하가점 하층문화가 광범하게 확산되어 등장하는데, '하가점 하층문화는 바로 고조선의 문화였다.'는 주장으로 이어졌다. 홍산문화는 소하연(小河沿)문화를 거쳐 하가점 하층문화로 연결된다는 것은 중국학계에서 거의 공식화되었기 때문이다. 더구나 소하연문화에 이어지는 하가점 하층문화, 구체적으로 풍하(豊下)문화에서 고조선의 건국 연대보다 조금 앞서는 서기전 2400년경으로 보이는 청동기 유적이 발굴되었다. 출토된 유물을 보면 화살촉, 칼, 창 등도 발굴되어 기원전 2333년에 고조선이 건국되었다는 기록의 신빙성을 높여 주고 있다.

이제까지 중국은 중국 역사의 근원을 북경 원인의 출토지인 북경 인근의 구석기 시대와 황하 중류의 신석기 시대 앙소문화(仰韶文化)를 포함하는 '황하 문명권'으로 잡고 있었다.

앙소문화는 기원전 3000년까지 올라가는 농경 신석기 문화로, 유목을 바탕으로 한 북방 문화와는 구별된다. 예로부터 중화 민족은 만리장성을 '북방 한계선'으로 하여 북방 민족들과는 분명한 경계를 두었다. 그런데

우하량 제1지점 여신 제단에서 출토된 여신상

우하량 제6지점 삼관순자성자산(三官甸子城子山) 유적 전경

20세기 중반 이후, 장성 밖 동북 만주 지역에서 중원문화보다 시기적으로 앞서고 더 발달된 신석기 문화가 속속 확인됐다. 이 지역 신석기 문화인 소하연문화는 기원전 5500년, 사해문화는 기원전 5000년까지 올라간다. 특히 기원전 3500년까지 올라가고, 대규모 적석총과 제단이 확인된 요하 일대의 홍산문화의 발견은 중국으로서는 충격이었다.

요하 일대의 각 유적에서는 중원문화권에서는 보이지 않지만 한반도에서 많이 보이는 빗살무늬 토기, 고인돌, 적석총, 비파형 동검, 다뉴세문경 등이 대량으로 발굴되었다.

이러한 발굴 유물들은 중화문화권이 아닌 내몽골 — 만주 — 한반도로 이어지는 북방문화 계통임이 증명된 것이다.

중국 학자들은 지금까지 중국의 앙소문화와 대비되는 문화로 대문구문화와 용산문화로 보았었는데, 홍산문화를 발견한 이후로 이 대문구문화와 용산문화의 주인공으로 '홍산문화'를 들고 있다. 즉 홍산문화의 주인공을 고조선이나 그 선조로 파악하였을 경우에는 중국의 문화에 가장 큰 영향을 미친 하북, 산동 등지의 동이족이 한민족의 선조였다는 근거가 된다. 또한 북신문화 · 대문문화 · 용산문화 · 악석문화로 이어지는 산동문화와 홍륭화문화 · 신락문화 · 홍산문화 · 하가점 하층문화(풍하문

제단 중앙에 세워진 또 다른 선돌

성산자 산성 유지 모형
성자산 유지에 널려 있는 유적들은 초기 국가 형태를 알 수 있는 중요한 유적이 15만 제곱미터나 된다. 이 유적들은 아직 완전한 발굴을 못하고 있다.

화)로 이어지는 요령문화의 주인공이 한민족의 선조가 되는 것이다. 홍산
문화의 주인공이 동이족이라는 것은 중국 학계가 인정하는 것인데, 중요
한 것은 그 동이족이 과연 '고조선인'이냐 하는 것이다. 현재 우리 나라
학계에서도 고조선의 중심을 예전의 평양에서 요서, 요동 등 요녕으로
보고 있다.

한민족의 기원도 그 곳에서 발생하여 한반도로 이주를 해 왔다는 이론
이 점차로 신빙성을 더해 가고 있다. 따라
서 홍산문화의 주인공, 나아가서 중국 문
화의 중요한 획을 그었던 세력이 누구냐
하는 중요한 기로에 서 있게 되었다. 이
홍산문화의 주인공이 누구냐 하는 것을
떠나서 분명한 것은 이 문화가 고조선을
건국하는 데 매우 중요한 영향을 미쳤다
는 것이다.

제2장

위만 조선의 도읍지 험독

역사에 나타난 왕험성

1145년(인종 23) 김부식 등이 왕명을 받아 편찬한 삼국 시대 역사서인 『삼국사기』권 제29 '연표'에 기자와 위만에 대한 기록이 보이며, 고려 충렬왕 때 승려 일연(一然, 1206~89)이 지은 『삼국유사』「기이편」에 고조선(王儉朝鮮)을 비롯해 기자 조선과 고죽국(孤竹國), 위만 조선(衛〈魏〉滿朝鮮)이 기록되어 있다.

참고로 북한에서는 단군 조선은 기원전 2333년(唐高 즉위 50년경인 해)에서 1122년(기원전 12세기), 기자 조선은 기원전 1122년(周武王 기묘년)에서 기원전 194년까지이고 마지막 위만 조선은 기원전 194년에서 한 무제에 의해서 한사군이 설치되는 기원전 108년까지 존속했다[5]고 발표한 바 있다.

본고에서는 그 역순으로 위만 조선, 고죽국과 기자 조선, 왕검 조선의 도읍지를 1차 사료인 중국 문헌과 지도에서 그 위치를 구명하고 과학적인 발굴 성과와 현지 답사 결과를 중심으로 간략히 정리하고자 한다.

중국 최고의 역사서로 손꼽히는 사마천의 『사기』나 반고의 『한서』는 기원전 100년을 전후하여 편찬된 역사서로 무려, 2200년 전의 기록이라 할 수 있다.

이는 고조선과 가장 가까운 시기에 편찬된 기록이다. 먼저 『한서 지리지』나 『사기』의 기록에서 고조선의 '험독' 관련 기록을 살펴보면 다음과 같다.

*
5) 『한국고대국가형성론』 최몽룡·최성락, 서울대학교 출판부, 1999

『한서 지리지』에는 "조선왕 만(滿)의 도읍이며, 물이 험한
곳에 위치해 험독(險瀆)이라 한다.", "왕험성은 낙랑군 패수
의 동쪽에 있으니 이를 바로 험독이라 한다."고 하였고,
『사기』에는 "요동 험독현(險瀆縣)에 조선왕의 옛 도읍이 있
다. 여기서의 요동은 당시 요수인 난하의 동쪽이다."라고
기록되어 있으며, 『사기』「색은편」에는 "창려에 험독현이
있다."고 하였다.

『한서 지리지』의 원문을 보면 고조선과 조선현, 조선호
국, 그 도읍지인 험독, 고구려, 진번, 수성현, 대수, 대방현, 패수현, 서
안평 등 우리 나라 역사와 관련 지명이 요동군·낙랑군·현토군편에 기
록되어 있다. 이 원문을 주석하거나 해설하지 않고 원문 그대로 풀이해
보면 다음과 같다.

위만 고조선에 관한
『한서 지리지』의 원문

요동군 (遼東郡) : 요동군은 5만 5972가구, 인구는 27만 2539명이다. 18
개 현이 있다. 양평현(襄平縣), 신창현(新昌縣), 무려현(無慮縣), 망평현(望平縣),
방현(房縣), 후성현(候城縣), 요수현(遼隊縣), 요양현(遼陽縣), 험독현(險瀆縣), 거취
현(居就縣), 고현현(高顯縣), 안시현(安市縣), 무차현(武次縣), 평곽현(平郭縣), 서안
평현(西安平縣), 문현(文縣), 반한현(番汗縣), 답씨현(沓氏縣)이다. 요동군은 진(秦)
나라에서 설치했다. 유주에 속해 있었다.

- 양평현(襄平)은 목사관(牧師官)을 두었다. 왕망 때는 창평(昌平)이라 했
  다.
- 신창현과 무려현은 서부도위가 다스렸다. 안사고는 '무려현'은 곧
  '의무려(醫巫閭)'라고 했다.
- 망평현(望平)은 대요수(大遼水)가 새외에서 나와 남쪽으로 안시(安市)에
  이르러 바다로 들어가는데 1250리를 간다. 왕망 때는 '잔열(長說)'
  이라 했다.
- 요양현은 대양수(大梁水)가 서남쪽에서 요양에 이르러 요수(遼水)로 들

어간다. 왕망 때는 '요음(遼陰)'이라 했다.

- 험독현은 응소는 "조선왕(朝鮮王) 만(滿)의 도읍이라고 했다. 물길이 험한 곳을 의지하므로 험독이라고 했다."고 했다. 신찬은 "왕험성 (王險城)은 낙랑군(樂浪郡) 패수(浿水)의 동쪽에 있는데, 이 곳을 '험독'이라고 한다."고 했다. 안사고는 "신찬의 말이 옳다."고 했다.

- 거취현은 실위산(室僞山)에서 실위수가 나와 북쪽으로 양평(襄平)에 이르러 양수(梁水)로 들어간다.

- 서안평현은 왕망 때는 '북안평(北安平)'이라 했다.

- 번한현(番汗)은 패수가 새외에서 나와 서남쪽으로 바다로 들어간다. 응소는 "한수(汗水)가 새외에서 나와 서남쪽으로 바다로 들어간다."고 했다.

- 거취현은 실위산(室僞山)에서 실위수가 나와 북쪽으로 양평(襄平)에 이르러 양수(梁水)로 들어간다.

현토군(玄菟郡) : 현토군은 4만 5006가구, 인구는 22만 1845명이다. 3개 현이 있다. 고구려현(高句驪縣), 상은태현(上殷台縣), 서개마현(西蓋馬縣)이다. 현토군은 무제 원봉(元封) 4년에 설치되었다. 고구려이다. 왕망 때는 하구려(下句驪)라고 했다. 유주에 속해 있었다. 응소는 옛날의 진번(眞番)이고 조선호국(朝鮮胡國)이라 했다. 고구려현은 요산(遼山)에서 요수가 나와 서남쪽으로 요수(遼隧)에 이르러 대요수(大遼水)로 들어간다. 또 남소수(南蘇水)가 있어 서북쪽으로 새외를 지난다. 응소는 옛 구려호(句驪胡)라고 했다. 서개마현은 마자수(馬訾水)가 서북쪽에서 염난수(鹽難水)로 들어가 서남쪽으로 서안평(西安平)에 이르러 바다로 들어가는데, 2개의 군을 거쳐서 2100리를 간다. 왕망 때는 현토정(玄菟亭)이라 했다.

낙랑군(樂浪郡) : 낙랑군은 6만 2812가구, 인구는 40만 6748명이다. 25개 현이 있다. 조선현(朝鮮縣), 남감현(詀邯縣), 패수현(浿水縣), 함자현(含資縣), 점제현(黏蟬縣), 수성현(遂成縣), 증지현(增地縣), 대방현(帶方縣), 사망현(駟望縣), 해명현(海冥縣), 열구현(列口縣), 장잠현(長岑縣), 둔유현(屯有縣), 소명현(昭明縣),

누방현(鏤方縣), 제해현(提奚縣), 혼미현(渾彌縣), 탄열현(呑列縣), 동이현(東口縣), 불이현(不而縣), 잠태현(蠶台縣), 화려현(華麗縣), 사두매현(邪頭昧縣), 전막현(前莫縣), 부조현(夫租縣)이다. 낙랑군은 무제 원봉(元封) 3년에 설치되었다. 왕망 때는 낙선(樂鮮)이라고 했다. 유주에 속해 있었다. 응소는 "옛 조선국(朝鮮國)이다."라고 했다. 안사고는 "낙랑으로 읽는다."고 했다. 조선현은 응소는 "무왕(武王)이 기자(箕子)를 조선(朝鮮)에 봉했다."고 했다.

- 패수현(浿水縣)은 물이 서쪽으로 증지(增地)에 이르러 바다로 들어간다. 왕망 때는 '낙선정(樂鮮亭)'이라 했다 (고죽국 남쪽에 '낙정(樂亭)' 고지명이 남아 있다. / 필자주).
- 함자현(含資縣)은 대수(帶水)가 서쪽에서 대방현에 이르러 바다로 들어간다.
- 탄열현(呑列縣)은 분여산(分黎山)에서 열수(列水)가 나와 서쪽으로 점제현으로 이르러 바다로 들어가는데 820리를 간다.
- 동이현(東口縣)은 응소는 "동이현으로 읽는다."고 했다.

위와 같이 위만 조선의 도읍지로 '험독은 왕험성'이라고도 하며 1차 사료인『한서 지리지』에서 중국 요동군 내에 위치하고 있음이 확인되었다. 여기에서『삼국사기』권17「동천왕 21년조」에는 "평양성은 본래 선인 왕검의 택이다. 또는 왕의 도읍을 왕험이라 한다(平壤城 本仙人王儉之宅也 或云 王之都王險)."라고 기록, '험독=왕험성=왕검성'의 등식이 성립되었다. 그러나 고구려인들은 '험독 ― 패수 평양설'을 주장하고 있음을 알 수 있다.

그리고 낙랑군, 현토군, 진번, 패수, 대수, 대방도 한반도에 위치하지 않고 중국에 있음이 확인되었다.『독사방여기요』권18「대령위 낙랑성조」에 "낙랑성이 영주 서남쪽에 있다(樂浪性在營州西南)."고 한 점이다. 이 영주가 바로 조양으로 그 서남쪽에 낙랑성이 있었던 것이다.

『금주부지』군1「연혁조」에 "광령현 종수(種秀)와 여양(閭陽)은 주나라 초에 조선의 땅이다가 연과 진나라에 속했다."고 하여 주초부터 진나라 때까지 조선 땅이었음이 명시되었으며 이 지명은 현재의 지명이기도 하다. 험독 위치에 대하여 『한서보주(漢書補註)』에는 "금영주고성동남 170리(今營州古城東南一百七十里)"라고 적혀 있고, 『후한서집해(後漢書集解)』에는 "금영주부의주서북경(今錦州府義州西北境)"이라고 적혀 있다.

　　과연 이 곳들의 위치는 어느 곳일까? 이를 확인할 수 있는 역할은 각종 지도들이다.

　　13세기 송나라(960~1279) 말기부터 원나라 초기에 걸쳐 활동했던 역사학자 증선지가 지은 『19사략통고(十九史略通考)』[6]의 지도에 '만리장성(秦長城) 남쪽에서 북쪽으로 관통하는 강을 요수(遼水)로, 그 동쪽을 요동, 그 동쪽을 조선'이라 표기하였다. 이 지도에서 '산해관(현 진황도시)'의 동쪽이며 발해만의 북쪽, 압록수(江)의 서쪽에 '조선'이 기록되어 있다. 그러나 요동반도, 산동반도의 그림은 생략되어 있으며 한반도 지역에 '백제', '신라', '고려'가 표기된 것은 당시(宋)가 우리 나라 고려 시대인 것으로 이해된다. 그리고 발해나 황해가 표기되어 있지 않다.

　　'조선'이라 표기된 지역은 고조선의 도읍지로 '험독(王險城)', 이 지역은 '요하' 유역으로 추정된다. 그 까닭은 중국 지도에서 만리장성의 표기는 난하 유역을 통과하고 그 동쪽 끝이 '산해관'이 위치한 진황도 노룡두(老龍頭)의 장성과 북쪽으로 내몽골 적봉 지역의 요하를 통과하는 '진(秦)장성' 또는 '연(燕)장성'으로, 압록강 가의 단동(虎山長城)에서 끝나는 장성으로 대별할 수 있기 때문이다.

　　이 지도에서는 '요하'를 갈석산 부근의 '난하'로 표기한 듯하며[7] 만리장성을 관류하여 '요수'로 기록되었고 그 동쪽을 '요동'으로 표기하였다. 그리고 남쪽으로 '갈석(碣石)', 회계산, 천목산 등이 표기되어 있어 이 지도가 간이 역사 지도임을 알 수 있게 한다. 또한 중국에서 직접 발간한 『중국역사지도집』제2책, 「진·서한·동한 시기·담기편(1982刊, 1;400万 중화인민공화국지도)」에서 '요하' 지역의 행정 구역과 위만 조선의 도읍지인 험독이 표기되었는데, 위 그림과 같다.

6) 『십팔사략』은 증선지가 편찬한 편년체 역사서로 『사기』, 『한서』로부터 『신오대사(新五代史)』에 이르기까지 16종의 정사(正史)와 2종의 송대(宋代) 사료를 취사(取捨)하여 태고로부터 송 말까지의 사실(史實)을 간략하게 기록하여 초학자의 역사 교재로 삼은 것이다. 따라서 여러 종류의 번인본이 나왔고, 언해본이 간행되기도 하였다. 『십팔사략』의 편자 증선지는 원(元)나라 여릉(廬陵) 사람으로, 자는 종야(從野)이다.

7) 남한 학계에서 주로 윤내현 단국대학교 교수가 주장하는 학설로 주로 『진태강지리지(晉太康地理志)』의 기록에 근거하고, 그리고 13세기 송나라 말기부터 원나라 초기에 걸쳐 활동했던 역사학자 증선지가 지은 『19사략통고(十九史略通考)』의 지도에 '만리장성(秦長城) 남쪽에서 북쪽으로 관통하는 강(난하)을 요수(遼水)로, 그 동쪽을 요동, 그 동쪽을 조선이라' 그려진 지도에 근거하여 '패수는 난하로 주장'하고 있다. 이에 따라 고조선의 도읍지인 험독을 북제和 지역으로 비정하고 있다. 이 주장은 북경 동쪽의 난하는 수경주에 이미 유수(濡水)라는 이름으로 설명이 되어 있다. 이 유수는 춘추 시대의 패자인 제(齊) 환공이 고죽을 정벌할 때의 사실과 관련이 있는 강으로, 춘추전국 시대 당시로서는 중국의 범위를 결정하는 중요한 지리 표지였으므로 수경에서도 매우 자세히 다루고 있다. 그러나 이 강을 뒤에 또 패수라며 따로 설명할 이유가 없다는 점이 문제이다.

중국역사지도
중국 발간 『중국역사지도』상의 험독, 동쪽으로 요동군, 양평이 표기되어 있다.

드디어 중국 역사서와 지도상에서 고조선의 도읍지인 '험독'을 확인한 셈이다. 그 험독의 위치는 대릉하나 란하, 요하 변에 위치하지 않고 '쌍태자하(雙台子河)' 서쪽 강변에 자리하고 있었다. 이 쌍태자하 하류의 도시는 반산(盤山)인데 현재의 요하로, 각종 지도에 표기된 요하 하구(遼河口)인 영구시(營口市)와는 구별되는 강이라고 할 수 있다.

그러나 『중국역사지도집』 제1책 「원시 사회·하·은·서주·춘추 전국 시대」 지도상에서 보면 상고 시대(古朝鮮) 요하의 본줄기는 영구 쪽으로 흐르는 현재의 요하가 아니라 쌍태자하로 표기되어 있다. 즉 고조선 시기에는 요하 본류가 쌍태자하이며 이 강변에 고조선의 도읍지 '험독'이 위치하고 있었다. 그 후 요하는 두 번의 하류 물줄기를 바꾸었을 것으로 추정되는데 그 첫번째는 험독 남서쪽에서 영구로 향해 흘렀고, 두 번째는 험독의 상류인 심양의 서쪽, 망평(望平)의 서쪽에서 분기하여 영구로 물줄기로 바꾸어 요하 하구 삼각주를 이루며 흘렀을 것으로 추정된다. 이 강의 지류로는 심양의 남쪽으로 혼하(渾河)와 양평 북쪽에서 동류하는 태자하(太子河)가 안산(鞍山) 남쪽에서 요하 본류와 합류하여 영구시에 이르

손성자성 험독의 옥수수밭
험독의 석성 자리는 도랑이 되었
다.

러 바다(渤海)로 흘러든다.

　중국 행정 구역상 험독의 위치는 요녕성 안산시(鞍山市) 대안현(臺安縣) 신개하진(新開河鎭) 리가요촌의 주성자성, 손성자성(孫城子城), 백성자 세개툰(屯)이 연결된 곳에 위치하고 있다.

　이 곳을 답사하기 위해 사전 자료 조사 결과 1999년 7월 6일, 〈고구려 연구회〉 서길수 교수가 고구려성의 흔적을 찾아 험독을 답사하고 다음과 같은 답사기를 남기었다.

　요하 건너 첫 답사 지역은 태안현(台安縣) 신개하향(新開河鄕)에 있는 손성자성(孫城子城)이다. 우리가 이 곳을 찾은 것은 손성자성이 한 나라 험독(險瀆)이라는 것이 중국 학자들에 의해 밝혀졌기 때문이다. 험독은 요동성에서 의무려산으로 가는 일직선상에 놓인 성으로, 고구려 광개토 태왕의 군대가 요하를 건너 제일 먼저 공략의 대상으로 삼았을 곳이다. 우리가 험독을 찾은 것은 광개토 태왕이 서북으로 진군하면서 격파한 한나라 성을 답사한다는 것 빼놓고도 또 다른 이유가 있다. 험독은 옛 조선의 땅이기 때문이다. 『한서 지리지』에 나온 험독의 주에 보면 험독은 "조선왕 만(滿)의 도읍지다. 험한 강을 끼고 있기 때문에 험독이라고 했다."고 기록되어 있어 험독이 옛날 조선의 서울이었다는 것을 분명히 하고 있다. 그렇기 때문에 이번 답사는 우리의 옛 조선이 요동 한복판에 자리잡고 있었다는 것을 확인하고, 조선이 망한 몇백 년 뒤 고구려가 다시 이 곳을 회복했다는 사실을 밝힌다는 점에서 고구려사뿐 아니라 우리 역사의 뿌리를 찾아 복원한다는 큰 의의가 있는 것이다.

5시 30분, 드디어 손성자에 도착하였다. 상당히 자세한 지도에도 손성자라는 지명이 나와 있지 않아 못 찾을까 봐 걱정했는데 다행이 쉽게 찾을 수 있었다. 올해 나이 60이 된다는 노인은 어렸을 때의 기억을 되살려 많은 얘기를 해 준다. '동성, 서성, 남성, 북성이 있고, 남성이 주된 성이다. 성 동쪽에 마르지 않는 강이 흐르고, 동남 모서리에서 휘어 남벽을 따라 흐른다.' 성의 동쪽에서 남쪽으로 돌아 흐르는 강이 바로 요하이고 서남쪽으로는 유하(柳河)가 흐른다. 험독의 독(瀆)이란 '도랑'을 뜻하는 것이기 때문에 험독이란 '험한 강'을 끼고 있다는 뜻으로 해석할 수 있는데, 자주 범람하는 요하와 유하 사이에 있는 지리적 위치 때문에 생긴 이름이었던 것이다. 4200㎡이면 큰 성은 아니지만 요하에서 가장 가까운 요새라는 점 때문에 그 중요성이 크다고 할 수 있다.

손성자성 내의 밭에서 최근 발굴했다고 하는 비석

'무덤이 있었는데 문화 대혁명 때 모두 밀어버렸다.', '옥수수밭 안에 불룩 솟아오른 보루 흔적만 남아 있다.'고 했으나 분간할 수가 없었고, 표지판은 옥수수밭 모서리에 쓰러져 있어 수천 년 역사의 현장이 불과 수십 년 만에 속수무책으로 사라지고 있어 안타까웠다. 그러나 이 성을 여기서는 무엇이라고 부르느냐는 질문에 '고려성(高麗城)'이라는 대답에 귀가 번쩍 뜨이었다. 그렇다. 단군 조선 이후 한때 한나라가 이 곳을 차지했지만 그 뒤 오랫동안 고구려가 다시 이 곳을 점령했던 사실을 우리는 왜 그 동안 속 편하게 잊고 있었던가! 우리가 잊고 있었던 역사를 현지 중국인들이 일깨워 주는 역사의 아이러니가 이 곳에서 벌어졌고, 사

현지 안내인 기씨
이름과 주소·연락처는 결코 밝
히지 않았다.

대주의 사관에 물들어 훌륭한 선조들의 역사를 잊고 살았던 필자는 내색
하지는 않았지만 속으로 통한의 피눈물을 흘려야 했다. '단군 조선 역사
의 복원', '고구려 역사의 복원', 우리의 임무를 일깨워 주는 선조들의
준엄한 꾸짖음을 마음에 새기는 순간이었다. 화살촉, 도끼, 토기 등과 같
은 유물이 많이 나왔으며 해마다 한 번씩 사람이 와서 토기 조각 같은 것
을 가져간다는 말에 우리도 열심히 찾아보니 상당한 토기와 기와 조각을
발견하였는데, 고구려 기와 조각과 같은 것도 발견되었다. 만일 깊이 발
굴한다면 단군 조선의 유물도 나올 수 있을 텐데 하는 아쉬움이 남았다.

  2007년 10월과 2008년 2월, 7월, 9월 등 필자를 비롯한 〈고조선 유적
답사단〉은 4차에 걸쳐 중국 요녕성과 내몽골 일대의 위만 조선의 도읍지
험독, 홍산문화의 발굴 성과로 확인된 단군 조선의 개국 시기와 연계된
하가점 하층문화 유적지 일대를 답사한 바 있다.

  현지 안내자인 기(舍)씨라는 58세 되는 주민은 "이 마을에 몇 세대 동안
전해 온 말인데, 수나라가 당나라로 바뀔 때 이세민이 여기에 살던 고려
사람을 보고 3년 만에 이 땅을 내놓으라고 하였고 고려 사람은 3일 만에
살던 마을을 묻어버리고 여기를 떠났다."고 하였다.

  그리고 마치 대형 무덤 같은 마을 매장터와 세 성의 위치, 손성자성의
4개 문의 위치를 알려 주었다. 또한 얼마 전 험독 유적에서 밭을 개간하
면서 비(碑)가 출토되었다고 하면서 현지를 안내해 주었다. 손성자성의
규모는 동서 길이는 230m, 남북 길이가 250m, 높이가 2m, 면적은 약
5.7만 평이 된다고 한다.

  1999년의 태안현 신개하향(新開河鄉)은 2007년에는 신개하진(新開河鎭)으
로 행정 단위가 바뀌어 있었다. 필자 생각으로는 '신개하진'이란 요하의
하구로써 '바다로 통하는 물길이 열려' 발해를 내왕하는 선박이 드나들
었던 곳이라는 의미가 내포되어 있으며 '태안' 또한 '크게 나라가 평안'
하기를 기원하는 의미가 담긴 지명으로 풀이해 보았다.

2차 답사에서는 실로 놀라지 않을 수 없는 대박의 선물을 답사단에게 주었다. 아침 8시 영구항 숙소를 출발, 11시경에 태안현 신개하진 백성자촌(白成子村)에 도착하였다. 1차 답사에서는 캄캄한 밤이라 옥수수나무가 가득한 밭을 헤메었으나 금번 답사는 쾌청한 날씨여서 밭이랑 사이에서 도기나 토기 조각을 수거할 수도 있었으며, 지금은 도랑으로 변한 옛 성터도 확인할 수가 있었다. 그리고 고려사람들이 살았던 마을 무덤도 선명히 보여 주었다.

손성자성 내에서 수거한
도기·토기편들

필자가 대박이라고 한 선물은 이 곳에서 밝혀지지 않았고 2일 후 오한기 지역에서 성자산 유적 답사 중 확인되었다. 즉 필자가 신개하진 밭에서 수거한 토기 조각을 오한기박물관의 왕택 연구원에게 보여 주었더니, 왕 연구원은 이 토기를 옹관묘의 접합부라고 설명하였다. 그리고 2005년 오한기 지역에서 3기의 옹관이 발견되었고, 1992년 인근 신혜진 지역에서 1구가 발견되어 현재 박물관 수장고에 보관 중이라고 하면서 유물의 연대를 기원전 300~400년(전국 시대)로 추정한다고 하였다.

실로 흥분되고 감격하지 않을 수 없는 대성과가 아닐 수 없다. 그것은 우리 나라 영암·나주 지역 마한·백제 시대의 유물로 크고 작은 수많은

우리 나라 옹관묘

신개하진 손성자성 내 앞의 구릉이 고려인 마을 무덤터
문화대혁명 당시 모두 헐었다고 한다.

신개하진의 험독 성터 지역의 유물을 조사하고 있는 윤명철 교수

옹관 유물이 발굴되었다. 그런데 서울 석촌동 유적에서도 발굴되었던 옹관묘가 요서 지역인 위만 조선의 도읍지로 추정되고 있는 지금의 태안 신개하진 고성지와 단군 조선의 도읍지로 추정되고 있는 하가점 하층문화의 중심지 적봉시 오한기 지역에서 옹관묘가 발견되어 상호 연계성과 문화의 이동을 추정할 수 있는 중요한 단서가 되기 때문이다.

2006년 2월 25일 발행, KBS 역사 스페셜 『한국사, 신화를 깨고 숨을

쉬다』의 「첫 나라 고조선, 그 수도는 어디였나? 첫 도읍지 험독은 어디인가?」에서 요하의 동쪽 대형 고인돌이 있던 개주(蓋州), 해성(海城) 일대를 다시 주목해 보자. 북한 학계에 따르면 고조선의 부수도(副首都)가 개주 일대에 있었다. 1929년에 간행한 신채호의 『조선사연구초』에서 해청 부근을 고평양(古平壤), 즉 고조선의 옛 수도라고 지목했다. 그러나 오늘날 해청과 개주는 현대 도시로 변모한 까닭에 험독이었다는 증거를 찾기 힘들다.

와방점 고인돌
중국 지역에서 가장 규모가 큰 고인돌이다. 중국 대련시에 있다.

청나라 초기 고조우(顧祖禹)가 편찬한 역사 지리서 『독사방여기요(讀史方輿紀要)』에 따르면 험독의 경계는 요하의 삼차하(三叉河)에 있었다고 하였다.

이와 같이 험독과 요하 유역 주변에는 '요하' 강 이름에서 유래된 한 요양과 요중을 비롯해 우리 귀에 익숙한 양평, 망평, 안시, 해성, 개주, 영구, 반산, 심양, 신민, 본계, 철령 등의 지명이 남아 있다. 삼차하 지역은 옛날 훈하와 태자하가 만나고 바로 요하물이 합류되어 '세 강물이 합한다는 삼차하' 란 지명을 얻었으나, 현재는 제방을 축조하여 요하는 쌍태자하란 이름으로 별도의 하천이 되었다. 그리고 훈하와 태자하는 합류하여 '대요하' 란 이름으로 영구를 통하여 바다로 흘러든다. 따라서 내몽골 적봉시 홍산 지역의 물은 서요하로 동요하와 합류하여 흐르며, 고조선의 도읍지 험독을 지나 쌍태자하란 이름으로 반금시를 관류하여 발해로 들어간다.

참고로 『사라진 역사 고조선』에서는 '이 전투가 벌어진 지역은 오늘날 요동반도나 요하 유역일 가능성이 크다.' 고 하였으며 사마천의 『사기』 「조선열전」의 해설 기록과 그 전쟁 상황을 분석적으로 정리한 결과, 패수의 위치는 '대릉하(大陵河)' 로 정립, 전투 상황을 예상한 지도를 게재한 바 있다. 그리고 정인보는 그의 문집에서 위만 조선의 도읍지 '험독' 은 한반도 내 대동강변(平壤)이 아니라 요동 지역에 위치한 것으로 보았다.

즉 위만 조선의 도읍지 '험독(왕험성 – 왕검성)' 의 위치는 크게 나누어 평양

신개하진 남쪽,
삼차하대교. 1666.8m

요하, 훈하, 태자하가 합치는
삼차하 풍광

훈하와 태자하가 만나는 지점.
전면 좌측이 훈하, 우측이
태자하

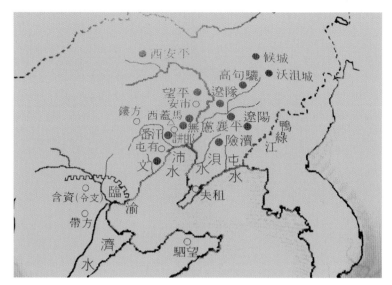

정인보 문집의 현토, 낙랑 제현 분포도. 단 ●표 현토, ○표 낙랑·요동·요서

훈하와 태자하가 합류하는 지역을 탐사하고 있는 탐사대. 좌측부터 윤명철, 김석규 대원

강물이 발해만으로 흘러드는 요하 지구

설·요동 중심설·이동설로 대별되며, 윤내현은 난하 중심설을 주장하고 있는데, 필자는 다음과 같은 까닭으로 요동 중심설의 하나인 태안현 신개하진(손성자성)설을 따르고 있다.

첫째, 『한서 지리지』의 요동군, 낙랑군, 현토군의 기록과 같이 험독의 위치는 요동군 지역에 있으며 사마천의 『사기』등 전투 기록이 요하나 요동군 지역과 일치한다.

둘째, 이 지역에 고구려의 성(서길수 연구)이 위치하고 있으며 그 흔적이 남아 있다.

셋째, 빗살무늬 토기 및 옹관으로 추정되는 유물이 발굴되고 있다.

넷째, 중국에서 이 곳이 '험독'이라고 기록된 역사 지도를 발간, 험독임을 인정하였다.

다섯째, 지형적인 위치로 연경인 북경 지역에서 동북 삼성 지역으로 교류할 때, 태안 지역은 그 길목에 위치하고 있다. 즉 북쪽으로는 의무려 산 줄기가 가로막고 있고 남쪽으로는 바다(勃海)와 요하 하구의 습지가 위치하고 있어서 태안현 신개하진이 동서로 통하는 길목이며 바다가 열리는 경계로, 바다와 하천(遼河) 교통의 요지라고 할 수 있는 지역이다.

고조선 역사가 없으면 한국사도 없다.
- 단재 신채호 -

제3장

기자 조선의 중심지

삼국유사에 기록된 기자 조선과 고죽국

箕子朝鮮　　　孤竹國

단군 조선의 서부 변경인 지금의 중국 북경 가까이에 있는 난하 동부 유역에는 기자 일족이 서주(西周)로부터 망명하여 자리를 잡고 기자 조선을 건립하였다. 기원전 1100년경에 건국한 왕조 국가인 기자 조선은 한국 고대 사회의 기원을 이루는 고조선의 하나로서 기원전 195년 위만에게 멸망될 때까지 900여 년간 존속했던 것으로 이해되어 왔으며, 이 왕조는 단군 조선의 거수국(諸侯國)이라는 주장도 있다.

기자 조선의 명칭이 '기자(箕子)'라는 중국 역사상의 인물과 '조선'이라는 한국 역사상의 지역이 복합됨으로써 이 사회의 성격을 규명하는 데 많은 혼란을 가져왔다. 즉, 진나라 이전의 문헌인 『죽서기년(竹書紀年)』 · 『상서(尙書)』 · 『논어』 등에는 기자가 은나라 말기의 현인(賢人)으로만 표현되어 있다. 그러나 한나라 이후의 문헌인 『상서대전(尙書大傳)』 「은전(殷傳)」, 『사기』 「송미자세가(宋微子世家)」, 『한서 지리지』 등에는 '기자는 은나라의 충신으로서 은나라의 멸망을 전후해 조선으로 망명해 백성을 교화시켰으며 이에 주나라는 기자를 조선의 제후에 봉했다.'고 함으로써 비로소 기자와 조선이 연결되었다.

한국사에서 기자 조선에 대한 인식은 고려 시대의 기록인 『삼국유사』에서 단군 조선과 구분하지 않고 고조선이라는 표현 속에 포함시켜 이해하고 있으며, 『제왕운기』에서는 후조선(後朝鮮)으로 기록되어 있다.

그러나 성리학을 지배 이념으로 삼아 건국한 조선 왕조기는 왕도 정치의 구현과 사대 관계의 유지가 이상적인 정치와 외교로 인식되던 시대였다. 그러므로 기자와 같은 중국의 현인이 조선 왕조와 국호가 같았던 고조선에 와서 백성을 교화한 사실을 명예스러운 일이었다고 이해해 기자동래설이 긍정적으로 수용되었고, 고려 숙종 때 평양에 축조한 기자릉(箕子陵)에 대한 제사도 국가적 차원에서 거행하였다.

기자상

기자 조선은 주 왕조 무왕이 '기자를 조선에 봉했다.'고 하였으며 그 시기는 은말 주초인 기원전 1100~ 1000년경의 인물로서 그의 족단은 난하 지역으로부터 평양성으로 이동한 것으로 평가되고 있다. 그리고 『한서』에는 전한 무제의 업적을 말하면서 "동쪽으로 갈석산을 지나 현도와 낙랑으로 군(郡)을 삼았다."고 기록되어 있고, "갈석산은 한나라의 낙랑군 수성현에 있다. 진나라가 쌓은 장성이 동쪽으로 요수를 끊고 이 산(碣石山)에서 일어났다."고 하였으며, 순(舜)임금이 "갈석산을 경계로 동쪽은 삼한의 땅이라 해서 경계로 삼았다."고 기록되어 있다.

또 『대명일통지』에는 "조선성이 영평부(永平府) 경내에 있으니 기자의

갈석산 입구
갈석산은 한나라의 낙랑군 수성현에 있다고 기록에 나온다. 따라서 고조선을 멸망시키고 세웠다는 한사군 낙랑군은 평양이 아닌 이 곳으로 보고 있다.

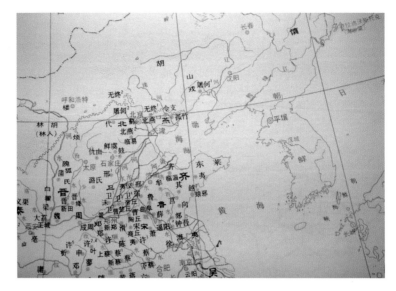

수봉지지(受封之地)로 상전(相傳)한다.”고 기록되어 있는 것을 비롯, 『성경일
통지』에 “요서의 광녕현(廣寧縣)은 주대의 조선계이다.”, 『수서』에 “고려(朝
鮮)는 본래 고죽국이니 주가 기자를 봉하여 조선이 되었다.”고 하였으며,
『고금도서집성(古今圖書集成)』 지지에는 만리장성의 안쪽, 영평 땅에는 ‘조
선성’, ‘조선현’의 지명이 기록되어 있고, 『구당서』·『요사』·『문헌비

고』·『속문헌비고』·『월정만필(月丁漫筆)』 등에도 이와 비슷한 견해를 인용하였다.

그리고 병자 · 정축호란 때 납치되어 온 조선인들의 집단 마을인 고려보(高麗堡)가 진황도와 북경시 중간에 있는데, '고려야(高麗野)'란 들판 이름으로만 남아 있다. 김창업의 『연행록』을 보면 "조선 사람들이 이 곳에서 농사를 짓는 것을 보았다."고 기록하였다.

『삼국유사』에 "단군 왕검은 당고(唐高-堯王)가 즉위한 지 50년인 경인년(庚寅年)에 평양성에 도읍하여 비로소 국호를 조선(朝鮮)이라 불렀다. 이후 백악산 아사달로 도읍을 옮겼다. 그 곳을 궁홀산(弓忽山)이라고도 하고 금미달(今彌達)이라고도 한다. 그는 이 곳에서 천오백 년 동안 나라를 다스렸다. 주의 호왕(虎王)이 왕위에 오른 기묘년에 '기자'를 조선에 봉하니 단군은 장당경(藏唐京)으로 옮겼다가 나중에 돌아와 아사달에 숨어 산신이 되었는데, 나이가 일천구백팔 세였다고 한다. 당나라 배구전(裴矩傳)에 전하기를 고려는 본래가 고죽국이었는데 주나라가 기자를 봉해 줌으로써 조선이라 하였다."고 기록, '기자 조선'과 '고죽국', '영평부(永平府)'의 위치가 문제를 푸는 중요한 열쇠라고 할 수 있다.

군성(君姓)은 묵태씨(墨胎氏)로, 주나라 초 '고죽군(孤竹君)'의 두 아들 백이(伯夷)와 숙제(叔齊)가 은나라에 대한 충절을 지키기 위하여 주나라의 곡식을 먹지 않겠다고 수양산(首陽山)에 숨어 살면서 고사리를 캐어 먹다가 굶어 죽었다.'는 전설로 유명한 나라이다.

그 세력 범위가 난하 하류에서 대능하에 걸치는 발해만 북안 일대이며 그 중심지는 대능하 상류인 오늘날의 요녕성 객좌현(喀左縣) 지역이었던 것으로 추정된다.

1970년대에 중국 요녕성 조양시 객좌현 북동촌(北洞村) 고산(孤山)에서 '고죽'이란 명문(銘文)이 있는 은나라 말기의 청동제 제기(祭器)가 발견되어 그 지리적인 위치가 확인되었고, 역사적으로 실재하였음을 고고학적으로 입증하려는 노력이 시도되고 있다.

기후라고 쓰인 방정

*

8) '기후' 라는 글자는 은나라 갑골문(甲骨文)이나 금문(金文)에도 자주 보이며 '기후명(銘) 청동기' 는 중국의 산동(山東) 지방이나 하남(河南)· 안양(安陽)· 낙양(洛陽) 등지에서도 많이 발견되고 있기 때문에 '기후명 청동기' 만으로 객좌현을 특정인물인 '기자' 의 봉지(封地)라고 볼 근거는 희박하다는 반론도 있다.

특히 그와 가까운 지역에서 '기후(箕侯)' 라는 명문을 가진 청동기가 함께 발견됨으로써 '고려 땅이 원래 고죽국이며 주나라 때 기자가 책봉된 곳' 이라는 문헌적 근거와 함께 고죽국 지역에 기자 조선이 있었다는 '기자 조선 긍정설' 의 새로운 근거로서 활용되고 있다.[8] 1973년 중국 요녕성 객좌현에서 '기후' 와 '고죽' 이라는 명문이 새겨진 방정(方鼎) 등 청동예기 6점이 출토되었다. 이들 유물의 제작 시기는 은나라 말기이므로 기자의 생존 시기와 일치한다. 기자가 자신의 족속들을 데리고 피신한 곳으로 추측되는 지역은 난하와 대릉하 사이의 객좌현으로, 하북성 노룡현(盧龍縣)에서 멀지 않은 지역이다.

객좌현의 남동쪽, 호로도시와의 중간 지점에 '고죽영자(孤竹營子)' 란 지명이 남아 있어서 이 곳 대릉하 유역은 고죽국과 기자 조선과 연관된 지역임을 알 수 있게 한다.

1970년대에 중국 요녕성 조양시 객좌현 일대에서 발굴된 은나라 말기의 청동제 제기는 다음과 같으며 현재 심양박물관에 보관, 전시되고 있다.

객좌현 일대에서 발굴된 은나라 말기의 청동 제기. 고죽국과 연관이 있다.

기자 조선의 청동 화폐 첨수도(尖首刀)와 명도전(明刀錢)

명도전은 '전국 시대 때 연나라(기원전 323~ 222년)에서 만들어진 청동계 화폐로서 손칼 모양의 납작한 표면에 '명(明)' 자 비슷한 문양이 양주(陽鑄)되어 있어 이런 이름이 붙었다'[9]하였고, 2005년도에 발간된 고등학교 『국사』 교과서에도 "명도전; 중국 춘추 전국 시대에 연나라, 제나라에서 사용한 청동 화폐"라고 기록되어 있다.

이에 대해 길림대학 역사학과 교수로 초기 만주사 연구의 기초를 닦은 것으로 유명한 권위자인 장박천(張博泉, 1926~ 2000, 滿族) 교수가 쓴 중국 흑룡강성에서 발행하는 고고학계 학술지 『북방문물(2004년)』 제4기 논문집에 실린 「명도폐연구속설(明刀幣研究續說)」에는 다음과 같은 내용이 실려 있다.[10]

기원전 7세기부터 기원전 3세기 무렵까지 만주 지역에는 3종의 화폐가 있었다. 즉 첨수도, 원절식 도폐, 방절식 도폐가 그것이다. 이들 화폐 가운데 첨수도(尖首刀)는 고죽 또는 기자 관련 족의 화폐이고 원절식(圓折式刀幣)은 고조선의 화폐이며 방절식 도폐(方折式刀幣)는 연나라 화폐다.

곧 칼 꿸 고리가 둥근 모양의 청동 화폐 명도전은 고조선 화폐, 네모난 것은 방절식 도폐로 연나라 화폐, 칼 끄트머리가 뾰족하고 꿸 고리가 둥근 것은 기자 조선의 화폐라는 것이다.

이 명도전은 우리 나라 청천강 지역에서 중국 요동·요서 지역, 그리고 연나라 수도였던 북경 지역에 넓게 분포되어 있다. 즉 『한국 고대사 속의 고조선사』에는 "명도전의 출토지가 중국 하북성에서 청천강 유역에 집중 분포하고 있어 대개 전국 시대에 연나라 상인들이나 요령 지역 주민 집단이 무역 거래나 물물 교환시 사용한 것으로 보인다."고 기록하고 있으며 〈서울시립대학교 인문과학연구소〉 박선미 연구원이 2000년

＊
9) 손호정 『한국고대사 속의 고조선사』
10) 〈고조선, 사라진 역사〉 성삼제, 동아일보사, 2007

연나라 · 제나라 명도전　　　　　　　고조선의 청동 화폐인 명도전 － 원절식 도폐

에 발표한 석사학위 논문 「기원전 3~ 2세기 고조선 문화와 명도전 유적」에는 러시아 학자 부찐이 그린 '고조선의 영역'과 명도전 유적 분포가 거의 일치한다.

　명도전이라는 이름은 일본인이 붙인 이름이며 연나라 화폐라고 규정한 것은 중국 학자라고 한다. 이는 중국 측이 연나라의 지역이었다고 보는 요서 지역에서도 많은 명도전이 발굴된다는 이유에서였다. 명도전은 유적지에 너무 흔하게 발굴되어서 1990년대까지 개당 천 원에 관광 기념품으로 구입할 수 있었다고 한다.

　당시 연과 고조선은 서로 침공하고 침공당하는 적대적인 국가였다. 미국이 이라크를 침공한 후 취한 경제 조치 가운데 하나가 후세인 정권 때 사용하던 화폐를 무력화한 것과 비견되는 경우와 비슷하다. 만약 고조선이 화폐를 발행하지 않고 연나라의 화폐를 사용했다면 두 나라 사이에 엄청난 불균형이 생길 수밖에 없다. 이론적으로 연나라는 필요한 물건이 있으면 화폐를 찍어 고조선에서 사오기만 하면 된다. 그러나 고조선과 연은 전쟁을 치렀는데, 고조선이 전쟁 중인 연나라의 화폐를 받고 물자를 공급했다는 이야기가 된다.

기자 조선의 중심지로 추정되는
객좌현 喀左縣 북동촌 北洞村

- 기자 조선의 도읍지(중심지) — 기자 조선의 도읍지는 처음에는 하북성 진황도시 노룡현이였으나 점차 동쪽으로 이동, 요녕성 조양시 객좌현 지역으로 추정된다.

- 기자 조선의 동변 — 동변은 대략 요하 하류, 해성, 압록강 중류, 청천강 상류를 연결하는 선이었고 거의 변동이 없었다. 이는 기자 조선의 동변이 단군 조선 또는 고구려와 경계를 맞닿고 있었고, 기자 조선이 이 나라들과 우호 관계에 있었기 때문이다.

- 기자 조선의 북변과 남변 — 북변 중 요하 서쪽 방면은 북으로 서요하, 시라무렌강을 넘어서지 못하였고, 요하 동쪽 방면은 요하 하류에서 압록강 중류를 연결하는 선을 넘어서지 못하였다. 그 후 기원전 3세기 말, 기자 조선(『사기』「흉노전」에는 '동호'로 적혀 있다.)은 흉노 모돈선우의 공격을 받아 유목족이 거주하던 시라무렌하 등지를 흉노에게 빼앗김으로써 이 때부터 기자 조선의 북변은 서요하나 시라무렌하보다 훨씬 남쪽이 되었다. 기자 조선의 남변은 만주 방면을 발해 연안 해안 지대이고 한반도 방면으로는 청천강이었다.

- 기자 조선의 서변 — 서변은 중국 왕조가 강성해지면서 점차 동쪽으로 축소되었다.

객좌현 북동촌 고산(孤山) — '기후방정(箕侯方鼎)' 발굴지

〈고조선 유적 답사회〉는 3회에 걸쳐 창여의 천고신악(千古神岳) 갈석산 — 난하 — 노룡현의 영평부성, 조선성, 조선현, 백이 숙제 기념비, 우물 등을 답사하고 자료를 수집하거나 현장을 확인, 사진을 촬영한 바 있다.

그리고 2008년 2월 19일, 제8차 고조선 유적 답사에는 '기자 조선'의 유물인 '기후방정'의 발굴지인 객좌현 북동촌 고산을 찾아가기 위해 객좌현 소재지에서 숙박하였다.

'기후'란 명문은 '주나라 때 기자가 책봉된 곳'이란 의미로 풀이되며, 하남성 안양시 등 은나라 유적에서도 발굴되는 '네모난 제기'로, 기자 조선을 증거하는 핵심 유물이다.

이 제기가 발굴된 북동촌 고산을 현지의 관공서나 문화 기관에 문의하였으나 우리 나라 정치인을 닮아서인지 모두가 '모르쇠'였다. 물론 현지 가이드에게 사전에 꼭 답사해야 할 곳이라고 여러 차례 확인하였으나 가이드 역시 모르쇠니 답답하고 속이 터질 뿐이었다.

저녁에 가이드를 방에 불러 놓고 '당장 내일 아침에 답사할 목적지도

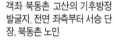

객좌 북동촌 고산의 기후방정 발굴지. 전면 좌측부터 서승 단장, 북동촌 노인

객좌현 기후방정명문

서주 객좌 북동촌 출토 기후방정

알 수 없으니 앞으로는 답사 관련 업무를 중단하겠다.'고 으름장을 놓고 호통을 치며 분을 풀었다.

우리의 옛말에 "궁하면 통한다."고 했던가, 결국 그 호통이 먹혀들었다. 얼굴이 시뻘개진 가이드는 애꿎게 프런트에 가서 하소연하였던 것이다.

이 곳의 행정 지명(지도상) 주소는 '중국 요녕성 조양시(朝陽市) 객라심좌익(喀喇沁左翼) 몽고족 자치현(蒙古族自治縣) 평방진(平房鎮) 북동촌(北洞村)'이었으며 '객라심좌익'이란 몽골식 땅이름을 중국식 2자인 '객좌(喀左)'로 줄여서 '객좌현'이 된 것이다.

이는 마치 『삼국사기』「지리지」에 신라가 3국을 통일(백제는 통합, 고구려는 일부 통합)하고 고구려, 백제의 3~5자 지명을 2자 중국식으로 통일한 경우와 비견되는 방법이다. 즉 고구려의 파해평사현(坡害平史縣)을 파평(坡平)으로, 제차파의현(齊次巴衣縣)을 양천(陽川) 등으로 신라 경덕왕은 전국의 행정 지명을 당나라식으로 고친 바 있다.

그리고 '기후방정'이 출토된 '고산(孤山)'이란 글자가 의미한 대로 '홀로 떨어져 있는 고독한 산'으로 풀이할 수도 있으나 '고죽국'과 관련 있는 지명으로 풀이할 수도 있다. 이 고산 주변 여러 곳에서 청동기 제기와

선돌의 위치를 지적하는 안내인
선돌 뒤를 파보았더니 기후방정이
나왔다.

선돌의 규모를 측량하고 있는 답사단. 우로부터 김세환, 우실하, 최성미

유물들이 쏟아져 나왔다고 한다.

엉뚱하게 문제를 풀고 난 후, 상황은 또 다른 측면에서 급속도로 전개된 것이었다. 즉 안내해 준 노인에게 "어떻게 해서 이 곳에서 발굴이 이루어졌는가?" 하고 질문한 것이 계기가 되었다. 안내인은 이 지역 입구에 '선돌(立石)'이 있어 그 뒤편 지역을 발굴했다는 대답이었다.

필자의 머리 속에서는 컴퓨터가 작동되기 시작했다. 대형 청동 제기가 발굴되었고…, 제천(祭天)하는 소도(蘇塗)[11] — 솟대 — 선돌 — 입석 — 성자산성, 부여의 풍속, 우리 역사, 문화의 연계성 등

우선 선돌의 위치를 물었다. 선돌의 위치는 '기후방정' 발굴지 서쪽 바로 앞이었다.

다음으로는 "그러면 그 선돌은 어디에 보관하고 있는가?" 하고 묻자 객좌현 정부 문화국에서 가져갔다고 대답하였다. 그러나 문화국에서는 그 선돌 유물을 개봉하지 않는 상태라고 하여 결국 후일을 기약할 수밖에 없었다. 또 상황은 여기에서 종료되지 않고 참가자 중 입석 연구가인 〈전주문화원〉 김진돈 국장이 부근 밭 가운데에서 '선돌' 비슷한 입석을

*

11) 삼한 시대에 제의(祭儀)를 행하던 곳. 『후한서』 『삼국지』 『진서』 『통전』 등에 기록이 전한다. 그 중 가장 자세하게 기록된 『삼국지』 「위지(魏志) 한전(韓傳)」에서는 소도에 대해 '귀신을 믿으므로 국읍(國邑)에서는 각기 한 사람을 뽑아 천신에 대한 제사를 주관하게 하였는데, 이 사람을 천군이라 부른다. 이들 여러 나라에는 각각 별읍(別邑)이 있는데, 이를 소도라 한다. 큰 나무를 세우고 거기에 방울과 북을 매달아 놓고 귀신을 섬긴다. 도망자가 그 속에 들어가면 모두 돌려보내지 않아 도둑질하기를 좋아한다. 그들이 소도를 세운 뜻은 마치 부도(浮屠)를 세운 것과 같으나 그 행해진 바 선악은 달랐다'라고 하였다. 이 기사에 대한 많은 연구가 행해졌는데, 먼저 민속학적 측면에서의 소도는 제의가 행해지는 신성지역이며 별읍이 바로 성역이다. 또한 읍락의 원시경계표도 된다. 소도는 신단(神壇)의 의미인 '수두'나 높은 지대의 의미인 '솟터'에서 유래하였다고 한다. 소도는 성읍 국가 이전 단계에서 천군이 임무를 수행한 장소이며 천군은 통치자와는 별도로 각종 의식을 주관하였는데, 그 뒤 천군에서 왕으로 사회가 변모하면서 종교적 성격의 소도는 정치적 중심지로 바뀌어 갔다.

전북 고부군 입석리의 선돌 중간에 구멍 흔적이 남아 있다 (위).

조양시 사찰 내의 우물가 선돌(옆)

*
12) 자연석이나 일부만을 가공한 돌을 단독으로 세운 거석기념물(巨石記念物)로 선돌(立石)이라고 한다. 무덤의 바로 위에 놓인 묘표(墓標)로 해석할 수 있는 것도 있지만 기념비적 성격의 것이 많다. 이러한 선돌은 세계 도처에 널리 분포하고 있는데, 특히 동아시아와 서유럽에서 밀집된 양상을 나타내고 있으며, 이 밖에도 근동 지방과 북아프리카에까지 그 분포가 미치고 있다. 이들은 대개 고인돌 등 다른 여러 종류의 거석유적과 직접 또는 간접적 상관 관계를 가지는 것으로서, 서로 섞여 분포하고 있는 경우가 많다. 한국에서의 선돌은 고인돌에 비하면 매우 적은 숫자에 지나지 않지만 그 분포는 거의 한반도 전역에 미치고 있다.

보았다는 것이다. 고산에서 약 5km 지점의 밭 가운데는 고정(古井)이 있고 그 옆 중간에 구멍 뚫린 선돌이 세워져 있었다. 선돌12)은 제천하는 솟대 기능에서 남근석, 마을 입구의 장승, 동제(洞祭)의 표석, 농경 생활의 도구인 물 푸는 지렛대 등으로 발전, 이용하였을 가능성도 있다.

우물은 깊었으며 돌로 잘 싸여 있었다. 인근 동산취 유적이 위치한 객좌현 대성자진(大成子鎭) 동산취촌(東山嘴村)의 우물 형태가 비슷했다. 여기에서 동산취의 제단 기록은 생략한다.

다음 답사지인 조양시의 사찰에서 또 비슷한 우물가의 선돌과 대형 성혈을 보았다. 우물가 선돌의 형태와 크기는 객좌현의 선돌와 비슷하였으며, 성혈은 우물가의 식료품을 빻는 기구로 발전하였을 가능성을 보여주고 있었다. 즉 고인돌의 덮개돌이나 바닥에 단순히 뚫려진 고대 성혈에서 점차 생활 용구로 발전, 음식물을 가공·분쇄하는 기구로 사용하였을 가능성을 보여 주고 있는 유물이라 할 수 있다.

기자 조선과 은(殷 - 商)나라와의 관계

우리 민족, 역사의 큰 물줄기는 요하 · 대릉하 문명에서 발원하여 그
일부는 황하 · 양자강 문명으로 이동, 찬란한 은(商) 역사를 중원에 이룩
하였다가 주나라 세력에 패퇴, 결국 대릉하 유역으로 되돌아와서 기자
조선을 건국한 것으로 추정된다.

2008년 2월 15일자 《경향신문》의 「코리안루트를 찾아서 — 상나라와
한민족」에 '상나라 귀족묘 출토 인골은 한족(漢族) 아닌 동이족(東夷族) 모
습'이라고 기록하고 있다.

중국 문헌은 동이족인 상족(商族)이 중원으로 내려와 하나라를 멸할 때
까지의 역사와 활동 무대, 즉 시조 설부터 성탕의 상나라 건국(기원전 1600년)
까지 상황을 짐작할 수 있는 단서를 던져 놓았다. 중국 학계는 이 문헌
기록을 토대로 다각적인 분석에 들어갔다.

'순자 성상(荀子 成相)' 편의 기록을 검토해 보자.

'요(遼)는 지석(砥石)에서 나온다.'는 내용이 '회남자(淮南子) 추형훈(墜形訓)'
편에 나온다. 이 내용을 주석한 고유(高誘)는 "지석은 산의 이름이며 변방
의 바깥에 있고, 요수(遼水)가 그 곳에서 나와 남쪽으로 흘러 바다에 이른
다."고 했다. 즉 시조 설은 요하의 발원지인 지석에 살았으며, 지금의 내
몽고(內蒙古) 자치구 적봉(赤峰)시 커스커텅치(克什克藤旗) 부근이라는 것이다.
물론 '남쪽 바다'는 발해이다.

또한 '여씨 춘추 유시(有始)' 편에는 "하늘에는 9개의 들이 있는데, 북방
을 일컬어 현천(玄天)이라 한다."고 했다. 따라서 김경방(金景芳)은 이 모든
문헌을 근거로 '설, 즉 현왕은 북방의 왕'이라 단정했다. "상토(설로부터 3대)
가 맹렬하게 퍼져, 해외에서 끊어졌다(相土烈烈 海外有截, 시경 · 상송)."는 내용도
시사하는 바가 크다.

'상토는 시조 설의 손자,' 중국 학계는 이 기록을 토대로 상토 때 상족

안양 은허에서 발굴한 상(은)나라 무덤
노예로 추정되는 대량의 인골이
나란히 묻혀 있다. 순장의 모습
을 적나라하게 보여 준다. 대련
의 고조선 무덤인 '강상 · 누상
묘'에서도 대량의 인골이 발굴
된 바 있다.

은허 표지석

은허에서 발견된 갑골문자

의 활동 무대를 발해 연안으로 보고 있다. 상토는 무공이 매우 뛰어났으며 마차를 발명하여 세력을 떨친 이다. 시조 설로부터 7~8대인 왕해(王亥)와 상갑미(上甲微) 때는 '하백(河伯)의 군사를 빌려 유역족(有易族)을 쳐 멸망시켰다.'고 한다. 그런데 유역족은 역수(易水)에서 그 이름을 빌려왔으며 지금의 하북성 역현(易縣) 일대이다. 상족이 초기에 이미 하북성성 역현까지 세력을 떨쳤다는 것이다.

고고학자 소병기(蘇秉琦)는 '은(상)의 조상은 남으로는 연산(燕山)에서 북으로는 백산흑수(백두산과 흑룡강)까지 이른다.'고 단언했다.

또한 그 유명한 안양 은허(殷墟) 유적 발굴을 총지휘했던 부사년(傅斯年)은 일찍이 '상나라는 동북쪽에서 와서 흥했으며, 상이 망하자 동북으로 갔다.'고 단정했다. 중국 학계도 이런 소병기와 부사년의 관점이 가장 정확한 것이라고 인정하고 있다. 1970년대 이후 발해 연안에서 쏟아지기 시작한 발굴 성과가 이 같은 학설을 뒷받침해 주고 있다. 상나라 사람들과 발해 연안의 친연 관계는 인종학의 지지까지 받고 있다. 인골 전문가인 반기풍(潘其風)은 은허 유적에서 출토된 인골들을 분석했는데, 아주 의미심장한 결과를 얻어냈다.

"인쉬 유적에서는 상나라 귀족들의 묘가 발견되었는데, 발굴된 대다수의 시신들이 동북방 인종의 특징을 갖추고 있었어요. 인골들의 정수리를 검토해 보니 북아시아와 동아시아인이 서로 혼합된 형태가 나타난 거지요. 이것은 황허 중하류의 토착 세력, 즉 한족(漢族)의 특징과는 판이하다는 결론에 이르게 됐어요."

또 하나, 은허 발굴자들이 인정했듯 상나라 사람들이 동북방의 신앙을 존숭했다는 것이다. 즉 상나라 왕실에서 고위층 귀족들에 이르기까지 동북 방향을 받들었는데, 이는 고향에 대한 짙은 향수와 숭배를 나타낸 것이라는 해석이다.

은허 유지비

결국 이 모든 중국 문헌과 고고학적인 발굴 성과로 미루어 보면 기원전 6000년(사해·흥륭와 문화)부터 시작된 발해 문명의 창조자들이 그 유명한 홍산문화(기원전 4500~3000년)를 거쳐 하가점 하층문화(기원전 2000년 무렵~1500년, 고조선 시기)를 이루었다.

그리고 상나라의 시조 설은 '사해·흥륭와 문화 — 홍산문화'의 맥을 이은 발해 문명의 계승자로서, 하가점 하층문화의 주인공이라는 추론이 가능하다. 설과 그의 손자 상토, 그리고 7~8대인 왕해와 상갑미가 대를 거치면서 발해 문명의 계승자들은 남으로 뻗어갔으며, 급기야 기원전 1600년 무렵 중원의 하나라를 대파하고 천하를 통일했다.

은허 갑골문자 발상지비

소병기가 '하나라 시대에 이미 중국 동북방 발해 연안에는 하나라를 방불케 하는 강력한 방국(方國), 즉 왕국이 존재하고 있었다.'고 단언한 이유다. 물론 중국 문헌에는 대릉하·요하 유역, 즉 발해 연안을 풍미한 발해 문명의 주인공들이 과연 누구인지 적혀 있지 않다.

그런 이유로 중국 학계는 단순히 상나라의 선조가 동북 민족과 관련이 깊다고 인정하면서도 그냥 '연나라의 옛 땅'이라는 궁색한 표현으로 정리하고 있다. 하지만 누누이 강조했듯 상나라를 이룬 동이족, 그 가운데서도 고조선·부여·고구려·백제 등 우리의 역사를 이룬 우리 민족과는 강한 친연성을 갖고 있다.

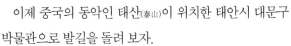

대문구 일월오악도
동이족의 표상이다.

이제 중국의 동악인 태산(泰山)이 위치한 태안시 대문구 박물관으로 발길을 돌려 보자.

중국 고고학계는 산동반도의 동이족 대문구(大汶口) 문화 유적에서 '아사달' 문양이 그려진 팽이형 토기(고조선의 독특한 양식 토기) 11개를 발굴했는데, 중국 측은 기원전 4300년~ 기원전 2200년의 것으로 연대 측정했다. 이는 고조선 사람들이 고조선 건국 후 건너가 제작한 것이므로, 고조선 건국이 적어도 기원전 43세기~ 기원전 22세기 이전의 일이었음을 알려 주는 고고 유물이다.

팽이형 토기는 평안남도와 황해도에서 집중적으로 나온 토기로서 그 연대는 기원전 3000년경 이전부터 기원전 2000년경까지의 것으로 편년되고 있다. 대체로 한강 중류와 상류, 임진강 유역, 강화도까지를 '팽이형 토기'의 남방 한계라고 볼 수 있으며, 이에 비해 북방에서는 대단히 많은 수의 '전형 팽이형 토기', '변형 팽이형 토기'가 쏟아져 나왔다.

이에 신용하는 이 '팽이형 토기'와 함께 고인돌, 비파형 청동 단검을 고조선 전기의 독특한 3대 문화 항목이라고 하며, 아사달의 의미는 아침과 양지바른 산의 의미가 합쳐진 것으로, 이것을 한역하면 바로 조선이 된다고 풀이하고 있다.

그리고 '소호(少昊)'라는 문자까지 발견되었다는데 소호는 우리 동이족(東夷族)의 성씨이다. 여기에 부사년(夫斯年)은 은나라를 일러 하늘을 공경하고 조상을 숭배하는 경천 숭조(敬天崇祖)와 흰 옷을 즐겨 입는 백의민족(白衣民族)이라는 것, 알에서 태어났다는 난계 설화(卵系說話)를 비추어 동이족의 문화라 하였고, 대만의 임혜상(林惠祥) 선생은 중국의 모든 음악과 악기는 동이족에서 비롯되었다고 하였다.

대문구(大汶口) 문화 유적에서 발굴된 '아사달' 문양이 그려진 팽이형 토기

후기 신석기 문화인 대문구문화에서는 남녀의 합장이 이루어지게 되는데, 대문구문화의 묘장에서는 남성 쪽에 부장품이 모아지고 여성이

남성을 향해 몸을 옹송그린 채로 묻혔다. 대문구문화 유적에서는 몇몇 사람에게 집중되어 묘지의 부장품이 다양할 뿐만 아니라 정교하게 제조된 도기나 상아 제품 등이 출토되고 있다.

이것은 반파촌에서 나타나는 앙소문화의 사회보다도 대문구 사회가 생산력 면에서 크게 앞섰을 뿐 아니라 그에 따른 잉여(剩餘) 재부(財富)의 발생 및 소수에게 집중되는 현상이 두드러지게 나타나고 있음을 알 수 있다.

필자는 2006년 12월, 제3차 고조선 유적 답사시 이종호, 구길수와 함께 대문구박물관을 답사, 견학한 바 있다.

연 장군 진개(秦開)의 동호와 조선 공격으로 중심지 이동

『사기』에 의하면 연나라 장군 진개[13]는 동호(東胡)와 조선을 공격하여 동쪽으로 천여 리 패주시키고, 조양(造陽)에서 양평(襄平)에 이르는 장성을 쌓고, 점령지에 상곡군·어양군·우북평·요서군·요동군을 설치하였다고 한다. 그리고 그 지역에 대해서 진나라 진이세(秦二世)가 갈석산에 다녀 온 사실을 요동(遼東)에 다녀온 것으로 기록(「진시황본기」)되어 있다.

연나라 장성

연(燕)나라의 장군 진개가 동호에 인질로 가서 그들의 신뢰를 받은 다음 연나라로 돌아오자 곧 동호를 습격하여 패주시켰다. 이때 동호는 1000리나 후퇴했다. 형가와 함께 진왕을 죽이러 갔던 진무양은 진개의 손자다. 연나라 역시 조양에서 양평에 이르는 장성을 쌓고 상곡(上谷), 어양(漁陽), 우북평(右北平), 요서(遼西), 요동(遼東)의 여러 군을 두어 호(胡)를 막았다(기원전 281년). 당시 중국에는 문물 제도를 갖춘 전국이 7개국이었는데, 그 중 3개국(연, 조, 진)이 흉노와 경계를 맞대었다. 그 뒤 조(趙)나라 장군 이목이 있는 동안은 흉노가 감히 조나라 변경을 침입하지 못했다(『사기』「흉노

*
13) 전국시(戰國時) 연소왕대 (燕昭王代, 기원전, 311~279)의 현장(賢將)

전(匈奴傳)」).

『삼국지』에도 연나라 진개가 조선을 공격했다고 다음과 같이 기록되어 있다.

그 뒤 (조선 왕의) 자손이 점점 교만하고 포악해지자 연나라 장군 진개를 파견해 조선의 서쪽 지역을 침공하고 2천여 리의 땅을 빼앗아 만번한(滿番汗) 지역을 경계로 삼았다. 마침내 조선의 세력은 약화되었다. 『삼국지』「위서 동이전」 '한조'

기원전 81년, 전한의 조정에서 열렸던 회의의 토론 내용을 재현하는 형태로 정리한 독특한 형식으로 엮은 『염철론(鹽鐵論)』[14]에는 '연나라가 동호를 공격하고 조선을 공격했다.' 고 기록하고 있다.

연나라가 동호를 습격하여 밖으로 천리를 물러나게 하였으며 요동을 지나 동쪽으로 조선을 공격하였다.

이 기록에 따르면 동호와 조선은 별개의 나라로 보고 있다. 이 때 조선은 기자 조선으로 기원전 281년경에는 위만 조선(기원전 194~ 108년)이 개국되기 전이며 고죽국은 기원전 664년 제환공에 의해 멸망되었다. 이 당시의 연나라와 기자 조선, 동호, 만번한, 상곡, 어양, 우북평, 요서, 요동의 위치는 다음 지도와 같다.

여기에서 중요한 것은 요동과 요서를 구분하는 기준이 되는 요하(遼河, 遼水)를 어느 강으로 보느냐에 따라 국가나 군의 위치가 바뀌며 이는 곧 국경을 결정하는 근거가 된다.

우리 나라 학계에서 연나라 장군 진개가 조선을 침공한 전국 시대에 요하와 요동, 기자 조선을 이해하는 견해는 다음 세 가지 주장(說)이 있다.

첫째, 고조선의 영역을 압록강 이남에서 찾는 견해 → 진·한대의 요

*
14) 중국 전한(前漢)의 선제(宣帝: 재위 BC. 74~BC 49) 때에 환관(桓寬)이 편찬한 책

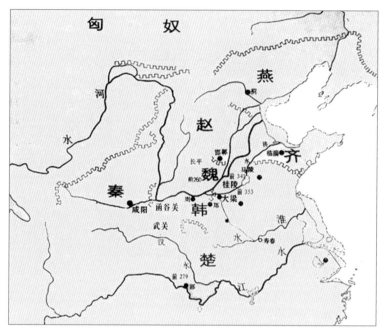

동은 요하에서 압록강에 이르는 지역으로, 요하는 현재의 요하를 지칭하고 있다.

둘째, 고조선 영역 청천강 이남으로 이해하는 견해 → 요하 이동(以東)에서 청천강에 이르는 지역으로, 요하는 서쪽 청천강 이남까지 경계로 본다.

셋째, 고조선 영역 난하 동쪽으로 이해하는 견해 → 이지린[15]은 『전국책(戰國策)』 연책(燕策)의 "연나라 동쪽 요동에 조선이 있다(燕東有朝鮮遼東)." 는 내용에서 요동에 조선이 위치하고 있으며 난하 이동이 요동임을 강조하고 있다. 윤내현[16]은 '증선지의 『19사략통고』 중의 요수, 요동, 조선' 이 표기된 지도를 제시하면서 난하설을 객관적 증거 자료로 제시하고 있다.

한편 서영수[17]는 '진개 침입 이전의 고조선의 영역은 요동(난하)을 중심으로 대릉하 유역' 까지로 주장하고 있다. 이 같은 사실은 진나라 진이세(秦二世)가 '갈석산에 다녀온 사실이 요동(遼東)에 다녀온 것으로 기록(『사기』「진시황본기」)되어 있다.

*
15) 리지린, 「진, 한대 료동군의 위치」, 력사과학, 1963년 1호, '고조선연구', 1964
16) 윤내현, 「고조선의 위치와 강역」, 한국고대사신론, 1986
17) 서영수, 「고조선의 위치와 강역」, 한국사시민강좌, 제2집, 1988

이 당시의 동호의 위치는 노합하, 서납목륜하, 조양시, 내몽고 적봉시
일대이며 기자 조선의 위치는 동쪽은 난하, 북쪽에서 대릉하 이남, 서쪽
은 대릉하, 남쪽은 발해 연안으로 추정된다. 그리고 연나라 진개 침입 후
국경선이 난하에서 대릉하로 이동되었으며 대릉하 동쪽에서 요하 하류
지역(新開河籤)에 도읍지를 개척하고 '물 흐름이 험(險)하여 험독(險瀆, 瀆은 뚝을
뜻함.)'이라 이름하였을 것으로 추정된다.

이 전쟁 통에 조상에게 제를 지냈던 귀중한 청동 예기는 객좌심좌익(喀
佐) 내몽고 자치현의 북동촌 고산 밑에 급히 매몰한 후 선돌로 표지석을
세우고 동쪽으로 이동했을 것으로 추정된다.

연나라 소왕 후기에 수축한 연장성을 건평 북부와 적봉 남부까지를 내
선장성(內線長城) 또는 적남(赤南)장성, 내몽고 영금하 일대와 적봉 북쪽까지
를 외선(外線)장성 또는 적북(赤北)장성이라고 부르는데, 이 중 내전장성(적남
장성)은 진개 장군이 동호를 멸망시킨 후 5군을 개설할 때 수축하였다[18]고
한다. 다른 문헌[19]에는 연북장성이 진개가 쌓은 연장성이라고 기록되어
있다. 그리고 '조양(造陽)'은 그 장소는 확실하지 않으나 현재의 조양이
아니고 당시 연장성이 시작된 녕현(寧縣)일 것이라고 추정하였다. 여기에

*
18) 王冠華 외, 「조양역사」 '중
   학향토교재,' 조양시교위향
   토교재편찬회, 1993
19) 王恢, 『중국역사지리(상)』,
   「연북장성조」, 157쪽

서 진개가 동호를 파하고 '조양에서 양평' 까지라고 하였는데, 양평 또한 현재의 양평 지역(심양 남쪽)이 아닐 수도 있다.

따라서 연나라 장군 진개의 활동 무대는 대릉하와 요하 유역임을 알 수 있다.

고조선 영역 압록강 이남설이나 청천강 이남설은 우리 나라에서는 고려이후의 문헌이나 자료에 주로 기록되었을 뿐, 연장성 같은 고대 유적이나 유물, 고대 기록 등을 찾을 수 없어 신빙성이 부족함을 알 수 있다.

다음으로 진개가 공격하여 차지한 영토의 거리인 '1000리 또는 2000리'에 대하여 살펴보자.

『사기』 「소진(蘇秦)열전」을 보면 연(燕)·제(齊)·조(趙)의 영역이 나오는데, 모두 사방 2000리로 적혀 있다. 사방 2000리는 한 변의 길이가 2000리인 정사각형의 한 변의 길이이다. 이론상으로는 2000리의 2분의 1은 1000리가 되어야 하나, 연·제·조나라 영역의 한 변 길이의 2분의 1은 각종 지도상에서 어림 짐작으로 보아도 1000리에 훨씬 못 미친다.

참고로 우리 나라의 남북의 거리를 3000리 강산[20](한양에서 해남 토말(土末)까지 1000리, 온성군 유원진까지 2000리)이다. 고조선의 중심지가 평양일 경우 동쪽으로

*
20) 최남선, 『조선상식문답』, 1486, 『동국여지승람』 1권, 한양-장흥(975리), 한양~경흥(2,359리)

400리 내외로, 사리에 맞지 않다.

그렇다면 『사기』에 적혀 있는 1000리의 길이가 왜 이리 짧을까? 이는 『사기』에 적혀 있는 1000리, 2000리, 5000리의 길이는 다소 과장한 거리로, 당시 사람들의 관념상 거리이지 실제 측량 거리가 아니기 때문이다.

양평(襄平)의 위치에 대하여 난하 방면, 요양(遼陽) 남쪽, 또는 대릉하 방면 등 설이 분분하다. 그런데 위 문구에 나오는 연장성의 동단인 양평(襄平)은 연장성의 가장 동쪽 끝에 있다. 연나라가 점령지에 설치한 5군 중 가장 동쪽에 설치한 요동군(遼東郡)의 현이다. 연 5군을 설치하기 전 연나라의 동변에서 동쪽으로 1000여 리 떨어진 지점에 있다. 따라서 위의 기록을 근거로 양평의 위치는 진개가 5군을 개설할 때 수축한 내선장성(건평 북부)과 대릉하가 만나는 곳으로, 전기한 『조양역사』에 기록되어 있다.

한편 '양평'은 대능하과 의무려산 부근 지역으로 추정된다. 광개토 태왕비에는 영락 5년(395)에 광개토 태왕은 '비려(碑麗)'에서 잡아간 사람들

대릉하
대릉하를 위만 조선의 국경 하천으로 추정하고 있다.

을 돌려주지 않자 몸소 정벌하러 나섰다고 기록되어 있다.

'부산(富山)'을 지나 염수(鹽水)에 이르러 세 부락 육칠백 영을 부수니 얻은 소·말·양 떼가 셀 수 없었다. 수레를 돌려 양평도(襄平道)를 지나 동으로 역성(力城), 북풍(北豊)에 이르러 땅을 둘러보고 사냥을 하면서 돌아왔다. 『요사』 지리지를 보면, 집주(集州)는 옛날 패리군(牌離郡)으로 한나라 험독현에 속했고, 고구려 때는 상암현이다. '비려'가 '패리'라면 바로 의무려산 아래 북진이다. 요나라의 광주(廣州)는 한나라 때 양평(襄平)현에 속했는데, 고구려 때 당산현이다. 당산(當山)은 부산(富山)의 오기로 보인다.

이는 대릉하가 위만 조선의 국경 하천인 패수임이 입증, 판명되는 결과로 연결된다.

삼국유사에 기록된 고죽국

고죽국은 은나라 탕왕(湯王) 때에는 제후국의 하나로 발해만의 북서쪽에 위치하고 있었다.

대청여광도의 고죽국의 위치도

군성(君姓)은 묵태씨(墨胎氏)로, 주나라 초 고죽군(孤竹君)의 두 아들 백이와 숙제가 은나라에 대한 충절을 지키기 위하여 주나라의 곡식을 먹지 않겠다고 수양산[21]에 숨어 살면서 고사리를 캐어 먹다가 굶어 죽었다는 전설로 유명한 나라이다.

그 세력 범위가 난하 하류에서 대능하에 걸치는 발해만 북안 일대이며 그 중심지는 대능하 상류인 오늘날의 요녕성 객좌현(喀左縣) 지역이었던 것으로 추정된다.

『삼국유사』에 "주(周)의 호왕(虎王)이 왕위에 오른 기묘년에 '기자(箕子)'를 조선에 봉하니 단군(壇君)은 장당경(藏唐京)으로 옮겼다가 나중에 돌아와 아사달(阿斯達)에 숨어 산신이 되었는데, 나이가 일천구백팔세였다고 한다. 당나라 배구전(裴矩傳)에 전하기를 고려(高麗)는 본래가 고죽국(孤竹國-현 해주)이었는데 주나라가 기자를 봉해 줌으로써 조선(朝鮮)이라 하였다."고 기록 되어있다.[22]

위 기록에서 '고려=고죽국=조선(기자)'이며 그 위치를 '평양(지금의 서경)'이라 하였다. 여기에 인용된 당서의 글은 『구당서』권63 「배구전」을 인용한 것으로서, "고구려는 본래 고죽국(孤竹國)으로서 주나라가 기자를 조선에 봉했으며, 한나라가 이 곳에 설치한 3군은 현도, 낙랑, 대방군"이라 하였다. 그리고 한삼군(韓三郡)은 한 무제가 한반도에 설치한 한사군(漢四郡)의 착오로 보고, 또한 고죽성을 경기만 북쪽에 위치한 '지금의 해주'라 하였다. 그리고 『수서(隋書)』 「배구전」에도 "고려의 땅은 본래 고죽국이었다. 주나라가 기자를 조선에 봉했다."고 기록되어 있다.

과연 고죽국의 위치는 어느 곳일까? 고죽국의 위치가 밝혀지면 기자 조선의 위치는 물론 낙랑 등 한사군, 고구려의 위치도 따라서 확인할 수 있게 된다.

고죽국의 위치에 대해서는 다음과 같이 중국의 고대 역사 지도나 사서, 그리고 발굴 성과인 유물, 유적에서 다양하게 확인되고 있다.

첫째, 중국 고지도상 고죽국의 위치는 중국 하북성 진황도시 노룡(盧龍)

*

21) '백이 숙제가 숨어 살며 고사리를 캐어 먹다 죽었다'는 수양산은 중국 낙양을 비롯, 섬서성, 하북성 등에 위치하고 있다. 그러나 『삼국유사』에서 보는 바와 같이 우리의 선조들은 한반도 해주설을 다음과 같이 믿고 있다. 해주시 동북녘에 우뚝 솟은 수양산은 예로부터 중국의 백이, 숙제가 건너와 수양산 속에 숨어 산나물과 고사리만 먹고 살다 아사했다 하여 충절의 기운이 서린 산으로 널리 알려져 있다. 최고봉은 설류봉(945m)으로, 그 기슭에 백이, 숙제를 배향키 위한 청성묘와 그 충성심과 절개를 기리기 위해 세운 백세청풍비가 남아 있다.

22) 일연 『삼국유사』 고려 충렬왕, 1206년간

현에 위치하고 있다. 『중국역사지도집(商 시기 전도, 春秋 시기 전도, 諸侯稱雄形勢圖(기원전 350년), 戰國-燕 전도 등)』,[23] 『대청광역도(大淸廣興圖)』[24] 등에 고죽국의 위치는 노룡현, 갈석산의 서쪽, 난하의 동쪽에 표기되어 있다.

둘째, 고죽국은 옛날부터 시인 묵객들에게 널리 회자되어 온 매우 유명한 곳으로서, 주 무왕이 부친의 상중에 병력을 일으켜 은나라를 토벌한 무도함에 항의하여 주나라 녹을 더 이상 먹지 않겠다고 수양산에 들어가 고사리를 캐먹다 굶어 죽은 백이숙제의 본국이다. 『괄지지』에 따르면 '고죽성은 노룡현 남쪽 12리', 즉 북경 동쪽 해안인 난하 하류의 진황도시 노령현이며 여기에 갈석산이 있다.

『독사방여기요』 권17 「영평부 신창성조」에도 "지금의 영평부(永平府) 부치는… 수나라 노령현으로서 조선성이 영평부 북쪽 40리에 있으며 한나라 때 낙랑군의 속현"이라 하였다. 고죽국이던 난하 하류의 노령현이 놀랍게도 '낙랑군 속현인 조선성'이라는 것이다.

또한 『한서』 권64 「가연지전(賈捐之傳)」에도 원수 6년에 한나라는 "동쪽으로 갈석산을 지나 현도와 낙랑을 군으로 삼았다."고 하였다. 원수 6년(기원전 117년)은 한 무제가 한반도에 한사군을 설치(기원전 108년)하기 9년 전이므로, 이 때의 현도와 낙랑군 역시 한반도가 아니라 노령현 갈석산 근처였다. 이외에 『수서(隋書)』 권30 지리지의 「북평군 노령현조」에도 "노령은 옛날의 북평군으로서 신창, 조선의 두 현을 영유했다가 제나라 때 조선현이 신창현에 편입됐다."하고, 『대명일통지』「경사조」에도 "조선성이 영평부에 있었으니 기자의 소봉지로서 오늘까지 전해 온다."고 하였다.

또 다른 사료로서 『사기』 권6 「진 시황 26년조(기원전 219년)」에 천하를 통일한 진 시황은 36군을 설치했으며, 그 영역은 "동쪽으로 바닷가의 조선(東至海朝鮮)까지이고… 북쪽으로는 황하 상류의 음산(朔州)에서 요동까지"라 하였다.

원(元)나라 때 지은 『춘추본의(春秋本義)』 권8에 "목눌조씨(木訥趙氏)가 말하기를 산융(山戎)은 도읍에서 멀리 떨어져 있는데, 순(舜)의 영주(營州) 고죽국

＊
23) 『중국역사지도집』, 지도출판사, 1982
24) 일본 명치대 도서관 소장

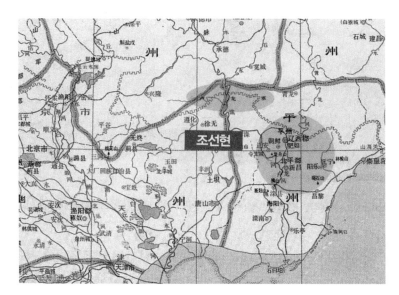

조선현

(孤竹國)의 땅이다. 동으로 요수(遼)가 떨어져 있고, 북으로 연(燕)이 떨어져 있다."하였고, 명(明)나라 때 지은『춘추명지록(春秋明志錄)』권3에 "산융은 동으로 요수(遼)와 떨어져 있고, 북으로 연(燕)과 떨어져 있는데 지금의 계준화(遵化)에서 영평(永平)에 이르는 고죽국의 땅이다."하였다.

그리고『수자산집(庚子山集)』권 14에 "조선(朝鮮)이 나라를 건설하고 고죽(孤竹)을 제후(君)로 삼았다. 그 지역을 고류(高柳)라 하였고 산의 이름은 밀운(密雲)이라 하였다. 요양(遼陽)은 조(趙)나라가 찢어 가졌고, 무수(武遂)는 진(秦)나라가 나누어 가졌다."고도 하였다.

《조선일보》이규태는 칼럼을 통해 "조선현(朝鮮縣)이라는, 지금은 사라지고 없는 고(古)지명을 발견하게 되었다. 만리장성이 시작되는 산해관(山海關)의 서쪽인 영평부(永平府) 인근이다. 거기에 보면 조선현은 한(漢)나라와 진(晉)나라 때 낙랑 땅이다가 북제(北齊) 때 신창현(新昌縣), 수(隋)나라 때 노룡현(盧龍縣)으로 이름이 바뀌었다 했다. 또 그 인근에 조선성(朝鮮城)이라는 지명도 찾아볼 수가 있었다. 기자(箕子)가 맡아 다스리던 땅으로 전해 내려온다고도 적고 있다. 이 지역을 통틀어 평주(平州)라 했는데, 중국의 가장 오랜 역사책인『사기』「조선전」에서 왕협(王峽)으로 하여금 평주후(平州侯)

로 삼아 다스리게 했던 바로 그 땅이라 하고, 후에 낙랑 대방 등이 여기에 있었다고 했다. 이 고대 지명에 거짓이 없다면, 조선현이나 평주나 낙랑 등을 한반도 대동강 인근으로 잡고 체계화돼 있는 현재 우리 나라 고대사는 재구성되어야 하고 수정되어야 한다는 과제를 던져 주는 것이 된다."[25]고 하였다.

은허 유적 청동기 그림문자

그리고 조선성이 있던 난하 하류의 고지명이 역사적으로 영평부, 우북평, 평주와 같이 평(平)자 지명으로 일관된 것으로 미루어, 고조선의 최초 중심지는 노령현 조선성으로 추정된다. 위와 같이 '기자 조선'과 '고죽국'의 위치는 진황도시 노룡현 영평성으로, 현재 그 유적(城壁, 城門 等)이 남아 있다.

셋째, 1973년 3월, 요녕성 조양시 객좌(喀左)현 성 소재지인 대성자(大城子)에서 남쪽으로 15km 떨어진 대릉하(大凌河) 유역 남안의 북동촌의 작은 구릉인 고산에서 채석 작업을 벌이던 농부는 '고죽국' 청동기를 발견하였다. 지표면에서 불과 30㎝ 밑에서 모두 6점의 은(商)나라 시대 청동기가 질서정연하게 놓여 있었는데, 청동 항아리 1점과 청동제 술그릇(罍) 5점으로, 모두 주둥이가 위를 향해 있었다. 그리고 제2호 청동 술그릇의 주둥이 안에 다음과 같은 이상한 문자가 새겨져 있었다.

고죽국을 의미하는 그림문자

여섯 자 가운데 3, 4번째 글자인 '고죽' 두 자는 1122년 송나라 휘종이 출간한 『박고도록(博古圖錄)』과 상해박물관 소장 『청동기 부록(1964년)』에 수록된 은(商) 청동기 명문 중에서도 나온 바로 그 글자였다. 바로 항아리의 무늬와 형태는 갑골이 쏟아진 안양 은허(殷墟) 유적에서 나온 은(商)나라 말기의 청동 술그릇과 같았다.

같은 해 5월, 조사단은 지표 밑 50㎝에서 또 하나의 구덩이를 확인하고 은 말 주 초 청동기 6점을 발견했다. 청동기 6점은 장방형의 교장갱 안에 세 줄로 배열됐다. 솥(鼎), 술그릇(罍), 물 따르는 그릇(帶嘴鉢形器) 등이 하나의 세트로 일정한 간격으로 배치되어 있었다.

방정의 형태와 무늬는 역시 은허 부호(婦好) 묘와 은허 후가장(侯家莊) 대

*
25) 1986년 8월 30일자 조선일보 「이규태 코너」 '조선현(縣)'

묘에서 출토된 대형 청동솥과 같았다. 이 청동기는 은(商)나라 말기의 것으로, 이 방정의 북쪽 내벽에 4행 24자의 명문이, 바닥 중심에도 4자의 명문이 새겨져 있었다.

문제의 명문은 내부 바닥 것으로 '기후(箕侯)'로 읽을 수 있는 명문인데, 보고자들은 명문에서 보이는 '고죽'과 '기후'를 은나라 북방에 자리잡은 2개의 상린제후국(相隣諸侯國)이라고 추정했다. 그 청동 유물들은 현재 요녕성박물관에 전시되고 있다.

고죽국의 유적을 찾아 영평, 객좌, 심양으로

조선성, 조선현, 조선관이 있었고 역사상 최초로 조선이란 지명이 기록된 곳, 백이와 숙제의 나라 고죽국, 그리고 기자 조선의 처음 정착지로 알려진 영평부는 무령현(撫寧縣)과 사하역(沙河驛) 사이에 있다. 중심부에 영평성이 있는데 지형은 평양과, 건축 형태는 심양성과 비슷하였다. 한(漢)나라 때는 우북평(右北平), 당나라 때는 노룡새(老龍塞)라 하는 중국의 변경 도시였으며, 이후 북방 유목 민족들이 정권을 세우면서 도읍지의 근교가 되면서 민가와 점포들이 많아졌다. 성의 중앙에 향시를 보는 시원(試院)이 있었고, 그 곁에 조선관(朝鮮館)이라는 조선 사신들의 숙소가 있었다.

이 곳은 너무나 우리 역사와 깊은 연계가 있고 마치 고향 같은 친근성이 있는 유적지이다.

이 곳을 답사하기 위해 수차례 위치 확인을 시도했으나 실패하였고, 드디어 제7차 고조선 유적 답사때 영평성과 고죽국 왕자 백이와 숙제의 유적인 이제고리(夷齊故里)를 답사하게 되었다.

먼저 마을에 들어섰더니 고죽국의 왕자 백이와 숙제가 샘물을 마셨다는 '이제정(夷齊井)'이 길가 모퉁이에 위치하고 있었다. 그러나 건물 속에

영평성 성문
역사상 최초로 조선이란 지명이 기록된 곳이다. 성문을 들어서면 민가들이 즐비한데, 이곳에 조선 사신들이 묵어가는 조선관이 있었다고 한다.

백이와 숙제가 살며 샘물을 마셨다는 이제정

위치한 이 샘은 굳게 자물쇠로 잠겨 있어 단지 표지석만 촬영하였을 뿐이다. 길을 따라 마을을 지나니 야트막한 산이 나타나고, 그 산 중턱에 이제가 살았던 옛 마을이란 의미의 '이제고리비'가 세워져 있었다. 그리고 그 옆에 '청절묘(淸節廟)비'가 세워져 있었으나 묘는 보이지 않았다.

'백이 숙제의 묘(이제 묘)'는 어느 곳에 위치하고 있을까? 조선 인조2년(1624) 명나라에 사은겸주청사로 파견된 정사 이덕형(李德馨 1561~1613)이 그린 '조천도 중 창락현(朝天圖中昌樂縣, 국립중앙박물관 소장)'에 보면 '이제묘'와 '선인석림비(仙人石林碑)'가 나와있다.

이밖에도 이제묘의 위치는 산동성 창락현 청주(청주와 래주 사이)을 비롯, 하북성 노룡현 남동쪽에 있는 양산(陽山), 산서성의 뇌수산(雷首山, 首山), 하남성 연사현(偃師縣)과 맹진현(孟津縣)과의 경계에 있는 망산(邙山 ─ 夷齊廟), 감숙성 룽시현(夷齊采薇之處) 등이 있다.

한편 1973년, 요녕성 조양시 객좌(喀左)현 북동촌 고산(孤山)에서 발견된 고죽국 청동기를 비롯해 수많은 청동기 유물은 현재 요녕성박물관에 전시되어 있다.

이제고리 유적지에서
기념 촬영

고죽국은 요서 지역에서 활동하고 있는 고상족(商族)의 일파이다. 국가를 일으켜 고죽국이라 칭하였다. 상 초기에서 춘추 전국 시대에 은나라로부터 연산북록 지역에서 요하 지역으로 이르렀다. 고죽국이 통제하는 지구는 대체로 남쪽의 발해 북안으로부터 북쪽의 북표, 오한기의 남부, 동쪽의 요녕 홍성으로부터 서쪽의 난하 하류까지, 남쪽으로 난하 하류에 이르렀다.[26]

이처럼 요녕성 객좌, 조양 등은 고죽국의 중요 활동 기지가 되었다.

고죽의 원래 성은 자(子) 성으로 상족과 같은 선상의 제후국이다.

24자 명문은 "정해(丁亥)일에 '회' 가 '목' 이라고 하는 곳에서 우정(右正)이란 관직을 가진 '문' 에게 관패(串貝) 한 조와 붕패(朋貝) 200개를 상으로 내렸다. 이에 '문' 이 '회' 에게서 받은 상사(賞賜)를 칭송하기 위해 어머니 모기(母己)의 제사를 지낼 제기(사격형 큰 솥, 方鼎)를 만들어 기념한다."고 해독할 수 있다. 바닥의 '기후' 명문과 함께 해석하면 '회' 라는 인물은 기후, 즉 기자족의 일원임을 알 수 있다. '기후아(箕侯亞)' 명문 가운데는 시호를 뜻하는 상형문자로 보인다. 명문 중 '기후' 를 둘러싼 글자는 아(亞)로 해석되는데, '기후' 라는 작위를 내렸음을 알려 주는 것이다. '고죽' 명 청동기는 백이 · 숙제의 고죽국을 알려 주는 고고학 자료이다.

26) 황무 · 황단, 『走進東北古國』 2006간, 원방출판사 출판발행, 26~28쪽

백이와 숙제 이야기

백이와 숙제는 고죽국 군주의 두 아들이다. 아버지는 아우인 숙제를 후사(後嗣)로 세우려고 하였으나, 아버지가 죽게 되자 숙제는 형 백이에게 양위(讓位)하려고 했다.

그러자 백이는 "네가 왕위에 오르는 것이 아버님의 명이다." 하고 끝내 국외로 도망가 버렸다. 숙제도 또한 제위에 오르기를 즐겨하지 않아 도망해 버렸으므로 고죽국 사람들은 중자(中子)를 군주로 세웠다.

그 후 백이와 숙제는 서백 창(西伯昌)이 노인을 따뜻하게 모신다는 말을 듣고 거기에 귀속하려고 했다. 그러나 막상 이르고 보니 서백은 이미 죽고 그의 아들 무왕(武王)이 부왕(父王)의 목주(木主)를 받들어 문왕(文王)이라 칭하고 동쪽은 은(殷)의 주왕(紂王)을 치려 하고 있었다. 백이와 숙제는 무왕의 말고삐를 붙들고 간하였다.

"부왕의 장례도 치르기 전에 전쟁을 하려고 하니 이 어찌 효라 할 수 있겠습니까? 신하의 몸으로 군주를 시살(弑殺)하려고 하시는데, 이 어찌 인(仁)이라 할 수 있겠습니까?"

그러자 무왕의 좌우에 있는 신하들이 이 두 사람을 베려고 하였으나 태공망(太公望)이,

"이 이야말로 의인(義人)이다."

하고 부축하여 데려가게 하였다.

무왕이 은의 난을 평정하니 천하의 사람들은 우러러보게 되었다. 그러나 백이와 숙제는 이를 부끄럽게 여겨 주(周)의 녹봉을 먹으려 하지 않고 수양산(首陽山)에 몸을 숨기고 고사리를 캐 먹으며 연명하다가 끝내 굶어 죽게 되었을 때 다음과 같은 노래를 지었다.

오늘도 저 서산(西山)에 올라 고사리를 캤노라.
폭력으로 폭력을 보답하고도 그 그릇됨을 모르는 무왕
신농(神農), 순(舜), 우(禹)의 호시절은 홀연히 사라졌구나.
이제 우린 어디로 가야 하나, 아아 가자, 죽음의 길로 쇠잔한 나의 운명이여!

기자묘와 그 후손들의 뒷이야기들

기자묘는 『사기(史記)』 권30에 "양국의 몽현에 기자의 무덤이 있다(梁國蒙縣有箕子塚)."고 기록되었는데, 『중국역사대사전』에 "몽현은 진(秦)나라 때 주였는데 지금의 하남성 상구(商丘)시 동북이다. 한(漢), 진(晉) 때에는 양국(梁國)에 속했는데 영가(永嘉, 서기 145년) 후에 폐했다."고 기록되어 있다. 또 산동성 하택(荷澤, 상구 동북쪽)시 조현(曹縣)에는 "은(商)나라 말기 삼인지인의 하나인 조선왕 기자의 묘(墓)가 있다(有商末三仁人之一的朝鮮王箕子墓)." 하였고, "하남성 학벽시 기현(淇縣)에는 기자묘(箕子廟)가 있다."고도 하였다.

한편 평양이 있는 기자묘는 1102년에 고려의 숙종이 평양에서 기자의 무덤을 찾아내고 기자묘와 사당을 세워 제사를 지내도록 했다. 1950년대 북한 학자들이 발굴한 결과 '벽돌 조각, 사기 조각' 밖에 나온 것이 없었다고 한다.

『연행일기(燕行日記)』 제9권에 "계사년(1713, 숙종 39) 3월에 요녕성 — 금주(錦州) 서북 광녕성(廣寧城)의 기자정, 기자묘 — 일찍이 우사 상국(雩沙相國-李世白)의 일기를 보니 광녕성 북쪽에 기자정(箕子井), 기자묘(箕子廟)가 있다는 말이 있었다."고 기록되었다.

또 우리 나라 정사인 『세종실록 지리지』에 "금마군(후조선왕) 기준이 위만의 난을 피하여 해로로 남쪽으로 와서 한(韓)나라 지역에 이르러 나라를 세우고 국호를 마한이라 하였다. 백제의 온조왕 때 합병되었으며 충혜왕 5년 익주로 승격시켰다. 기준이 처음 성을 쌓았다는 미륵산 석성이 있고 후조선의 무강왕(武康王)과 그 비의 능(雙陵)이 있다."고 하였는데, 이에 대하여 간략히 살펴보면 다음과 같다.

중국 『후한서(後漢書)』에는 "초조선왕 준(準)은 위만에게 격파되자 장수와 천여인의 무리를 이끌고 바다로 도주하여 마한을 공파하고 한왕(韓

王)이 되었다(走入海攻馬韓破之 自立爲韓王)."고 기록하고 있다. 한편『삼국유사』
「마한조」에 "위만에게 격파당한 (기자)조선왕 준은 좌우 궁인들을 이끌고
남쪽 바다를 건너 마한나라를 개국하였다(越海而南至韓地 開國號馬韓 甄萱上太祖書云
昔馬韓先起 赫世勃興於是百濟開國於金馬山)." 또『고려사 지리지』에서도 "준왕이 위
만의 난을 피하여 금마에 들어와 마한을 건국(自後號金馬渚)"한 것으로 기록
하고 있다.

『제왕운기』에서는 "준이 금마군에 옮겨 살았다(準乃移居金馬郡)."고 하였
고 권람(權攬)의『응제시주(應制詩註)』에서도 "준왕이 위만의 난을 피하여 금
마에 들어와 마한을 건국하였다. 지금의 익산군이다(今益山郡)."라고 기록
하고 있으며, 이외의 여러 고려 중기 이후의 문헌에서 금마가 준왕의 남
천지(南遷地)임을 밝히고 있다.

익산 쌍릉

익산산성

고조선 역사가 없으면 한국사도 없다

독립운동가이자 민족 사학자인 단재 신채호는 '역사만이 희망'이라며 "고조선 역사가 없으면 한국사도 없다."고 갈파하였다.

우리는 사물을 보는 눈을 '견(見)'이라 하고, 또 과거·현재·미래에 관한 사실을 보고 느끼는 것을 '관(觀)'이라고 한다. 따라서 모든 인간에게는 인간관(人間觀)이 있고 가치관(價值觀), 철학관(哲學觀), 국가관(國家觀), 미래관(未來觀), 역사관(歷史觀)이 있다.

역사관에 있어 가장 중요한 사실은 역사적인 내용(歷史)과 장소(地理), 유물(科學)로 대별할 수 있다. 『당서(唐書)』「양관전」에는 '좌도우사(左圖右史)'란 고사성어가 등장하는데, 이는 지도와 역사책을 함께 놓고 시간과 공간의 흐름을 함께 이해해야 제대로 된 역사의식을 키울 수 있다는 의미이다. 여기에 역사 유적 발굴 성과를 자료 분석, 탄소 연대 측정 등 과학적인 방법으로 검증·확인하여 객관적인 방법으로 역사를 정립하게 된다.

흔히 현대를 역사전쟁 시대라고 표현하는데, 이는 '국가관'의 차이 때문이라고 할 수 있겠다. 즉 자국에 이로운 이기심의 발로로, 이는 애국심으로 미화되기도 한다. 물론 자국에 이로운 사실을 강조하거나 확대 해석, 홍보하고 손해되거나 해로운 사실을 감추거나 축소, 왜곡하기도 하는데 이렇게 되면 역사전쟁 또는 문화의 전쟁은 종식시킬 수 없다.

2007년부터 고등학교『국사』교과서에 실린 단군 왕검의 고조선 건국과 관련된 부분이 '이야기'에서 '역사적 사실'로 바뀌었다. 이에 따라 일선 고등학교 역사교육 담당 교사는 다음 글과 같이 당황해하고 있는 실정이다.

고조선의 수도(首都-都邑地)는 어디였을까? 대부분 평양이라고 답하겠지만, 교육부가 펴낸 고교『국사』교과서에는 고조선의 수도가 명기돼 있지 않다. 고조선은 현재 중국에 속한 요령 지방을 중심으로 성장해 점차 한반도로까지 발전했다고 되어 있다. 수도는 왕검성이라고 했지만, 왕검성이 현재 어디인지에 대해서는 밝혀 놓지 않았다.

그러나 중국 측 역사책에는 "서기전 108년 고조선을 멸망시킨 뒤 그 수도인 왕검성에 낙랑군의 수현(首縣)인 조선현을 설치했다."고 기록돼 있다. 20세기 초 일제 강점기에 평양을 발굴했을 때 '낙랑'이라는 글자가 적힌 유물 등이 쏟아져 나옴으로써 왕검성 위치 논란은 사실상 일단락됐

다. 북한은 그러나 한사군의 하나인 낙랑군은 평양에 없었다는 주장을 펴고 있다. 평양에서 '낙랑' 이라는 글씨가 적힌 유물이 많이 나오자 북한은 서기 전 1세기 평양에 한사군과는 관계 없는 '낙랑국' 이 있었다고 주장하는 것이다. 고조선을 바라보는 지나친 민족주의적 시각은 남한에서도 존재한다. 2007년 초 교육부가 고등학교 『국사』 교과서에서 고조선 건국에 대한 일부 문구를 바꾸자 '고조선 건국이 신화에서 역사로 편입됐다.' 는 주장이 나오기도 했다. 그러나 『국사』 교과서에는 "삼국유사와 동국통감에 따르면 단군 왕검이 BC 2333년 고조선을 건국했다고 한다." 라는 문장이 '건국했다' 로 수정됐을 뿐이다. 고조선이 이 때 건국됐다고 믿는 고고학자나 소위 주류 역사학자는 없다고 고충을 털어 놓기도 하였

낙랑으로 추정되는 영평성 내성
외성을 지나면 내성이 있다. 이 내성을 통과하면 사람이 사는 마을이 나타난다. 성벽은 여러 시대에 걸쳐 쌓았다. 높이가 10m에 달하며 표면에는 벽돌로 되어 있으나 안쪽 내부는 흙벽으로 되어 있다. 성벽 주변에는 시대를 판단하기 힘든 기와편들이 널려 있어서 여러 세기 동안 성을 사용했음을 알 수 있다.

다. 그러나 이는 역사학자나 역사교사의
책무이다.

또 중국 사학자의 역사관에서 '일사양용(一
史兩用, 1980년대)'이란 고구려 도읍이 환인, 집안 때
는 중국사로, 평양으로 천도한 이후에는 조선, 한
국사로 정립하였다가 그 후 동북공정에서는 '고구려
사 = 중국사'로 주장이 바뀌게 된다. 그러나 그보다 더
중요한 것은 중국사에서 '고조선 기록 삭제 문제'이다.

중국의 과거와 현대 문헌에 우리 나라 역사(고조선) 기록 구
분『명사(明史)』「세계역사지명사전」, 1990.6간 기록 내용

조선은 기자(箕子)에게 봉하여 준 나라이다. 한(漢)나라 이전
에는 조선(朝鮮)이라하였다. 일찍이 연(燕)나라 사람 위만(衛滿)에게 점거
되어 있었으나 한 무제(漢武帝 – 世宗)가 이를 평정하고 진번, 임둔, 낙랑, 현
토의 사군(四郡)을 설치하였다. 한말(漢末)에 부여 사람 고씨(高氏)가 그 땅을
차지하여 국호를 고구려(高麗)로 고쳤다.

조선(korea)⋯ 기원 4세기 신라, 고구려, 백제 3개 국가가 건립되었다.

조선사

• 고조선 – 부여 – 고구려⋯

• 신라, 고구려, 백제⋯

현재 중국 교과서에도 "조선 민족은 예로부터 조선반도에 거주했다.
기원 전후에 조선반도 북부를 통치하고 있던 것은 고구려 노예제 국가였
다. 후에 조선반도 서남부와 동남부에는 또 잇달아 백제, 신라 두 노예제
국가가 나타났다." 여기에서 주목할 점은 조선 민족이 조선반도에만 거
주한 것으로 한정하여 서술하였고, 삼국(三國-高句麗, 百濟, 新羅) 이전 고조선과
부여에 대한 언급이 없다는 점이다.

중국인들이 가장 싫어하는 나라 1위에 한국이 꼽혔는데, 한국을 싫어하는 이유로 일부는 '한국이 중국문화 약탈', 즉 한국이 중국문화를 도둑질해가고 있다고 주장하여 반한 감정을 크게 부추기는 요인이 되고 있다. 공자도 한국인이었다고 주장한다거나 신라와 백제가 지금 중국 땅 안에 있었다고 믿고 있다는 주장이 인터넷상에는 크게 유포돼 있다.

그러나 중국 정사인 『25사』를 비롯 각종 고문헌이나 지도, 유물, 유적, 지명, 문화 등을 통하여 '지나친 민족주의적인 입장'을 탈피하고 합리적이며 객관적으로 옛조선과 중국 간에 상호 교류가 이루어지고 있었음을 논리적으로 확인하고 토론, 협의하여 '고조선 역사 삭제' 문제나 '비호감'의 감정 문제를 해소하는 것이 바람직한 방안으로 생각하고 있다.

고조선이 처음 사서에 등장할 때 '조선'이라 하였다. 고조선이란 명칭은 『삼국유사』에서 처음 사용하였다. 이 때 고조선(왕검 조선)이라 한 것은 기자 조선이나 위만 조선과 구분하기 위해서였다. 그 뒤 『제왕운기』에서는 단군 조선을 '전조선(前朝鮮)', 기자 조선을 '후조선(後朝鮮)'이라 하였다.

고조선 중심지의 위치를 규명하는 논고에서 반드시 언급되는 지명 중의 하나가 패수(浿水)이다. 고조선 때 중국과 경계를 이루던 강인 패수는 열수(列水 또는 洌水)와 함께 일찍부터 중국에 알려졌다. 사마천의 『사기』「조선전」의 기록에 따르면, "한(漢)나라는 중국을 통일한 뒤 요동(遼東) 지방의 옛 요새를 수리하고 패수를 요동과 고조선과의 경계로 삼았다."고 한다. 패수에 관한 가장 오래된 기록으로는 『수경』이 있다.

『수경』 "패수는 낙랑군 누방현에서 나와 동남쪽으로 임패현을 지나서 동쪽으로 바다로 들어간다.(浿水出樂浪郡鏤方縣, 東南過臨浿縣, 東入於海)"

이에 대해 역도원은 『수경주』에서 다음과 같이 해답을 내놓았다.

『수경주』 "한 무제 원봉 2년에, 누선장군 양복과 좌장군 순체를 파견하여 우거(당시 고조선의 왕)를 토벌하게 했다. 패수에서 우거를 격파하여 마침내 이를 멸망시켰는데, 만약 패수가 동쪽으로 흐른다면 패수를 건널 수는 없는 것이다. 이 땅은 지금 고구려의 수도인데, 나는 고구려 사신을 만나 물어보았다. 사신이 말하기를, 성이 패수변에 있고 그 강은 서쪽으로 흘러 옛날 낙랑군 조선현, 즉 한 무제가 설치한 낙랑군 치소를 지나간 다음 서북쪽으로 흐른다."고 하였다. 옛 지리지에는 패수가 서쪽으로 증지현에 닿아 바다로 들어간다고 하였다. 옛날과 지금의 이러한 증거들을 살펴볼 때 차이가 있으니, 『수경』은 잘못 고증한 것이다.

중요한 것은 고조선 요령성설, 평양설 중, 최초의 평양설을 주장한 사람은 『수경주』를 쓴 역도원이며, 그 근거는 고구려사람의 말을 인용하였다는 사실이다. 즉 한반도설(平壤說)은 우리 나라 사람, 즉 한반도인이 만든 설이라고 할 수도 있다. 현재 2007년 『국사』교과서의 개편에 따라 '고조선 평양설' 은 그 입지를 상실하였다고 할 수 있겠다.

필자는 요하 지역의 문헌과 지도, 과학적인 발굴 성과와 집중적인 현지답사를 통하여 위만 조선, 기자 조선, 단군 조선의 도읍지를 객관적인 방법을 통하여 비정, 정리하였다. 그리고 '패수' 를 '대릉하' 임을 현지답사와 문헌, 지도를 통하여 확인, 주장하고 있음을 밝혀 둔다.

단군릉

고조선의 강역과 도읍지